U0499929

本书获得国家自然科学基金面上项目"连带性离职的
意义建构与对策：下属多目标价值调和及其干预研究"
资助（项目编号：71772189）

员工离职的
防范与干预

邓靖松　编著

YUANGONG LIZHI DE
FANGFAN YU GANYU

中国财经出版传媒集团
经济科学出版社
Economic Science Press
·北京·

图书在版编目（CIP）数据

员工离职的防范与干预/邓靖松编著．－－北京：
经济科学出版社，2024.3
ISBN 978－7－5218－5308－7

Ⅰ.①员… Ⅱ.①邓… Ⅲ.①企业管理－人力资源管
理－研究 Ⅳ.①F272.92

中国国家版本馆 CIP 数据核字（2023）第 199590 号

责任编辑：刘　莎
责任校对：王苗苗
责任印制：邱　天

员工离职的防范与干预

邓靖松　编著

经济科学出版社出版、发行　新华书店经销

社址：北京市海淀区阜成路甲 28 号　邮编：100142

总编部电话：010－88191217　发行部电话：010－88191522

网址：www. esp. com. cn

电子邮箱：esp@ esp. com. cn

天猫网店：经济科学出版社旗舰店

网址：http://jjkxcbs. tmall. com

固安华明印业有限公司印装

710×1000　16 开　17 印张　300000 字

2024 年 3 月第 1 版　2024 年 3 月第 1 次印刷

ISBN 978－7－5218－5308－7　定价：78.00 元

（图书出现印装问题，本社负责调换。电话：010－88191545）

（版权所有　侵权必究　打击盗版　举报热线：010－88191661

QQ：2242791300　营销中心电话：010－88191537

电子邮箱：dbts@ esp. com. cn）

序言

拿到邓靖松老师新作《员工离职的防范与干预》，心中充满欣喜，迫不及待地开卷阅读。书本主题明确、结构清晰，整体思路是在金融行业等员工离职比较高发的行业取样进行实证研究，深入挖掘影响员工离职的组织因素和个人因素，从而在此基础上提出切实有效的离职防范和干预措施。人才是强企兴企之本，本书从员工离职的角度研究人才保留的措施，能够帮助组织留住人才并打造持续稳定的人才供应链，进而打造组织的人才竞争优势。全书内容理论联系实际，强调企业的人才保留重在离职防范措施，巧在离职干预方法，书中提到的相关制度建设和管理举措具有很强的实践指导意义。

习近平总书记在党的二十大报告中强调，必须坚持"人才是第一资源"，深入实施"人才强国战略"，坚持"人才引领驱动"。在市场经济时代，人力资源经过了几个阶段的发展转型，由六大模块管理逐步切入到配合企业经营战略的三支柱，再到以充分盘活人力资源、注重投入产出比的人力资本为导向。既然人是企事业单位最宝贵的资源，那么如何有效用人留人，本书给了我们绝好的启示。

归纳而言，本书具有三个层面的深远意义：

一是理论指导层面，本书从离职研究的趋势和模型出发，从数据剖析的客观角度对员工离职的防范与干预措施进行了科学论证，并与组织承诺、支持、公平、氛围、认同等理论概念有机结合起来，阐述了组织对离职前置干预的积极性和有效性，对于在该细分领域进行前沿研究提供了良好的参考依据，奠定了理论指导基础。

二是实际践行层面，本书中所提出的方式方法可以让企业管理者和人力资源从业者在员工离职层面做好前置性的有效防范与切入干预工作，对于降低人员的流动性、避免因缺岗"空窗期"带来的隐形成本有着指导性意义。

三是社会影响层面，选取了IT、制造业、地产、金融四类热门行业及代表性企业进行了深入调研分析，其样本覆盖面和代表性足够完善，可以使资本密集型、智力密集型、劳动密集型的不同类型企业在实践中都能参考到与之接近的样本信息，也就是说，本书的实证分析可以通用于各行各业，具有较为广泛的社会影响力。

知难方能行易，本书所衍生的管理价值和学术影响令读者流连不已。从离职管理的角度理解人才保留，既具备人力资源管理研究的理论基础，能够在更好地理解员工离职的深层次原因后采取有效措施；又能把握人才流失的痛点，真正解开人才保留的症结。因此本书既可以作为一本非常好的人力资源管理辅助教材，也可以作为人力资源管理从业者一本贴切实用的工具书。

当年我的毕业论文关注广州地区政府投资基金人才供应链优化，就人才梯队建设问题和邓老师进行探讨。我们讨论后发现，尽管政府投资基金在国内方兴未艾，但目前尚未形成成熟的发展模式，其主要原因在于专业人才的匮乏。邓老师建议以人才供应链作为工具和分析框架，有助于该行业和企业优化人才管理。结合邓老师的相关研究，我的毕业论文研究在人才供应链理论基础上期望建立完善一种符合行业特点和发展动态的、以结果为导向的、可反应的人才管理模式，以基金行业人才的一体化流程为目标，从生产、供给、流通及配置上实现人力资源最佳分配，从而推动行业高质量发展。由此摸索出适应于政府投资基金行业特点的人才资源管理办法，在不断完善中形成一套成熟的模式，从而让政府投资基金进入良性循环，做到健康可持续，实现高质量发展。

细读《员工离职的防范与干预》，令我再次思考，在当前充满不确定性和变化的时代背景以及人才管理数字化转型趋势下，高端专业人才市场的竞争日渐加剧。政府投资基金公司人才管理问题与该书所关注和解决的人才保留问题相契合，该书的人才保留理念也与我们的人才管理策略高度吻合，其中的人才保留方法也令我深受启发。

　　作为邓靖松老师的学生，应邀为邓老师的新书写序，倍感荣幸。回顾自己做毕业论文研究的往事历历在目，邓老师严谨治学悉心辅导，答疑解惑亦师亦友。现在学习邓老师新的研究成果，不亦乐乎。

广州南粤基金集团有限公司

董事长 肖磊

前　言

随着人力资源市场的发展，面对人才市场的激烈竞争，各行各业的员工离职率都在日益攀升，越来越多的组织深刻感受到了员工离职给企业带来的损失。同时，管理者也深刻认识到人才是组织最具竞争力的资源，对员工离职的防范与干预就是对组织核心竞争资源的保护。因此，如何对员工离职进行防范与干预，已成为现代企业人力资源管理人员不得忽视的重要问题。

本书基于员工离职的相关理论，在金融行业、IT 行业和房地产行业等员工离职比较高发的行业取样进行实证研究，找出影响员工离职的组织因素和个人因素，为员工离职的组织干预提供实证研究的证据和行动措施的参考建议。本书将为企业家和人力资源管理者们提供一些未雨绸缪的防范措施和亡羊补牢的干预方法。防范措施包括塑造关怀型组织氛围、改善支持性工作环境、建设认同型组织文化和完善公平性管理制度四个方面。离职干预措施包括从招聘源头留住人才、从培训开发留住人才、从薪酬福利留住人才、从职业发展留住人才四个方面。本书期望通过这些离职管理措施，帮助组织留住人才并打造持续稳定的人才供应链，达到决胜人才竞争的战略目标。

本书是在黄文燕、郑思慧、袁凯凯和宋黎叶 4 位同学的 MBA 毕业论文的研究成果基础上汇集成稿，在书稿编辑过程中，吴捷、刘星语同学参与了文稿校对工作，在此表示感谢！

目 录

引　言

第一节　背景：离职管理的重要意义

长期以来，人们一直在探索员工离职的机理并寻找防范策略。然而现有研究成果未能充分解释当前常见的一些离职现象：为什么离职会"传染"？主管离职常常引起下属相继离职？同事离职对下属离职意向的连带性影响机制是什么？怎样从制度建设和氛围管理方面对企业员工频繁离职进行干预？解决这些问题有助于防范离职对企业造成的巨大伤害。本书关注的是探讨影响员工离职的个体因素、群体因素和组织因素，进而对其采取适当的管理措施，有效防范和干预员工的离职意向。

现代社会，忠诚价值观不断弱化，员工离职率持续攀升。据国内知名人力资源服务商前程无忧网站调查报告，2012~2015 年，中国企业员工整体离职率居高不下，分别为 16.7%、16.3%、17.4%、17.7%。由于招募和培训一个优秀替代者的平均成本往往接近离职者年薪的 200% （Jiang et al.，2009），而且群体离职造成的影响远远大于个体离职（Hausknecht & Trevor，2011；Bartunek，2008），尤其是当前普遍发生的同事离职连带员工跟随离职行为越来越受到关注，因此有必要从源头防范离职意向的发生。本研究将基于离职行为的内在心理机制提出相应的离职干预模型，为企业员工队伍的稳定性管理提供理论基础和实践指导。

当前，中国社会经济的转型发展已经驶入快车道，劳动者的利益诉求日益多元，劳动者的权利意识日益增强，劳动关系矛盾呈现出多发增长的态势。劳动关系是否和谐，是关系广大职工和企业切身利益的头等大事。企业单方面追求运营效率的最大化和人工成本的最小化，在员工投入上进行区别对待，不仅降低了员工的支持感、公平感和满意度，而且也降低了员工的归属感和忠诚度，这也是引发劳资关系对立和冲突的重要原因。本书认为，稳定的员工队伍与和谐劳动关系的构建，更会影响企业的可持续发展。因此，本文通过对离职高发行业的深入研究，了解在各种类型员工离职的前提下，探讨组织公平、组织支持、组织文化与工作投入、工作绩效和离职意愿的关系，可以为企业推进组织公平建设，提升员工的工作投入度和工作满意度、降低员工的离职意愿、构建和谐劳动关系提供参考。

而且，随着就业环境的不断变化、就业市场的不稳定因素增加，以及员工自身职业价值观、职业期望和工作体验的逐渐提升，员工希望通过在组织间的流动实现个体成长的动机也日益明显。近年来，核心员工频繁离职的问题凸显。核心员工的流失给企业造成了一系列的负面影响，引发了企业经营成本的上升、核心竞争力丧失、重要客户不断流失、工作绩效显著降低、组织团队不稳定等众多问题，对企业的发展带来了非常大的负面影响，巨大的离职成本正在不断吞噬企业的利润。由此可见，对核心员工离职的研究显得尤为重要，寻找、了解、分析和总结他们的离职原因，培养核心员工对组织的忠诚度，在更好管理核心员工方面有着重要的意义。

离职倾向能够将员工离职的可能性、意向直接体现出来，属于离职的重要预测变量。正因如此，加强对离职倾向的研究显得格外重要。通过对以往离职研究的总结与归纳，形成离职倾向的原因涉及个体、群体和组织各个方面的因素。例如，员工的组织承诺、工作满意度等员工态度因素，组织公平、组织支持等组织相关因素，都会对离职倾向产生一定影响。但是员工产生离职倾向的心理机制仍不清晰。例如，对于核心员工群体而言，其工作环境、工作待遇等客观因素相对优越和稳定，这些客观因素不容易导致离职的发生，而其个人特质和心理需求等因素更可能对离职倾向有显著的影响效果，所以需要对核心员工进行个性化的激励，才能防范其离职倾向的产生。同时，现代企业管理制度正在从"以资为本"朝着"以人为本"的方向转变，人本管理的基本理念之一是关怀和善待员工，尊重个人的尊严、价值和成就。基于人本管理，了解与掌握核心员工的职业期望和个人目标，给他们提供必要的组织支持，提高员工的组织忠诚度和组织承诺，从而有效控制和预防员工的离职行为，这在理论和实际应用中都具有重大意义。

第二节　离职研究的趋势

一、从个体离职到群体离职

员工离职一直是困扰企业的重要问题。作为一个组织管理中的重要现象，离职问题也一直受到学术界的关注。但在以往离职研究中，其基本假定是离职是个体现象，个体独立地决定是否离开组织，而忽略了对影响个体决策的社会因素的考量。

群体连带性离职问题频繁出现，作为一种特殊的员工流动形式，给企业造成的损失和影响远远高于个体离职（Hausknecht & Holwerda，2013；Hausknecht & Trevor，2011）。传统的研究考虑个体离职的影响往往是后续的人员招聘重置费用、个体离职带来的生产效率的损失，而社会关系的因素很少被考虑到（Dess & shaw，2001）。相反，群体连带性离职产生的后续影响，不仅是这些简单的人员重新配置的费用，这种影响的大小取决于离职员工的能力技能水平、情境因素、社会关系和员工在组织中的角色。因此，群体离职的影响要远远大于个体离职（Dess & Shaw，2001；Bartunek，2008）。例如，许多律师事务所由于大量律师在短时间内相继离职而不得不面临倒闭的风险。尤其是管理层的出走带走企业中的核心团队将对企业造成巨大冲击，成为目前我国企业人力资源管理实践关注的热点。

近年来，越来越的学者们将他们的注意力转移到群体离职身上——这种发生在团队间、工作部门或组织间的群体员工离职。在群体离职上的研究不断得到关注，在实证研究、理论探索以及文献叙述回顾等方面

（Heavey，Holwerda & Hausknecht，2013；Hausknecht & Trevor，2011）的成果均有所产出。豪斯内赫特和崔佛（Hausknecht & Trevor，2011）对2010 年之前的英文文献进行统计，发现虽然仅有115 篇文献聚集在这个主题上，但文献量呈快速上升趋势，近 10 年的发表论文数量占总比 66%，说明群体连带性离职成为当前学术界离职研究的热点。

此外，在中国的文化情境中，领导即是组织这种观念被广泛接受，然而由于中国文化对权威的崇拜，使得主管在某种程度上占据比组织更重要的位置。而且在中国社会这种偏重家长式领导以及圈子文化的管理生态中，主管对下属产生的影响比西方社会要更深远。而在过去 50 年的英文文献中，84% 的离职研究都是美国样本（Allen et al.，2014），因此，研究主管离职对员工离职的连带性影响具有中国社会的现实意义，能将中国文化特征补充成为离职研究的新内容。

尽管群体离职研究正引起学术界的关注，但目前对群体离职的实证研究文献并不多见，尤其是连带性离职的过程机理尚不明确。以往研究大多数以个体离职单纯叠加的方式探究群体离职，忽略离职过程中人际间的相互影响。在群体离职模型中，影响员工个体离职的因素，如公平公正感知、工作满意度、薪酬福利待遇、HR 管理政策等因素依然适用。但作为群体成员，他所受到的不仅来自组织及外部的推力或拉力，而且在很大程度上来自群体之间。另外，有研究开始探讨团队成员离职对留任成员离职倾向的影响（Felps，2009；卫林英，2013），但对离职影响的过程探讨并不深入，同事之间离职"传染"的研究更是缺乏，因此业界也很困惑如何进行组织干预中断离职"传染"。

二、理论联系实际

离职研究越来越强调理论联系实际，并把离职理论应用于实际。离职理论来源于实际，强调从真实的员工离职行为中总结相关的心理机制，建立离职的理论模型。理论联系实际还要做到以行践学，本书更强调用理论分析实际，提出对员工离职的防范和干预措施，在此基础上用实际验证理论，是要做到知其言更知其义、知其然更知其所以然，全面提升运用离职理论降低优秀人才的离职倾向从而解决人才保留问题的能力。

本书也关注同事之间的离职传染，即组织成员基于某种互动作用，同时或陆续地离开同一个组织，或者相继产生离职的想法。在现实生活中，不乏由于主管离职引发团队成员相继离职，从而对企业产生冲击的实例。目前，关注主管离职或离职倾向对团队成员、组织如何产生影响的研究少之又少，更缺乏实证研究文献来验证这一影响机制。因此，我们亟须在这一领域进行补充研究，对这一过程的机制进行深入探讨，才能进一步提出有效的离职防范和干预措施。

第三节　本研究的目的与意义

本书的主要目的是，基于当前中国社会现实和文化情境，考察离职过程的影响机制，进而提出有效的离职防范和干预措施。具体的研究目的分为理论和实践两个层面。

在理论层面，本研究希望能丰富和扩展离职传染领域的研究。当前，关注离职产生的连带影响的研究较少，并且绝大多数研究关注同事离职对留任者的影响，对领导离职产生的连带影响有所忽略。本研究希望能够丰富这一方面的研究成果，检验主管离职倾向的连带性影响。

在实践方面，通过构建和检验员工离职倾向的影响因素模型，从组织层面、领导层面、员工认知层面探讨影响员工离职倾向的关键因素，从而为管理者提供切合实际的、有价值的管理建议。

本书基于离职的相关理论，通过在离职比较高发的行业进行实证研究，找出影响员工离职的组织因素和个人因素，为员工离职的组织干预提供实证研究的证据和行动措施的参考建议。本书将为企业管理者们提供一些未雨绸缪的防范措施和亡羊补牢的干预方法。未雨绸缪是指提前识别员工离职的征兆，采取相应的干预措施影响员工的离职意向，进而防止员工离职的发生；亡羊补牢则是指发生员工离职之后，采取相应的措施干预留职员工，避免离职传染的发生，以及处理随之而来的离职冲突和风险。从而为组织留住人才打造持续稳定的人才供应链，达到决胜人才竞争的战略目标。

在中国的文化情境中，领导即是组织这种观念被广泛接受。厉凌（2010）指出由于中国文化对权威的崇拜，使得主管在某种程度上占据比组织还重要的位置。对于员工而言，主管是接近的、可视的，主管可以和员工进行互动、沟通反馈和及时响应，而组织却不行。因此，在中国社会这种家长式的管理文化中，主管对下属产生的影响比西方社会的研究中要更深远、更强大。因此，规范管理者的领导风格和管理行为对员工离职倾向的影响具有中国社会的现实意义。

本研究还能为现实中企业的人力资源管理实践带来一定的启示和建议。当前，许多企业面临集体跳槽或者离职传染的压力。例如，管理层的出走通常会带走一批下属，尤其是团队中的核心成员，这将对企业的经营造成巨大冲击，成为企业不得不面对的难题。本研究探讨了离职传染过程及其干预机制，选取了组织支持、组织公平、个人—组织匹配、工作满意度等多个变量，考察这些变量对上述作用过程的影响。因而，能从多个角度为管理者提供切实有用的建议，尤其是在如何预防由主管离职引发的连带性离职的管理建议。

一方面，企业在平时对员工的管理和培养上，要注重主管留人和组织留人并行。在中国，领导即是组织这一观点观念被普遍接受，主管是组织的代言人，许多组织层面的政策都需要通过主管进行执行和解释，有研究证实中国员工的组织承诺通过主管承诺发生作用。因此，切实加强员工对"组织"这一概念的感知和忠诚度，是现代中国企业人力资源管理实践的重点。通过新入职员工的价值观引导，企业品牌文化和形象的宣传塑造，建设企业大家庭的文化，切实增强组织成员对组织的忠诚度。

另一方面，如何最大程度预防连带性离职的发生，或者减少连带性离职对企业造成的损失，是当前中国企业人力资源管理实践需要关注的重点。在有可能发生连带离职的情境下，人力资源管理者要及早介入和干预，做好沟通和预防工作。在有必要的情况下，与组织成员开诚布公就离职的原因进行解释，同时加强对留任成员在组织中成长发展的职业规划路径，加强人员培训投入，通过将领导留人转换为组织留人，将成员对领导的信任内化为成员对组织的忠诚和归属感，减少连带离职对组织的负面影响。

第四节　研究方法

本书运用理论指导实践、实践验证理论的指导思想，综合运用定性和定量两种方法。本研究的研究方法归纳如下。

一、文献研究法

本书围绕员工离职的相关研究问题，对研究领域的相关文献资料进行学习，明确研究变量的概念及其相关理论，对重要的研究成果进行梳理和分析，总结之前的学者研究的贡献与不足，为模型构建和假设提出奠定理论基础。

二、问卷调查法

本书采用问卷调查的方法，针对现有离职模型中的离职影响因素进行了广泛调查。在问卷设计上，查阅以往的研究，借鉴被国内外学者广泛应用的成熟量表；在数据来源上，采用上下级配对的方式进行问卷调查和数据收集，从而在一定程度上减少共同方法的偏差。在正式施测前，进行小规模的测试，通过回收的数据和对被访者的访谈，消除一些有歧义或者模糊不清的题项。在数据收集过程中，由被试者在特定环境下填写问卷并统一进行问卷的发放与回收，对问卷发放者进行详细的步骤解释说明，以提高数据质量。

三、案例研究法

本书选择了离职高发的四个行业，对这四个行业已提离职的员工和在职员工进行面对面访谈，了解了可能影响员工离职的各因素的真实情况，对原始资料进度分析后得出员工离职的模型，并加以总结归纳。

第一章

员工离职研究综述及相关理论

第一节 离职倾向研究综述

一、离职倾向的概念

马奇和西蒙（March & Simon）早在 1958 年就提出离职倾向（turnover intention）的概念，他们认为工作满意度和离职后更换工作的难易程度是员工离职最重要的两个决定因素。波特和斯蒂尔斯（Porter & Steers，1975）认为离职倾向是员工在工作中经历了不满之后发生的退缩、逃避行为。米勒和凯特伯格（Miller & Katerberg，1979）将离职倾向视为员工产生离职念头和寻找其他工作机会的总体态度和表现，即个体在实际离职行为发生之前对离职问题的评估衡量。普莱斯和穆勒（Price & Mueller，1981）提出在研究中用离职倾向作为离职行为的替代变量，因为离职倾向可以预测离职行为。威廉姆斯（Williams，1986）提出，员工离开工作组织的倾向、意愿，便是离职倾向。莫布雷（Mobley，1997）将离职倾向视为员工采取实质性离职行为的最后一个步骤，它由员工对工作不满意引起，继而产生离职念头并寻找、评估工作机会后作出的离职决定。在国内的研究学者中，樊景立（1987）将离职倾向定义为员工打算离开现有工作所在组织而寻找其他工作机会的一种意念强度。欧阳玲（1993）将离职倾向解释为员工产生离开其工作组织的心理状态，可直接引导真正离职行为的发生。符益群等（2003）指出离职倾向是个体产生离开工作所在组织的意愿。

二、员工离职的相关研究模型

员工离职问题向来是企业界和学术界关注的重点，为了更清晰地理解员工离职的决策机制和影响因素，迄今为止，与离职倾向相关的最有代表性和影响力的理论模型有：普莱斯和穆勒（2000）模型、莫布雷（1977）模型及斯蒂尔斯和莫迪（Steers & Mowday, 1981）模型。

普莱斯和穆勒（2000）模型建立在普莱斯（1997）模型的理论基础上，立足于整体的离职理论，并吸收了心理学、社会学和经济学多个领域的离职研究成果，经过普莱斯和穆勒团队30多年的研究发展和多次修订而成。它考察了过程、环境、结构和个体四种变量对离职倾向的影响，很好地解释和预测了员工在离职心理变化过程中的表现，在离职研究中的学术地位毋庸置疑（见图1-1）。

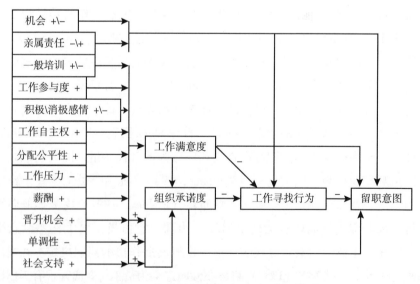

图1-1 普莱斯和穆勒（2000）离职模型

该模型构建主要基于这三个假设。假设1：员工在加入组织时会抱有一定的期望，当这些期望在组织中能得到满足时，员工会感觉到满意，愿意继续保持组织成员的身份；假设2：员工和组织之间存在利益交换，组织通过对员工的回报来交换员工对组织的付出；假设3：员工追求净收益的最大化，在有可选择项的情况下，员工会权衡各种利益和成本并追求净利益的最大化。

模型中包括四类变量。第一类是环境变量，包括亲属责任和机会；第二类是个体变量，包括一般培训、工作参与度和积极/消极情绪；第三类是结构变量，即组织环境的特征，包括工作自主性、社会支持感、结果公平性等7个变量；第四类是过程变量，即影响离职的内生中介变量，包括工作满意度和组织承诺。

莫布雷（1977）模型确立了离职倾向在员工离职研究中的学术地位，对于离职倾向的研究具有重要意义，它通过加入一系列的中介变量到工作满意度和离职行为之间，从雇员对工作不满意开始到形成离职倾向，最后做出离职决策，描述了员工离职过程中一系列的心理变化、直觉感知和比较选择的过程（见图1-2）。

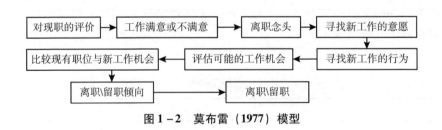

图1-2　莫布雷（1977）模型

斯蒂尔斯和莫迪（1981）模型（见图1-3），探索了员工离职的主要影响变量以及它们在离职过程中的作用，并将对组织与工作的主观态度变量引入到了模型当中。在该模型中，提出员工离职的前因变量是由组织承诺、工作价值、工作期望构成的，同时在员工的离职倾向上也会受到非工作变量的影响。也就是说，当员工在不满意工作的情况下，会采用不同的方式改变自身所处的状况，揭示了从个体主观态度到离职意愿存在多种路径演进的可能性，对离职研究有重大贡献。

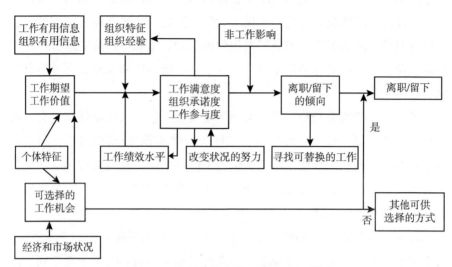

图 1-3　斯蒂尔斯和莫迪（1981）模型

雇员离职是一个错综复杂的过程，离职倾向通常被认为是预测离职行为最有效的指标，并且是在众多因素共同作用下所导致的。在此背景下，越来越多的学者基于多维度层面，来对影响离职倾向的因素展开剖析，主要有以下几种（见表 1-1）。

表 1-1　　　　　　　　　　知识型员工的特点

#维度	角度	相关因素	研究者
三维	1. 前因变量	组织因素（例如工作内容、工作条件、组织的政策和目标等）、个人因素（个人因素又分为职业因素：技术水平、专业性和地位等；个人特质：年纪、兴趣、人格、责任感等）、经济劳动力市场因素（失业率、旷工率、宣传和招聘等）	莫布雷（1978）
	2. 主要变量	整体工作满意度、现有工作的吸引力与期望效用、未来工作的吸引力与期望效用	
	3. 干扰变量	价值观、对生活重心的看法、劳动合约限制	

续表

#维度	角度	相关因素	研究者
三维	1. 工作关系因素		马金斯基和莫罗（Muchinsky & Morrow, 1980）
	2. 经济机会因素		
	3. 个人因素		
三维	1. 宏观	组织因素、外部环境因素	符益群等（2003）
	2. 中观	与工作相关的因素	
	3. 微观	个体因素、态度因素、与其他内部心理过程相关的因素	
三维	1. 宏观层次	劳动力供需、失业率	孔凡晶（2010）
	2. 组织层次	组织公平、工作性质、上级关系	
	3. 个体层次	年龄、性别、婚姻状况	
四维	1. 个人变量		艾维尔森·罗德里克（Ivrson Roderick D, 1999）
	2. 工作相关变量		
	3. 环境变量		
	4. 员工倾向变量		
五维	1. 个体因素	年龄、性别、教育水平、任期、个性特点、职业兴趣、个人绩效、思考方式	张宜民（2011）
	2. 组织因素	工作压力、职业工种、工作任务的多样性、工作中的人际关系、工作环境	
	3. 外部环境因素	社会经济发展水平、劳动力市场状况、同行业状况、产业结构、地区差异、社会文化结构、用工制度、生活质量、交通住房	
	4. 个体与组织之间的适合性因素	员工能力和工作绩效、个体特征和组织特征、个体价值观和组织价值观、员工个性和职业类型	
	5. 态度及其他内部心理过程因素	工作满意度、组织承诺、公平感、心理契约、成就需要	

第二节　员工离职的相关理论

一、认知－情感－结果模型理论

拉扎罗瓦等（Lazarova et al.，2010）针对外派人员提出了认知—情感—结果模型。该模型通过认知、情感、意向和行为结果四个部分来分析外派人员的表现。在模型中，外派人员国际外派环境是整体条件，认知是强调对当前所发生事情的感知和理解，但其是基于客观存在的基础之上的，故将资源与需求作为一种认知，角色调整则作为对家庭、工作以及环境方面的一组多维的情感反应。在认知阶段考虑外派工作满意度、工作和家庭的资源与需求对外派人员与其配偶的跨文化调整的影响；在情绪阶段考虑各方面角色的调整对角色参与度所产生的影响，在意向阶段则考虑角色参与度对业绩的直接和中介影响，最终对工作绩效产生影响的过程。

对于外派人员而言，认知内容包括对外派任务的需求和资源所带来的影响。认知是获取和理解信息的一个过程，是指对国际外派环境条件的获取和理解，包括来自公司内部和外部的总体环境。

在认知之后产生情绪，情绪是对于认知的一种反应。同样被派往东道国工作的员工，同处同一工作环境，面对同样的难题、同样的社会人文环境，有一些员工则更容易产生离职倾向，这是为什么呢？根据理论，这有可能是由于当前的工作环境使得员工产生了某种情绪，而这种情绪本文通过其对职业生涯的满意度来反映。因为改变当前在东道国的工作和社会文化等环境比较不现实，但是公司可以通过为员工规划其职业生涯从而帮助员工调整这种情绪，进而降低其产生离职倾向的可能。当员工觉得当前的外派任务所付出的对其整个职业生涯是没有帮助的，那么他们想要为之奋斗的动力也就没有那么高。职业生涯满意度与社会情景相关，因为它体现了个人是如何看待这个事情的，包含了他们对其关系的想法，个体通过当前情景的认知对其职业生涯满意度产生某种情绪。比如，个体进取以及自我提升的需求，以及他们对所处环境的感知，进而产生了一个行为结果。

二、工作搜寻行为

有关工作搜寻行为的理论模型大致可分为静态模型和阶段性模型。根据本文的研究方向，仅对部分典型的静态模型进行阐述（时金献、侯德娟，2006）。期望—价值理论主张员工对就业状况、工作价值和工作需求的期望会影响其工作搜寻行为。桑德斯多姆和克拉默（Sandstrom & Cramer，2003）认为，期望可以包括效能期望和结果期望。其中，效能期望指个体认为可以完成预期结果应采取的行为，而结果期望则指人们对采取行为所能产生结果的预期。价值是指个体对工作和工作搜寻行为所赋予的价值，它本身受到个人需求和个人价值观的影响。期望和价值相互作用共同影响个体的动机和行为（时金献、侯德娟，2006）。当个人对工作不满意时，会在一定程度上产生离职的意向，而离职意向又会反向促使个人思考工作搜寻的效能期望和结果期望。

被广泛应用于预测不同情境下意志行为的计划行为理论（Theory of Planned Behavior，TPB）最早由阿杰恩（Ajzen）提出（时金献、侯德娟，2007）。工作搜寻行为也是一种意志行为，因此在理论上，TPB 也可以被用来解释工作搜寻行为，相关研究结果也支持 TPB 对于工作搜寻行为的适用性（Kanfer et al.，2001）。工作搜寻行为的 TPB 模型阐释了员工离职意向是工作搜寻行为的直接决定因素，离职意向的程度越强，则越可能产生工作搜寻行为且工作搜寻的强度及频率越高（Britt et al.，2001）。

三、人才流失理论

马奇和西蒙（March & Simon）模型，是关于员工流失的总体模型。这个模型提出的时间相对比较早，相关的理论具有较大的影响力。《企业论》是美国学者马奇和西蒙合著的一本书，他们在这本书中提出了关于员工流失的模型。他们做了一个重要的试验，即通过融合的劳动力市场和个体行为，来研究和观察员工的流失问题。不同的两个内容的模型组成了"参与者决定"模型，一个侧重点是在于分析感觉到的从企业中流出的合理性，其中最重要的决定因素分别是员工对企业间流动的可能性估计和员工对工作的满意程度（见图1-4）；另一个侧重点是分析感觉到的从企业中流出的容易性，在这个模型中起决定因素的是员工胜任的职位的可获得性、企业中的员工所能看见的企业的数目以及员工愿意接受这些职位的程度（见图1-5）。"参与者决定"模型在员工的流出过程引入了行为变量和劳动力市场变量，在员工流出的研究领域上，打下了深厚的理论研究基础。

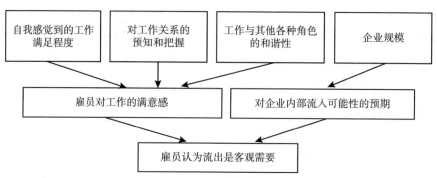

图1-4　决定员工感觉到的流出的合理性因素

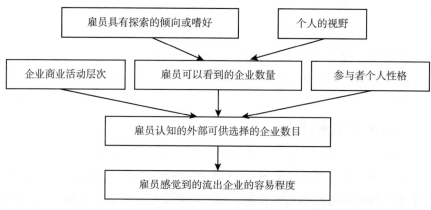

图1-5　雇员感觉到的流出的容易程度因素

四、激励理论

激励理论是指通过特定的管理体系，采用特定的方法，最大化员工对组织的承诺的过程。激励是指组织通过设计适当的工作环境和奖惩方式，激发、引导、保持和归化组织成员的行为，最终使组织及个人目标得以实现。它涵括了三个层面的意思：第一个层面是激发动机，第二个层面是鼓励行为，第三个层面是形成动力。而机制的含义指的是在一个复杂的工作系统中，各个子系统的构造、工作方式以及它们之间的相互关系。而激励机制是激励内在关系结构、运行方式和发展演变规律的总和，指的是在系统中的激励主体与激励客体之间通过激励因素和激励手段等去产生互动效果的关系总和。现代化的管理理念，是以人力资源管理为核心的管理理念，归根结底是对人的管理。激励理论的出现就是为了要更好地实施对人力资源的开发利用以及长期的经营管理。20世纪初期，泰罗从研究个体行为作为开端，创立了科学管理理论。到了20世纪30年代，梅奥等从工作条件中寻找影响个体行为效果的因素，发现心理因素和社会因素与员工的生产效益直接相关。紧接着，马斯洛需求层次论、赫兹伯格双因素理论的提出，从各自的角度出发，深入地研究了行为的产生及影响因素，促使激励理论不断向前发展。

内容型、过程型、强化型和综合型的激励理论分别构成了西方主流的四种激励理论。

（一）内容型激励理论

内容型激励理论的研究重点在于激发动机的诱因。主要包括以下四种。

1. 需要层次理论

众所周知，马斯洛是美国著名的行为科学家。1943年，马斯洛在本人所著的《人类动机理论》中，首次提出了需要层次理论。他认为，每个人都有与生俱来的需要，同时，每个人都是由需要驱动的。马斯洛把人的需要分成五个层次，分别为生存的需要、安全的需要、友爱和归属的需要、尊重需要与自我实现需要。而且这些需要是有层次之分的，生存的需要是最低层次的需要，而最高层次的是自我实现的需要。在通常的情况下，满足低层次的需要后，人就会向高层次的需要进阶。

2. 双因素理论

赫兹伯格是美国的一名行为科学家，激励—保健因素理论在《工作的动力》一书中被提出。双因素理论的研究指出，不是所有的需要得到满足都能激励起人的积极性。改善激励因素可以让员工感觉到满意，能对员工起到较高的激励作用；而改善保健因素仅能消除员工的不满，但无法使员工感觉到满意，也无法激发员工的工作积极性。工作兴趣、工作职责、成就感、工作得到认可以及个人成长与发展等因素被称为激励因素；而工作条件、薪水、干净和安全的工作环境等则被称为保健因素。企业中的管理人员首先要做到的是满足员工在保健因素方面的需要，其次再利用激励因素来激发员工的工作积极性。

3. 成就需要理论

20 世纪 50 年代初，美国哈佛大学的心理学家麦克利兰提出了成就需要理论，也称激励需要理论。成就需要在该理论中被定义为：根据适当的目标来追求卓越成就的一种内在驱动力。麦克利兰认为，成就需要、权利需要和合群需要是在人的生存需要得到满足之后的三种主要的需要。权利、成就和合群是可学习的三种需要。当这些需要被人们掌握后，就会转化为个人的内在倾向。有成就需要的人，往往表现出对胜任和成功有着执着的追求。

4. ERG 理论

奥尔德弗是美国的行为科学家，他提出了一种新的人本主义需要理论，即 ERG 理论。ERG 理论模型指出，个体共存三种核心需要，即认为生存的需要、相互关系的需要和成长的需要是人的三大基本需要。人在同一时间可能有不止一种需要对其起作用，同时也提出"受挫—回归"的思想。

内容型激励理论虽然被很多人认为已经过时了，但是对于 IT 人才而言，内容型激励理论还是非常实用的。尤其是马斯洛的需求层次理论和赫兹伯格的双因素理论。

（二）过程型激励理论

过程型激励理论的研究重点是动机从产生到采取行动的心理过程。主要包括以下三种。

1. 期望理论

美国一名著名的心理学家弗洛姆提出了期望理论，他认为人们采取某种行为与他们认为这种行为有把握让他达到某种结果密切相关。当人们认为对行为结果的把握程度高，同时当人们认为这种结果对他们有足够的价值时，他们就会感受到激励的作用，从而付出更大的努力。

2. 公平理论

公平理论是由美国心理学家亚当斯提出的，又称社会比较理论。他认为，个人不仅会关心自己劳动的实际报酬，还会关心人们的报酬分配之间的关系。人们会根据自己的劳动投入和产出与其他人的劳动投入和产出之间的关系自觉或不自觉地进行比较，并对是否公平作出评判。评判的结果可能是均衡的或不均衡的，如果是均衡的结果，个体就会产生公平感，否则则会产生不公平感。公平感直接影响工作的动机和行为，员工的积极性取决于他所感受到的分配上的公正程度。

3. 目标设定理论

洛克是目标设定理论的代表人物，他认为，目标是人们行为的诱因，目标本身就是激励。因此，组织应通过设定目标来激发员工，将个人的需要、期望融于组织的目标之中。通过激励个人追求自我目标，从而实现组织的目标。

过程型激励理论的诞生相对比较晚，内容比较新颖，比较适合用于 IT 行业人才的激励。期望理论和公平理论可以跟内容型激励理论结合使用，有利于更好地进行员工激励。

（三）强化型激励理论

美国最杰出的心理学家斯金纳是强化型激励理论的主要代表人物。激励强化理论指出，当个体的某种行为受到奖励或遭受惩罚时，个体会选择重复或终止这种行为。同时，强化型激励理论指出，相比负强化，正强化有优先的激励效用。

（四）综合激励理论

这是美国行为科学家劳勒和波特提出的一种激励理论，不仅在 20 世纪 60 年代产生重大影响，到如今还有很广泛的现实意义。这种理论模型将激励分成外激励和内激励。波特和劳勒指出，在内容型激励因素和过程型激励因素之外，能力和素质、工作条件与角色感知这三个因素相当重要。

（五）X 理论、Y 理论和 Z 理论

美国管理学家麦格雷戈提出 X 理论和 Y 理论。X – Y 理论是管理学中关于人们工作原动力的理论。该理论针对人的行为提出了两种完全相反的假设：X 理论指出人的工作原动力是消极的，人的天性就是懒惰的，强制、控制、威胁、惩罚是 X 理论所强调的方式；Y 理论则与 X 理论相反，它认为人们有积极的工作原动力。它指出厌恶工作并不是人的本性，在正常情况下，人是愿意对工作负责的，如果给予适当的机会，人们是愿意发挥自己的想象力和主动性的，使人工作努力的唯一手段并不意味着控制和惩罚，参与式的管理则是 Y 理论所主张的管理方法。

日裔美籍管理学者威廉大内提出了 Z 理论，Z 理论认为企业员工应当被激励参与到企业的管理工作当中来，同时应采用更为人性化的管理思想；应给员工提供全面的培训机会和发展空间，进行长期、全面考察和稳步提拔，采用正规的考核手段等。

第三节 经典的离职模型

一、普莱斯工作满意度离职模型

普莱斯（1977）在对以往离职模型研究回顾的基础上，发现已有的模

型包含的因素不完备，且因素之间缺乏互斥性。因此，他在 1977 年提出一种包含自变量、中介变量与离职关系的因果关系模型。自变量包括薪酬待遇、人际关系、绩效反馈、工具沟通和集权化；中介变量包括工作满意度和工作机会；五个因变量通过影响工作满意度，进而影响离职行为。

这种离职模型强调变量之间的因果关系，而并非简单的相关关系。模型中假设，更高的报酬、更充分的绩效反馈、更详细的正式沟通都会增加员工的工作满意度，而加强集权控制会降低员工的工作满意度。当员工工作满意度低而外部感知的工作机会多时，更容易发生主动离职。模型如图 1-6 所示。

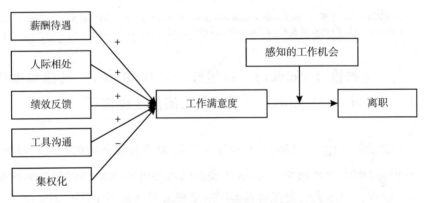

图 1-6　普莱斯的工作满意度离职模型

资料来源：Price J L. The study of turnover. Ames, IA：Iowa State University Press, 1977.

二、莫布雷的离职决定历程模型

莫布雷（1977）发现在以往的研究中，研究者多关注工作满意度和离职之间的直接关系。有部分实证研究也证实两者呈负相关关系，但相关系数并不高，甚至低于 0.4。因此，他假设在工作满意度和离职之间存在一些中介变量。莫布雷（1977）构建员工离职的决定历程模型，他认为员工从工作满意度到离职之间存在多个步骤。该模型的贡献在于提出从满意度到离职之间的有顺序排列的中间变量这一观念（见图 1-7）。

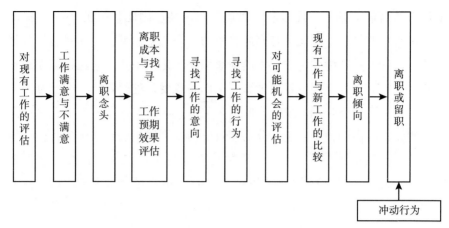

图 1 - 7　莫布雷的离职决定历程模型

资料来源：Mobley W H. Intermediate Linkages in the Relationship Between Job Satisfaction and Employee Turnover ［J］. Journal of Applied Psychology，1977，62（2）：237 - 240.

三、莫布雷（Mobley）、格里菲斯（Griffeth）、汉德和梅格林斯（Hand & Meglins）扩展的员工流出过程模型

莫布雷等（1979，1982）构建了一种较为全面复杂的离职过程模型，又称为扩展的中介链模型[21]。这种模型试图尽可能全面地把握影响离职的所有因素，用图表的方式将各类因素呈现出来（包括个体、企业和环境变量），同时也考虑了冲动行为等对离职的影响。

该模型提出，员工产生离职倾向并最终从组织中真正离开，主要取决于四个因素。一是工作满意度；二是对目前工作的预期效用；三是对工作机会的预期效用；四是非工作价值观及偶然因素（见图 1 - 8）。

四、斯蒂尔斯和莫迪的人与组织匹配模型

斯蒂尔斯和莫迪（1981）的模型是在以往多个离职模型基础上发展起来的。这种模型包括影响离职的主要变量，以及这些变量在离职过程中的关系。

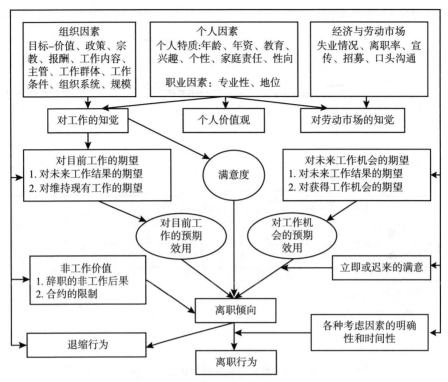

图 1－8　莫布雷的扩展员工流出过程模型

资料来源：Mobley W H，Griffeth R W，Hand H H et al. Review and Conceptual Analysis of the Employee Turnover Process［J］. Psychological Bulletin，1977，86（3）：493－522.

根据该模型，斯蒂尔斯和莫迪（1981）认为这几个变量及顺序变化影响个体产生离职行为。第一，个体的工作期望、工作价值观会影响其对待工作的主观态度；第二，个体的主观工作态度会影响其离职或留任的意愿，但这一过程会受到来自配偶、家庭时间分配等非工作因素的影响；第三，个体离职或留任的意愿促使其作出离职或留任的决策。但对有些人而言，离职的意愿会驱使他们寻找可替代的工作，在找到可替代工作的前提下，才会离职。

斯蒂尔斯和莫迪（1981）的模型包括对组织、工作的主观态度变量的测量（组织承诺、工作满意度和工作参与度）；同时，工作期望和价值观、组织特征和组织经验、绩效水平这三类变量的交互作用会影响主观态度变

23

量，并进一步影响离职倾向。此外，主观工作态度会促使员工作出改变现状的努力，而这一努力也会反过来影响主观态度变量。另外，员工掌握到的关于工作及组织的有用信息、个体特征及可选择的工作机会都会影响员工的工作期望和工作价值观；个体特征变量、经济和劳动力市场情况则会影响可选择的工作机会（见图1-9）。

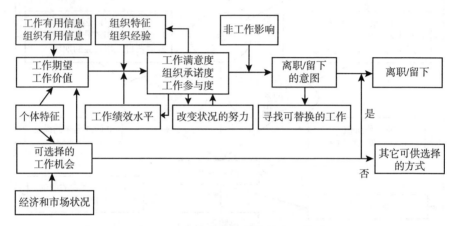

图1-9　斯蒂尔斯和莫迪的离职模型

资料来源：Steers R M，Mowday R. Employee turnover and post-decision accommodation processes [J]. Research in Organizational Behavior，1981，3（3）.

五、李和米切尔的多路径展开模型

李和米切尔（Lee & Mitchell，1994）提出"展开"模型（unfolding model），该模型是基于映像理论（image theory），从一个全新的视角对离职进行的研究[2]。这种模型首次提出引发离职可能存在多条路径的观点，引起了学术界的较多关注。

该模型包括"系统震撼"和"作出离职决策前的心理分析量"两部分，如表1-2所示。"震撼"指"对一个人当前工作产生意义的外部事件"，它会引起员工对当前工作状态的有意识判断。震撼可能产生正面、负面影响，也可能影响为零，包括组织变动、家庭成员变故、怀孕等许多典型事例。在模型中，李（Lee，1994）共指出四条可能的离职路径，前三条路径中，员工离职由系统震撼引起。

表1-2　　　　　　　　　　李和米切尔的展开模型

	1	2	3	4	
震撼	有	有	有	无	
震撼的性质	+0-	-	+0-		
匹配框	符合	不符合	不符合		
映像评估	无	有 匹配判断	有 匹配判断	有 匹配判断	
工作不满意	无	有	有	无	有
寻找其他可替代的工作	无	无	有	无	有
评估其他可替代的工作	无	无	有 匹配判断 理性分析		有匹配 判断 理性分析
离职决策	自发的	受控的	受控的	受控的	受控的

资料来源：Lee T W, Mitchell T R. An alternative approach: The unfolding model of voluntary turnover [J]. Academy of Management Review, 1994, 19 (1): 51-89.

"展开"模型与传统模型有很大不同。在传统的离职模型中，员工作出离职决策一般要经历三个步骤。第一步是对现有工作的不满意；第二步是寻找可能的工作机会；第三步是将现有工作与可替换的工作进行对比。在展开模型中，研究者提出这三个新观点。第一，离职不一定由工作不满意引发，有可能是与主观态度无关的变量引发；第二，离职过程不一定存在现有工作与可替代工作之间的对比评估过程；第三，离职决策不一定基于主观期望效用，基于原先映像的匹配是否相符而作出的决策也可能被采纳。

"展开"模型的最大贡献在于提出部分离职的决策不是由工作满意度引发的，也可能是由系统震撼引发的。但模型的不足在于：第一，除了工作满意度，模型没有考虑到其他的主观态度变量；第二，系统震撼这一概念较为宽泛，对实践的指导意义有限。

李和米切尔（1994）提出的"展开"模型的思路对本研究具有重大借鉴意义。在实践中，同事、主管离职都属于对员工工作产生巨大影响的重要外部事件，对员工的工作情境、工作效率有很大的改变，从而会导致员工对目前工作状况和主观工作态度的重新评估。由此，沿用系统震撼的思路，本研究认为主管离职这一外部事件会对员工产生系统震撼，并引发员工对自身工作满意水平、个人—组织匹配程度、组织承诺水平、领导—成员交换等主观工作态度变量的思考，重新评估的结果进一步影响员工的离职倾向。

第二章

员工离职的组织层面影响因素研究

第一节　组织承诺对离职的影响研究

一、组织承诺的概念

贝克尔（Becker, 1960）最早提出"组织承诺"这一概念，并定义为是员工全心投入组织活动的心理现象。波特等（Porter et al., 1974）认为是员工在感情上依赖于组织。莫迪等（1979）则认为包含"态度"和"行为"两个方面，两者相互影响。韦纳（Wiener, 1982）提出员工的高承诺行为是迫于道德观的规范压力。迈耶和阿伦（Meyer & Allen, 1991）在总结前人的经验后，将组织承诺归纳为员工与组织关系的心理，分别为情感、规范和持续三种承诺状态，表达自身留在组织的选择与否。凌文辁等（2001）认为组织承诺是多维的，在迈耶和阿伦研究的基础上，结合中国企业员工现状和文化情景下，经过实证研究在组织承诺三因素模型上扩展持续承诺为理想、机会、经济这三项。同时，注意到员工偏向情感承诺时离职意向低、偏向机会承诺时员工离职意向高，组织承诺是检验员工忠诚度的指标。刘小平、王重鸣（2002）探讨了在不同文化和管理背景下将组织承诺划分为权衡和态度两类，以及基于社会交换理论形成的过程，主张与西方不同，企业对中国员工应采取不同的激励。目前，对组织承诺的研究没有形成最终的定论，但国内很多研究仍然以迈耶和阿伦的三因素理论模型为基础验证了其在我国的适用性，表明这一理论模型仍具有深远影响。在组织承诺本质上，研究者们都达成了一致，即组织承诺体现了员工对组织的单向情感，表达了对企业的忠诚态度，是一种员工对组织的主观感知。

二、组织承诺的维度

魏斌、丁元（2017）在对组织承诺研究的回顾中，总结了迄今为止研究者组织承诺测量的五个维度，具体划分如表 2 – 1 所示。

表 2 – 1 　　　　　　　　　　组织承诺的测量维度

维度	研究者	测量指标
单维度	贝克尔	员工不离职因个人付出太多
单维度	坎特	个体与群体间的情感联系
单维度	巴卡南	员工对组织的情感依靠
单维度	奥·赖莉	员工对组织的肯定心理
二维度	斯托	行为、态度承诺
二维度	迈耶和阿伦	继续、情感承诺
三维度	迈耶和阿伦	情感、继续、规范承诺
三维度	里彻斯	归属性、目标一致性、附属利益性承诺
三维度	布劳和加里	限制选择、成本累积、情感、规范承诺
四维度	斯瓦莱斯	情感、经济、机会、感情、规范承诺
五维度	凌文辁、张治灿、方俐洛	理想、经济、机会、感情、规范承诺
五维度	余凯成	功利、参与、亲属、目标、精神性承诺

资料来源：魏斌，丁元. 心理契约违背对 90 后员工 EVLN 行为影响的实证研究［J］. 经济研究导刊，2017（28）：174 – 177，179.

三、组织承诺对离职的影响

斯蒂尔斯（Steers，1977）的研究结果表明，组织承诺可以增强员工留在企业中的意愿，工作满意度没有组织承诺能更好地预示员工的离职率。组织承诺就是员工变换工作企图的影子。迈耶等（1993）认为，公司具有更高的组织承诺的员工越多，它可以有效地降低员工离职率。莫迪等（1982）还发现，组织承诺低的人的离职率通常较高。李燕萍、刘宗华（2015）已经开始研究组织承诺对工作绩效影响的中介作用，以及组织承诺是工作绩效通过组织承诺来影响离职意向的媒介。

第二节 组织支持对离职的影响研究

一、组织支持的概念

组织支持理论和组织支持概念最早在 1986 年由美国社会心理学家伊森伯格（Eisenberger）基于社会交换理论、组织拟人化思想和互惠原则提出。社会交换理论强调人与人之间本质上是一种社会交换的关系，互惠原则则强调只有在双方都有利的情况下，社会交换才会发生；组织拟人化思想则将人类的特点投射到组织身上，将组织视为有生命力的载体。伊森伯格（1986）认为组织支持是在工作过程中员工感知到组织对于他们贡献的尊重和利益的关注的综合感知。乔治（George，1993）提出，员工感知到在其需要有效工作和应对压力情景时所能获得的来自组织的帮助，便是组织支持。凌文轻（2006）通过对中国企业员工的实证研究后，提出组织支持是指员工感受到的组织对待他们利益与贡献的体会。

二、组织支持的维度

目前，学术界对组织支持的结构还没有达成一致性结论，既有单一维度的看法，也有多维度的观点。但绝大多数学者采用了伊森伯格（1986）的测量量表，并将组织支持视为是单维度的结构。本文梳理归纳了学术界具有代表性的组织支持结构的观点（见表2-2）。

表2-2　　　　　　　　　　组织支持的维度

维度	相关因素	研究者
一维	组织支持	艾森伯格（1986）
二维	生活支持、工作支持	凌文轻（2001）
三维	亲密支持、尊重支持、工具性支持	麦克米林（1997）
	工作支持 关心利益 员工价值认同	杨海军（2003）
	调整型支持 财政型支持 事业型支持	克莱默和韦恩（2004）
	适应性组织支持 事业性组织支持 兼容性组织支持	克莱默和桑迪（2004）
六维	感知组织制度支持 感知组织制度保障 感知主管任务导向型支持 感知主管关系导向型支持 感知同事工作支持 感知同事生活支持	宝贡敏（2011）
七维	上级支持 亲密支持 工作保障支持 尊重支持 社群支持 职业协助支持 公正性支持	刘智强（2005）

三、组织支持对离职的影响

从互惠原则角度来看，当员工日常工作期间感知到组织支持后，为组织作出贡献的义务感、责任感会相应地增强。同时，对组织的归属感、情感承诺也会随之提高，从而增加了员工留在组织努力工作的意愿。因此，组织支持提升了组织承诺，降低了离职倾向。唐纳（Donna，1997）通过对组织承诺的研究，证明了组织支持和组织承诺之间有显著的影响关系，员工的组织支持度高，则其组织承诺也高。阿梅利（Armeli，1998）的研究也表明组织支持会让员工的组织承诺更多。迈耶和史密斯（Meyer & Smith，2000）的研究表明了具有较高组织支持感的员工，其组织承诺更高。刘小平和王重鸣（2002）的研究，证实了组织支持对组织承诺具有直接的正向影响，两者之间的相关系数可高达 0.71。伊森伯格（1990）通过研究，证明了组织支持度让员工产生了对组织的强烈认同感，从而有效降低了组织的人员流动和离职行为。韦恩（Wayne，1997）的研究结果同样表明了组织支持与离职倾向呈显著的负相关关系。

第三节　组织公平对离职的影响研究

一、组织公平的概念

组织公平感知是员工对薪酬分配结果过程中的依据程序和信息以及组织互动关系是否被公平对待的感觉（Schminke et al.，2002）。吉德（Giedre，1990）在研究中表示，组织公平是员工对于环境氛围公平性的情感感受，而主观感受的因素来自企业薪酬待遇、福利保障、发展机遇、人际关系等各个方面。科尔基特（Colquitt，2001）在研究中表示，组织公平并不是企业单方面的情感维系方式，实际上是员工与企业的双向作用关系。员工工作努力，表现突出，企业就为其提供公平的加薪与升职机会，所以组织公平是体现在情感薪酬、发展、态度、行为等多个方面的感受。国内学者对于组织公平会更多地理解为一种主观感受。李燕等（2019）在研究中表示，组织公平是员工从组织内部感受到的公平性。张萌琦等（2019）在研究中指出，企业的组织公平实际上就是员工所能够感受到与其他员工之间被共同对待的态度及行为。企业一视同仁的管理就能够让员工感受到公平，而差别化的对待与管理就会引发员工的不公平感知，主要通过人际关系、晋升发展、薪酬福利等方面体现。

二、组织公平的维度

在组织公平的维度上，基于不同的视角，研究提出了组织公平的不同表现形式，主要有利益分配公平、人际公平、互动公平、程序公平、信息公平等。同时，在现实的组织生活中，组织公平体现的各个维度之间并不是独立的个体存在，它们相互交联，彼此间相互影响。

（一）分配公平

分配公平（distributive justice，DJ）是指员工对所获资源分配的公正知觉，每个人会把自己付出的劳动和所得的报酬与他人付出的劳动和所得的报酬进行社会比较，这也是一种结果公平[24]（Schminke et al.，2002）。学者霍曼斯（Homans）最早采用"社会交换理论"对"分配公平"进行探讨。他认为，那些基于以交换为目的的个体，在企业中其所承担的任何责任或工作是希望能够在组织内产生两种预期的成果的。一是能够获得与付出相符合或超预期的报酬，二是能够获得与他人同等的付出或高于他人付出报酬比例。1965 年，亚当斯（Adams）在"社会交换理论"的基础上，率先提出了"公平理论（equity theory）"的概念。

亚当斯认为，人们期望通过自己对组织的贡献，而这种贡献产生的直接或间接价值来获得相应报酬；同时，在付出的过程中也会比较自己的投入收益比与他人的投入收益比，通过这样的直接感受来衡量是否获得了公平分配。当员工发现自身的投入—收益比低于他人或者自己的回报低于自身投入时，就会感受到分配不公平，进而可能会激发个体努力通过其他方式去消除这种不公平感。

然而，尽管目前诸多的研究理论及实践成果支持以上对"分配公平"的定义，但有部分学者对于这一定义提出了质疑，其认为，在以"过程"为导向的组织关系情境中运用"分配公平"理论是不恰当的。例如，企业招聘员工及绩效评估过程中体现的公平问题，无法通过采用"分配公平"理论解释。因此，催生了"程序公平"这一概念。

（二）程序公平

程序公平（procedural justice，PJ）是针对"过程及方法"的一种公平感受，其指员工对组织制度的制定过程及其制订方法的一种公平感受。学者提伯特（Thibaut，1980）认为，可被感知的"结果不公平"的不满意感，可在一定程度上通过"过程公平"来抵除，由此在这个基础上提出了"程序公平"的概念来强调"过程公平"对结果导向的重要性。

程序公平最主要是强调在组织分配的过程中机会和制度人人平等。其中，制度主要体现在组织对事物决策的过程中的严格控制。也就是说，在组织内执行任何事务时，都要严格遵守组织的规章制度，并保证在执行决策过程中实现公平、公正和透明。"机会平等"是指在组织员工追求组织分配公平的这一过程当中，任何人只要拥有一颗上进的心并积极投入到实践当中，便可获得晋升的机会。一旦组织较好落实履行"分配公平"，可让员工直观感受"程序公平"起到的促进作用，继而在工作中对组织的忠诚度和信任度大幅提升，从而能更有效地为组织效力，对组织产生更为强烈的情感依附，最终自发积极地为组织贡献自己的一分力量。

（三）互动公平

随着"程序公平"和"分配公平"的相继提出，有学者发现，当企业员工如果仅仅是获得这两个公平维度的满足感时，依然有组织公平感未得到满足。研究发现，组织在决策执行的过程中，员工的自身观点或感受也会直接影响组织公平感，即便员工拥有发言权，但无法得到上级对员工所提意见的满意的答复，或者上级未能尊重员工所提出的"异议"时，员工仍然无法获得组织公平的感受。

因此，比斯（Bies）在研究组织公平时，逐渐注意到组织在结果分配上的"人际互动"对组织公平感有直接影响，我们称之为"互动公平（interactive justice，IJ）"。福尔格和克罗潘扎诺（Folger & Cropanzano，1998）认为，互动公平主要体现在组织中的决策者在决策任何一项事物时，员工普遍参与并发表自己的看法，以及决策的正式结构框架的构成涵盖了员工的建议，即为互动公平。组织个体关注的重点往往并不是决策的结果公平与否，而是员工在参与这个决策过程中是否感受到被尊重或在意。一旦这种尊重或在意被员工感受到，组织的决策结果对员工的公平感体验反而降低，表面个体的参与组织决策与实施，组织个体仍然可获得"分配公平"的感知。

（四）人际公平

在组织关系中所提到的"人际公平"，是指决策者在决策落实和实施的过程中，个体感受到被尊重或被重视。研究发现，在组织关系中，公平感体验的一个决定性因素是，自己主观感受被对待的方式，这也是人们最直接的感受公平的方式。

在比斯（1986）的实证研究中，这一现象得到了证实。他认为，在人际交往中，个人受到的礼遇、及时的反馈、真诚的恳求和对权力的尊重，这些都是影响对公平感知的决定因素。泰勒（Tyler，1988）在调查司法部门在处理问题的方式给社会公民的感受的研究中发现，人们判断自身是否受到司法部门的公平对待主要评判标准是诚实和诚信以及信息公开。

由此可见，组织人际在组织公平的实施过程中扮演了不可或缺的角色。

（五）信息公平

"信息公平"从一定层面上定义，是指当事人对本该被告知的信息或解释是否拥有知情权。比斯（1988）认为，上级对决策过程及最终决策结果进行充分必要的解释及沟通，可以显著提高下属员工对组织决策过程与结果的信息公平感知。科尔基特（2002）分别探讨了充分解释组织决策的正负面影响对员工公平感知的影响，结果发现，充分的解释组织决策的负面影响反而对员工公平感的获得具有更明显的积极作用。另外，比斯（1988）认为，充分的信息解释包括两方面：一方面是充分的原因；另一方面是真诚的交流。格林伯格（Greenberg，1988）在其调查研究中发现，企业在进行员工绩效评估的过程中，对绩效评估的结果充分解释会获得员工的信任感和公平感。

三、组织公平对离职的影响

组织公平对于员工的士气、积极性与忠诚度以及对企业的稳定与发展都具有重要意义。从公平理论出发，企业要让员工感受到自己的付出与收获的比率与他人相比是一致的；如果感受到两者的比率不一样，则会产生不公平感（Robbins，1996）。

组织公平对员工的个体离职倾向有重要影响。克罗潘扎诺（2001）等学者的研究表明，员工的离职行为与企业资源的分配公平与程序息息相关。当员工感受到组织的公平时，那么员工的离职意愿与行为就会减少。公平认知对组织的信任感、满意度与认同感有积极的作用。如果组织不公平，很容易让员工产生对工作的不满从而离职；除了分配公平外，程序公平也是提高员工忠诚和信任感的重要因素（Posthuma et al.，2007）。而穆恩（Moon，2017）的研究发现，在公平的维度中，分配以及互动公平对员工的离职意愿影响更加明显。国内学者也发现，分配公平和程序公平可以有效预测员工的离职行为，对离职倾向有负向影响，而其中工作嵌入起到中介作用（杨春江等，2014）。组织公平感与个人离职倾向呈负相关关系，直接表现在工作积极度、服务质量上（张梦楠等，2019）。而李燕等（2019）大的研究也进一步证明，员工离职意愿与组织分配公平、程序公平、互动公平之间存在强烈的相关性。所以说，组织公平会被员工视为一种组织的支持与规范，这会促进员工的留职意愿（Eisenberge et al.，2001）。

第四节　组织氛围对离职的影响研究

一、组织氛围的概念

哈尔平（Halpin，1962）指出，个人的主观感受可以用来评价组织内部环境的优劣程度，并以工作行为和业务表现的形式反映出来。福尔汉德（Forehand，1964）认为，组织氛围是组织内部环境的一种独特特征，其特有的持续性会对组织内成员工作价值观和态度产生深远影响。利特文（Litwin，1968）在其研究中，将组织氛围定义为：个体在组织中对其所处环境的直接或间接感知，组织氛围在一定程度上会对个体的工作行为、工作态度以及价值观产生影响。雷切尔斯（Reichers，1983）则定义组织氛围为：组织内部员工对组织的内部环境所发生的事件、事件发生程序、组织的政策以及组织的行为的感知共同决定。在张瑞春（1999）的研究中，"组织氛围"被定义为员工的主观内心感受，它可以直接或间接地影响工作动机和工作绩效。陈维政（2005）认为，对于组织氛围的概念界定，目前争议很大，组织氛围强调的是个人对组织环境的主观感知，是一系列相应于个人行为的客观层面上的组织情景描述。

二、组织氛围的维度

学者卡普贝尔（Campbell，1970）在其研究中认为，组织、成员和环境共同组成了组织氛围，三者之间相互作用并相互影响成为一个有机整体。大体上，组织氛围可以分为主观和客观两类，客观是指组织的客观特征，主观则是个体对组织的特定感受与认知（谢荷锋，2007）。对于组织氛围的维度，它主要可以从组织资源、组织支持、环境自由、人际关系、身份认同等来划分，它强调的是个体对组织与群体所形成的感知（Bock et al.，2005；谢荷锋，2007；刘金培等，2018）。国内学者从管理风格、人际关系、组织科层性等方面来对组织氛围进行研究（陈维政、李金平，2005）。

三、组织氛围对离职的影响

塔吉乌里（Tagiuri，1968）[45]的研究认为，组织氛围是一种考量工作环境的总和。对于个体而言，工作态度、工作行为以及价值观在很大程度上会受其所处工作环境的认知或情绪影响，员工的工作热情和生产效率在良好的组织氛围中能够得到显著提升，增加团队的凝聚力，从而降低员工的离职率。组织成员对组织内部环境的感知是对组织氛围的简要概括，组织作为个人职业发展的摇篮，其内部员工对组织内环境的感知直接影响着个人的工作效率和内在工作热情（邱敏、胡蓓，2015）。李佳佳（2016）研究认为，良好的组织氛围能够提升员工的工作满意度，进而降低其转岗率和离职率。工作效率和离职倾向随着员工对组织氛围的感知而变化，组织氛围感知越好，工作效率越高，离职倾向越低（Tagiuri et al.，1970）。王站杰等（2017）的研究也表明，组织氛围可以提高组织凝聚力，可以显著负向影响员工的离职意愿。

第五节 组织认同对离职的影响研究

一、组织认同的概念

组织认同的概念及相关测量在 20 世纪 80 年代左右被大量地进行研究。国外学者对于组织认同的研究较为深入，但其定义有诸多的分歧，这主要是因为过去研究的角度和观点存在不同。里科塔（Riketta，2005）对前人的研究进行了总结，认为组织认同的定义主要分为三种：情感角度、认知角度和认知、情感复合角度。第一种角度认为组织认同是个体被组织吸引和期待的某种自我定义的情绪（O'Reilly & Chatman，1986）；第二种，如阿什弗思和马勒（Ashforth & Male，1989）将组织认同定义为是个体对组织成员感、归属感的认知过程，从认知角度定义；第三种是以塔杰菲尔（Tajfel，1978）为代表的认知、情感复合角度，认为组织认同是个体作为组织的一员而认知到的自我概念以及依附于此的一致价值观和情感依恋。

国内方面对于组织认同的研究才刚开始不久，缺乏理论集成，实证研究也较少，较有代表性的是王彦斌（2004）的研究，他认为组织认同是一种综合概念。他将组织认同定义为一种行为结果，这种行为结果表现为个体与其组织在行为和观念的诸多一致性，以及对组织的理性的契约与责任感和非理性的归属和依赖感（王彦斌，2004）。另外，魏钧（2009）则把组织认同定义为个体的一种自我认定，将自身与组织视为一体。

二、组织认同的维度

帕特陈（Patchen，1970）将组织认同分为了认知（与组织中其他成员的感知相类似）、情感（组织成员愿与组织团结一致）、行为（支持组织）三个维度。国内学者高中华和赵晨（2014）翻译整理了斯密特斯（Smidts，2001）的组织认同量表。该量表包括5道题，具体如表2-3所示。

表 2-3 组织认同题目说明

维度	题目
组织认同	1. 我与我们单位之间命运相连
	2. 我对我们单位存在强烈的归属感
	3. 在这家单位工作我很自豪
	4. 我充分认可这家单位
	5. 我很荣幸能够成为单位中的一员

资料来源：高中华，赵晨. 工作场所的组织政治会危害员工绩效吗？基于个人—组织契合理论的视角. 心理学报，2014，46（8）：1124-1143.

三、组织认同对离职的影响

组织认同会使得组织成员的态度和效能发生变化。对组织认同的结果变量的研究，大致可分为内部整合和外部适应两个方面。从内部整合来看，米格诺纳克等（Mignonac et al.，2006）的研究发现，组织外部的声誉感知和组织认同需求对离职倾向具有显著影响。迪克（Dick，2004）的相关研究表明，在构成组织认同的几个维度中，生涯认同与团队认同对工作满意度有显著影响。从外部适应的角度来说，组织认同增加了成员承诺和持股者的承诺。塔杰菲尔（1978）的社会认同理论认为，个体需要通过获得群体身份的方式来得到自我满足。当个体无法获得自身期望的满足形成组织认同的时候，可能倾向于离开组织。霍曼斯（1961）的社会交换理论认为，若个体无法在组织中得到满足，两者间的交换关系无法形成，个体便很难产生组织认同，会产生离职意愿。范·迪克等（Van Dick et al.，2004）验证了工作满意度是组织认同与离职倾向之间的中介变量。熊明良等（2008）则验证了组织认同在员工工作满意度与离职倾向之间具有调节作用。张淑华和刘兆廷（2016）通过组织认同与离职意向关系的元分析得出结论，组织认同能够有效预测离职倾向。

第三章

高离职行业员工离职问题的实证研究

第一节　IT 行业人才流失问题及对策研究

一、IT 行业概述及人才特点

（一）IT 行业概述

IT 的全称是"information technology"，即信息技术，IT 行业是指信息技术产业。信息技术产业，也称为电子信息产业。它是以计算机技术为基础，运用信息和技术为手段，收集、整理、储存、传递信息情报，并提供相对应的信息技术和手段等服务的产业部门。信息技术产业主要由信息处理和服务产业、信息处理设备行业和信息传递中介行业这三个产业部门组成，分类如下。

1. 信息处理和服务行业

如计算机中心、信息中心和咨询公司等，是利用现代的计算机系统从事收集、加工、整理、储存信息工作的行业，为各行业提供信息服务。

2. 信息处理设备行业

如计算机制造公司、软件开发公司等，从事电子计算机的研究、生产和计算机的软件开发等工作的行业。

3. 信息传递中介行业

如出版业、印刷业、广告业、通信邮电业、新闻广播业等，是运用现代化的信息传递中介，将信息及时、准确、完整地传到目的地点的行业。

本文所指的"IT 行业"，涵括了以上三个产业部门的 IT 产业。IT 企业是指从事信息技术产业的企业单位。

根据中国工业与信息化部公布的统计数据显示，2012 年、2013 年、2014 年、2015 年电子信息产业销售收入总规模分别为 10.9 万亿元、12.4 万亿元、14 万亿元、15.4 万亿元。2015 年，我国规模以上电子信息产业企业个数 6.08 万家，其中电子信息制造企业 1.99 万家，软件和信息技术服务业企业 4.09 万家。全年完成销售收入总规模达到 15.4 万亿元，同比增长 10.4%。其中，电子信息制造业实现主营业务收入 11.1 万亿元，同比增长 7.6%；软件和信息技术服务业实现软件业务收入 4.3 万亿元，同比增长 16.6%。由以上官方统计数据可以看出，近年来，我国电子信息产业的产业规模稳步扩大，发展迅速。

（二）IT 企业人才特点

IT 企业从事的是高科技、信息化技术，人才以高学历、高知识层次的人员为主。根据国务院发展研究中心企业研究所和中国企业人才研究中心在 2012 年发布的《中国 IT 行业人才现状调查报告》，在 IT 人才结构方面的主要研究结论有这几方面。首先，IT 行业女性比例较低，女性人数只占被调查企业员工的 42%；其次，IT 行业员工年轻化程度明显，从业人员年龄普遍处于 20~40 岁，IT 企业高层管理人员的平均年龄在所有行业中平均年龄最低，只有 36 岁；再次，IT 行业的员工学历构成，高学历人员在 IT 企业所占比例很大；最后，人力资源管理人员学历在大专以上的占 76%。

2007 年 6 月，东方标准人才服务有限公司与华南师范大学人才测评研究所发布了《中国 IT 从业人员心理特征研究报告》。该研究在对 500 多家 IT 企业进行深入的访谈和调研后，得出在总计 29 项的职业胜任特征中，IT 从业人员应具备的十二项职业核心素质。这十二项职业核心素质根据重要性排序，依次为沟通能力、团队合作、学习能力、责任感、问题解决能力、诚信、主动性、理解能力、应变能力、抗挫抗压能力、踏实、大局观。尤其是沟通能力、团队合作、学习能力、责任感、问题解决能力这几项，是 IT 行业人才所具备的关键素质特点。

本文根据以上调研报告，并结合近几年 IT 行业的发展和变化，对现阶段 IT 企业人才特点总结如下。

1. IT 企业人才学历高，专业性强

受行业属性限制，IT 企业人才普遍以高学历、高知识层次的人员为主，这些人才大多是受过系统的专业教育，具备深厚的专业背景。而且大多数职位对专业性的要求很高，需具备较强的科班专业基础和较深的技术积累才能胜任。如软件程序的设计、开发等，并非招聘进来后经过简单培训即可上任。同时，由于受教育的程度高，IT 行业人才大多具备了较高的个人素质。如视野的开阔与前瞻性、宽广的知识面、自我管理与自我学习的能力强等；在工作上，他们更加积极主动，强调自我管理和自我约束；在工作方式上，他们有着自己的想法和意见，而非总是受制于人。这种特性表明，他们更加青睐于管理人性化的企业，最好在工作地点、工作时间的管理上较为灵活，企业氛围更加宽松自由。

2. IT 企业人才具备较强的学习能力和解决问题能力

由于信息技术瞬息万变，IT 行业的发展日新月异，要求 IT 人才时刻创新，才能带领企业在激烈的竞争中占领有利地位。正因为技术不断更新，IT 人才在创新的同时，也要具备较好的学习能力，才能跟上行业的变化与发展，跻身行业的前列。IT 行业人才具备极高的自主性和创造性面对复杂和困难的工作环境。这种特性表明，IT 行业的人才更愿意接受富有挑战性、富有创新性的工作，枯燥、死板、纯粹的执行性工作任务无法激发他们的工作积极性和创造力。

3. IT 企业人才年轻化程度高，同时具有较高的自我实现的需要

由于信息技术更新换代的速度很快，上述调查显示，IT 企业从业人员普遍处于 20 ~ 40 岁。这些人才主动性高，把实现挑战性的目标视为实现自我的一种方式。年轻化的 IT 企业员工使得 IT 企业充满活力，这些员工

接受新事物的能力较快、学习能力强，然而却更注重个人需求与目标。当发现个人需求与目标不能在所在企业得到满足时，很容易发生跳槽，另寻去处。在这种特性得不到满足的情况下，就会导致较低的忠诚度和较高的流动性。

4. IT 企业人才沟通能力强，具备较强的团队精神

由于信息技术工作的特殊性，IT 行业人才常会组成项目组开展工作，团队意识较强，注重沟通协作，以团队的形式共同完成一项工作任务。因此，有些企业在设计激励机制的时候，也会将团队激励考虑进去。团队激励有利于提高团队效率，达到团队目标。但有时也因为无法兼顾公平，从而导致团队内部矛盾。

二、对我国 IT 行业人才流失现状分析

随着知识经济时代的到来，企业不仅在市场上激烈竞争，最根本的竞争是人才的竞争，知识型人才竞争尤为激烈。很多企业为留住人才付出了不少的努力，可依然为留不住人才而深深困惑。当前，我国 IT 企业人才流失问题十分严重，已成为制约企业发展的重大问题。

前程无忧在 2015 年 11 月发布的《2016 离职与调薪调研报告》显示，2013 年、2014 年、2015 年全行业员工整体离职率分别为 16.3%、17.4%、17.7%，呈现逐年上升的趋势。其中，2013 年、2014 年、2015 年高科技行业的员工离职率分别是 17.4%、18.6%、19.1%，同样也呈现逐年上升的趋势。

由以上调查数据可以看出，IT 行业作为高科技行业，员工离职率数据在 2013 年、2014 年、2015 年分别以 1.1%、1.2%、1.4% 领先于全行业员工离职率，人才流失情况相当严重。

同时，随着信息产业、互联网经济的迅猛发展，IT 行业人才流失的现状也有新的特点，结合猎聘网 2013 年初对 IT 行业中百度、阿里、腾讯、奇虎 360 这四家具有代表性的公司员工离职情况的跟踪调查，可以了解到近年 IT 行业人才流失的具体情况如下。

1. IT 人才跳槽频率较高

猎聘网通过跟踪员工从百度、阿里、腾讯、奇虎 360 这四家企业离职后五年内的工作变动情况后发现，有 65.6% 的员工选择再次跳槽。其中，离开百度后跳过 1 次槽的人占比 68%，跳过 2 次槽的人占比 25%；离开阿里后跳过 1 次槽的人占比 65%，跳过 2 次槽的人占比 27%；离开腾讯后跳过 1 次槽的人占比 67%，跳过 2 次槽的人占比 28%，而离开奇虎 360 后跳过 1 次槽的人占比 68%，跳过 2 次槽的人占比 27%。从调查数据可以看出，IT 人才跳槽的频率较高，人才流失较为频繁。[①]

2. IT 人才通过跳槽获得薪资增长

根据猎聘网的数据，百度、阿里、腾讯、奇虎 360 四家企业员工跳槽后薪资平均涨幅约为 16%。其中，从百度跳槽的员工得到的薪资涨幅为 16%，而从腾讯跳槽的员工薪资涨幅高达 43%。薪资涨幅较少的是阿里和奇虎 360，分别为 4.3% 和 2%。需要说明的是，由于阿里的平均薪资在行业内几乎达到最高水平，因此员工跳槽后涨幅并不明显。一般来说，IT 企业员工主动离职时都能获得一定的薪资涨幅，涨幅的程度则与跳槽前企业在行业内的薪资水平有较大的关联。如果跳槽前企业的平均薪资在行业内处于较高水平，则跳槽后获得的薪资涨幅相对较小。

3. 从人才的流向来看，IT 人才比较青睐于民企和外企

根据猎聘网的调查显示，从阿里离职的员工在 5 年内有 25% 选择去民营企业，36% 的选择去外企；在奇虎 360 的离职者中有 33% 的人留在民营企业，23% 的人去了外企；腾讯的离职者去民营企业的有 40%，13% 的离职者则去了外企；百度的离职员工中有 50% 选择留在民营企业。相对而言，IT 行业人才选择跳槽到政府机关、事业单位、国企的较少，所占比例均在 10% 以下。一方面是因为政府机关、事业单位和国企具有较高的门槛且各项激励机制的灵活性也稍显不足，另一方面则是因为民营企业、外企在薪资与发展空间方面更具优势。

---

① 猎聘网. 知名互联网企业员工跳槽地图. 2013 – 2.

4. IT 行业中，男性跳槽比例远远高于女性

根据百度、阿里、腾讯和奇虎 360 四家公司离职员工的数据显示，跳槽的男女比例大约为 3 : 1，一方面是因为这四家公司男性员工的基数比女性高，另一方面则可能是因为 IT 行业中男性员工具有更高的职业追求，但相对来说，女性员工在职业上趋向于追求安稳。

三、我国 IT 行业人才流失的不利影响

IT 行业人才流失会给企业带来诸多不良影响，包括人力资源成本的损失、核心技术和商业机密的泄露、组织结构不稳定、客户资源流失、团队凝聚力下降、引发人才"泡沫"现象等。

1. IT 企业人才流失会导致人力资源成本的损失

在人才进入公司后，公司为其付出的人工成本、培训费用等不在少数；在人才离职后，人力资源部门重新在招聘环节下功夫，花时间、精力、招聘费用等，人才重置成本同样居高不下；而且由于技术人才的专业性，要找到满足企业需要的人才往往需要花费更多的时间和更高的人工成本。作为信息技术企业，技术的积累和传承的载体是人才。因此，除了人工成本和人才重置成本外，更多的损失，在于看不见、摸不着的经验积累和技术传承之中。

2. IT 企业人才流失会导致企业商业机密与核心技术的泄露

作为信息技术企业，核心技术、专利、商业机密等是企业的生存和发展的命脉。当前，IT 行业公司人才流失最频繁的是技术、管理和业务类的专业性人才。在 IT 企业成长过程中，这些专业人才站在各自岗位的最前线，参与公司核心技术、专利的研究与开发，也投身到公司发展的业务中去。正因如此，他们与公司的核心技术与商业机密的关系十分紧密。因此，当这些专业人才离职的时候，尽管受保密协议的约束，甚至 IT 企业可以采取一定的法律手段对其进行约束与限制，但往往这种约束和限制的作用非常有限。随着人才流失而导致的企业核心技术和商业机密的泄露，给企业带来的损失不可估计，有时甚至是致命的。

3. IT 企业的人才流失会导致企业组织架构的不稳定，从而影响企业绩效

IT 企业的工作一般是以团队为单位开展的。比如，某个产品或技术的研发项目，在团队成立之时根据项目需要配足所需人员，如前端工程师、后端工程师、美工等，需要团队中的每一位员工齐心协作，各司其职，才能完成整个团队的工作目标。所以，当团队中出现人员离职，尤其是技术骨干出现流失时，就会导致团队人员缺失，团队工作项目被迫中断，直至新的人员加入并在一段时间内熟悉之前人员的工作后，团队项目才能重新启动。在此期间，团队绩效严重受到影响。对 IT 企业而言，在竞争异常激烈的市场中，新产品的开发周期的长短有时意味着一切，能够迅速开发新产品并及时上线，才能有效抢占市场。

4. IT 企业的人才流失会导致客户资源的流失

无论是以项目还是产品为主导的 IT 企业，业务团队往往掌握着公司最重要的资源——客户。虽然交易是公司行为，但联系客户、促成交易的却是业务团队，因交易而建立的良好合作、信任的关系，往往存在于为之服务的业务人才而非公司本身。尤其是在竞争激烈、产品同质化严重的市场环境下，满足客户需求的产品很多，并不是非你公司不可。随着业务人才的流失，客户资源也随之流失了。这直接导致了企业短期内失去了这些客户所带来的持续的、稳定的业务，而新进员工重新开发稳定的客户资源，也需要较长的时间和精力，花费企业较多的业务成本，这无疑给企业的经营带来负面影响。

5. IT 企业的人才流失会导致企业凝聚力下降，挫伤员工队伍士气

人才的流失往往带动了信息的流动，离职员工对原公司的评价及感受，往往会影响在职员工的士气；尤其是当离职频繁发生时，不免让人怀疑这家公司究竟怎么了，是否不适合继续发展了。离职员工到了新的公司，也会向原公司的员工交流其他职位机会的存在。当在职员工看到离职的员工通过跳槽获得更好的发展机会，或看到离职的员工因跳槽而获取更多的收益时，留在原岗位上的人才也会蠢蠢欲动。因此，人才的流失不仅导致企业人心惶惶，影响工作绩效，还可能刺激更大范围的人才流失。

6. IT 企业人才频繁流失引发人才"泡沫"现象

具体表现为以下两种现象。

（1）由于 IT 行业对人才的需求大于人才的供给，为吸引优秀人才加入企业，有资金实力的 IT 企业往往提供较高的薪资水平，导致 IT 行业人才薪资水平普遍虚高。

（2）人才的频繁流失，意味着 IT 企业人才在同一个企业、同一个岗位上任职的时间较短，而技术水平的积累和提高，往往需要长期用心钻研才能获得。因此，虽然这些人才在市场需求下薪资水平不断提高，可是有些人能力的提升并没有跟上薪资水平的涨幅，存在人才能力与薪资水平不匹配的人才"泡沫"现象。

总之，对于 IT 企业而言，人才流失会给企业带来诸多不利的影响，所以我们有必要更深入地研究 IT 企业人才流失问题，寻找应对的策略。

四、对 IT 行业人才流失问题的成因分析

正如上文所述，IT 企业的人才流失会给企业带来巨大的不良影响，主要表现为人力资源成本的损失、核心技术和商业机密的泄露、组织结构不稳定、客户资源流失、团队凝聚力下降、引发人才"泡沫"现象等，若不加以控制和改善，最终将影响企业的持续发展及市场竞争力。因此，对 IT 企业人才流失的原因进行分析，找出影响 IT 企业人才流失的关键因素显得尤为重要。

西方的学者在很久以前就对人才流失的过程和影响进行了分析，他们建立了多个离职动因模型。如马奇和西蒙模型，这种模型提出的时间相对比较早，且产生了较大的影响力，是关于员工流失的总体模型；如普莱斯模型，探讨员工流出问题时，将企业变量和个人变量结合起来，建立了有关员工流出的决定因素和干扰变量的模型；如莫布雷（Mobley）的中介模型，这种中介模型的研究是在马奇和西蒙模型的研究基础上建立的，他认为，不同类型的劳动力所面对的劳动力市场是具有差异性的，而且这些劳动力对劳动力市场的认识也存在差异，因此，劳动力市场对不同类型的劳

动力流失的影响也是具有差异性；再如扩展的莫布雷模型，希望更加完整地获取影响员工流出的复杂因素，这种模型结合了上述几种模型的内容。通过学习和梳理以上几种理论模型，我们不难看出，这些模型主要通过研究与分析企业的、环境的、个体的因素等影响员工流出的多重变量，作为研究企业员工流失原因的着力点。

前程无忧在其发布的《2016 离职与调薪调研报告》中指出，2015 年员工整体离职率略有上升，为 17.7%，同比增长 1.7%。其中，高科技行业的员工离职率是 19.1%，同比增长 0.5%。宏观上的原因是 2015 年政府出台的"互联网＋"相关行动计划，导致新兴行业人才缺口较大；而 2015 年中国经济面临下行压力，部分行业和企业在转型中陷入低潮；这两个宏观因素带动了员工整体离职率的上升。在微观层面，对比企业与个人反馈的主动离职原因，该报告指出较具竞争力的薪酬福利（60.9%）与职业成长空间（55.3%），是企业反馈的员工选择主动离职的重要原因，这两项指标是大部分职场员工权衡去留的关键因素。而对工作内容感到不满（58.6%），无法认同企业的管理方式或文化（33.6%），缺乏培训（27.0%），工作与生活不平衡、经常加班或出差（21.5%），绩效考核不公正或没有激励性（21.2%），人际关系复杂（12.8%）等因素，也是个人反馈的主动离职的原因。

总之，影响企业人才流失的因素很多，有时可能是其中一个因素占主导地位，有时可能是多个因素共同作用的结果。在此，笔者结合以上几种离职动因模型，结合 IT 行业基本特征及人才竞争现状，将 IT 企业人才流失的因素分为三类：外部环境、企业内部、员工个体。

（一）IT 行业人才流失的环境因素分析

从宏观角度出发，我们可以看到，在外部经济环境、政策环境和行业环境变化的推动下，IT 人才市场需求日益剧增。如果市场人才供给无法随着需求变化而及时调整，必将出现市场供不应求、薪资虚涨，从而诱发人才频繁流动。

1. 经济环境

随着社会经济的不断发展，人类已经进入新的知识经济时代，信息技术已经成为推动经济增长的主要因素。因而，信息技术越来受到社会各界的青睐，信息技术行业也因此而快速发展。尽管信息技术可以在一定程度上通过硬件（电脑、设备等）表现出来，但是信息技术知识的更新仍然离不开人，对信息技术的需求也带动了对信息技术人才的需求。可见，经济增长带动信息技术需求，信息技术需求又进一步表现为对信息技术人才的需求。

2. 政策环境

2015 年，李克强总理在政府工作报告中明确提出了"大众创业，万众创新"和"互联网＋"的发展思想与理念。这对信息技术人才的需求产生了两方面的刺激效应，具体如下。

（1）直接推动了新一轮的需求，因为政策导向"互联网＋"创业的发展，需要大量信息技术人才。

（2）突破了以往信息技术人才需求的界限，各行各业都开始向"互联网＋"发展，即各行各业都需要信息技术人才来推动行业发展。可见，政策导向从直接需求和间接需求两个维度，加大了市场对信息技术人才的需求。

3. 行业环境

经济的快速增长与政策层面高度支持的外部条件，促使 IT 行业快速成长，金融机构给予 IT 企业良好的融资条件，IT 企业融资门槛也在一定程度上有所降低。大量资本注入 IT 行业中，不少 IT 企业为快速、有效地占领市场，获取客户资源，通过利用高薪政策，在短时间内聚集大量人才为企业服务，进一步加剧了 IT 企业之间的人才竞争。高薪引进人才，成为许多 IT 企业人才竞争的主要方式，而这种方式也大大增加了 IT 人才的流动性。

（二）IT 行业人才流失的企业因素分析

外部环境变化是人才流失的诱因，但如果企业本身条件较好，有科学合理的制度和激励措施，也能留住人才。但目前，大部分 IT 企业在留住人才方面仍然存在较多问题。

1. 人力资源管理观念落后，管理不科学

（1）许多 IT 企业目前还停留在企业资本的原始积累阶段。随着市场经济的高速发展，IT 企业人力资源管理理念落后的弊端逐渐暴露出来，主要表现在以下几方面。①很多 IT 企业把人力资源管理工作定义为事务性工作，没有认识到它在企业战略中的重要作用；②很多 IT 企业没有把员工视为具有主动性的人力资源，而是看成被动的棋子，视为企业的螺丝钉，任企业派到任何需要的地方去；③IT 企业没有将人力资源的投入视为一种投资，而是将人力资源的投入视为企业经营的成本；④IT 企业的管理者没有顾及员工的权益，没有对员工采取人性化的管理方式，因此，导致 IT 企业员工缺少主动性和创新精神；⑤IT 企业管理者危机意识不强，没有认识到人才流失问题对 IT 企业造成重大的危害，直到人才的离职给企业造成不可计量的重大损失时，才会意识到人才之于企业的重要性。

（2）IT 企业的管理问题很多，主要表现在缺乏人性化的管理、管理层对员工不信任、授权不充分以及管理者的个人问题等方面。许多 IT 企业的管理模式缺少科学管理和制度约束；尽管很多 IT 企业执行了绩效考核制度，但绩效考核制度不完善、不科学，考核不准，赏罚不清。这种绩效考核的制度体系严重地挫伤了 IT 员工的工作积极性，从而导致 IT 企业人才的浪费及流失。

有些 IT 企业采用集权式的管理方式，具体表现为管理者对员工缺乏信任、授权不充分，集权式的管理方式也是导致员工产生离职意愿的主要因素。对于 IT 企业的人才而言，除了合理、科学的物质激励之外，他们也同样需要精神方面的激励。企业的认可与尊重以及能不能获得尽情发挥个人才能的空间，正是 IT 员工所需要的。有的 IT 企业的管理者事必躬亲，不懂授权，也不懂放手给员工去做，导致企业的人才难以发挥工作的主动性。

在用人的问题上，有的 IT 企业还存在排资论辈的问题，有的存在家族式管理、裙带式经营的问题。企业的重要职位，不是根据员工的能力任人唯贤，而是常常任人唯亲，导致不公平的竞争现象屡屡发生。

2. 绩效考评、激励机制不健全

在绩效考评方面，IT 企业容易犯如下的错误。

（1）激励考评的目标不明确，且过于纠缠工作执行过程中的步骤、细节而非工作成效。

（2）考评标准不科学，考评项目过于笼统，内容不完整，较多是对岗位职能的考评，而非针对员工的工作结果。

（3）对于考评的结果，考评时主观性较强，考评结果争议大。同时，由于有些 IT 企业轻视奖励、重视惩罚，使得绩效考评不能起到应有的激励作用。

很多 IT 企业不仅实行了绩效考核制度，同时也使用了一些长效的激励机制，如股权激励。这些长效激励机制的使用，改善了企业的薪资结构，在一定程度上稳定了员工队伍，同时也激励了员工工作的积极性。然而，激励机制的不健全，或在实施激励机制时考虑不周全，采用了不适合该企业和员工的激励机制，都有可能导致事倍功半，甚至以失败告终。激励机制的不健全、不合理，往往也导致了利益分配的问题凸显。当员工觉得自己的付出与收获不对等或利益分配不公平时，也有可能导致离职。

3. 缺乏发展空间与培训机会

目前，许多优秀人才在选择企业时，首要的条件是企业能否提供充足的发展空间和成长机会。就我国 IT 企业的目前情况来看，很多 IT 企业并不能为员工提供良好的成长机会和必要的发展空间。主要分为三种情况：

（1）IT 企业较不明确的未来前景。由于我国许多 IT 企业追随市场发展，往往只有短期的计划，长期的发展战略和发展目标基本还是空白的，企业发展前景受到限制。因此，由于企业的发展战略、目标的缺乏，意味着员工也没有更多的发展机会和空间，只能原地踏步。

（2）规模较大，处于稳步发展阶段的企业，以及国有企业。这些企业对人才的需求往往是一个萝卜一个坑，企业的稳步发展同时意味着组织架构、人员的相对稳定。在这种类型的 IT 企业中，人员的晋升往往没有太多的机会和空间。

（3）家族式企业。在 IT 行业的中小企业中不乏家族型的企业，这些企业大多任人唯亲，家族成员对外来员工的排外性，阻碍了高素质人才晋升的通路，限制了非家族成员的发展空间。

"培训——发展——再培训——再发展"的模式已经得到众多 IT 企业的认可。但是任何形式的培训都需要企业有所投入，无论是资本、时间、还是人力的投入，并且，这种投入往往在短时间内很难见效。由于 IT 企业成长的特殊性和资源的有限性，当企业面对培训这一项投入大、周期长、见效慢的投资时，不少 IT 企业望而却步。同时，由于 IT 企业人才流动较频繁的特性，对员工培训的投入往往沦为为他人作嫁衣，表现为 IT 企业刚培训好了一批员工，可以满足岗位的需要了，这些员工就离职了。这样的情况也导致了 IT 企业对培训体系的建设提不起太大的热情。另外，许多 IT 企业虽然开展培训，但是培训的目的和动机并不是在于培训能够提高员工的素质从而提高企业的竞争力，更多的是一种对员工培训需求的应付，造成培训的形式多于实质，培训内容与实际工作脱节，收不到良好的培训效果。

4. 缺乏良好的企业文化氛围

大多数 IT 企业在追求企业效益的过程中，忽略了企业文化的建设与经营，造成 IT 员工对企业的认同感与归属感不强，这也是 IT 企业难以吸引与留住人才的重要因素。而有些 IT 企业采用严格的管理方法，轻奖励重惩罚，导致员工经常处在压抑的工作环境中，使得员工把更多的关注放在如何避免遭受惩罚，而不是把注意力放在为企业创造价值。当优秀的人才感觉到自己难以接受这种企业的文化、难以融入企业的文化氛围、对企业文化缺乏认同时，自然不愿长留。

（三）对 IT 行业人才流失的个体因素分析

从微观个体角度出发，人才流失是 IT 人才主动更换工作的结果，因而，员工个人因素也是人才流失的重要原因。导致 IT 人才流失的个人因素主要包括以下几个方面。

1. 自我实现的需求得不到满足

IT 企业人才在企业内的需求通常都是层次较高的需求。比如，受到尊重和自我实现的需要。IT 人才因具有较强的自我实现的需要，在工作上表现为：对被动完成任务不感兴趣，而更加希望去接受和追求具有挑战性、创造性和成就感的工作，追求完美的成果和显著的成就，把克服困难当作一种对自我的磨砺。

IT 行业由于行业性质的原因，造成 IT 人才的事业发展空间有限。IT 人才在企业内部往往从事技术性工作，晋升空间有限，晋升难度较大。因此，IT 人才在企业内部难以找到"自我实现的成就感"，只能通过跳槽实现升职的愿望。

2. 对职位工作内容的满意程度低

IT 企业人才对职位内容的满意程度低的主要原因是，工作缺乏挑战性、工作的内容枯燥、员工对工作失去兴趣等。IT 行业的人才，普遍具有高学历、高素质，对一般工作的胜任程度较高，也容易获得出色的业绩，但有时这些工作内容并不一定能引起 IT 人才的兴趣。长期从事一份毫无乐趣的工作只会让人产生麻木，产生强烈的想要摆脱该项工作的意愿。长此以往，员工必然产生不满而选择离开。

3. 工作压力太大

工作压力主要包括来自工作内容产生的压力、来自工作角色的压力、来自个人发展的压力、来自处理内部关系的压力以及来自内部管理的压力。IT 企业人才的压力主要来自以下两个方面。

（1）工作内容产生的压力。企业要有创新，就要求 IT 人才的工作有所创新。比如，某项技术的研发与突破，有时候因为技术难度高、受时间限制的原因，会导致 IT 人才长期高强度加班加点地工作，会给他们的心理和身体带来巨大的压力。根据速途网 2015 年 4 月份的报道，IT 行业因近几年加班现象较为严重，出现多起过劳死事件，IT 行业占比达到 23.8%，成为对身体健康危害的第二大行业，仅排在因为工作环境差、从事高强度、高危险的体力劳动，所以其占比达到 29.6% 的矿工及建筑行业之后。

（2）个人发展的压力。作为高学历、高素质的 IT 人才，他们有着较强的成才意愿。因此，当 IT 企业不能提供全面的培训机会和个人职业生涯规划的发展机会时，IT 员工则会承受较大的个人发展的压力。

（四） 对 IT 行业离职因素小结

本章笔者主要通过回顾第二章关于离职动因的几种理论模型，结合 IT 行业的特性，总结出 IT 行业人才流失的成因的理论框架，见图 3 - 1。

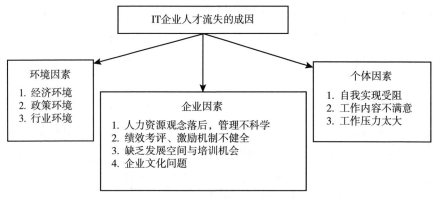

图 3 - 1　IT 行业人才流失成因的理论框架

五、案例分析

上文分析了 IT 行业基本特征及人才竞争现状，并综合几种离职动因模型对 IT 行业人才流失的成因进行了深入的探讨，建立了 IT 行业人才流失成因的理论模型。本章主要通过对 3 家公司人才流失的案例进行描述，试图分析它们作为案例个体所面临的问题和困难在哪里，并寻找对策。

由于本文探讨的是 IT 行业人才流失的问题与对策，希望讨论出来的结论能够对处于 IT 行业中的不同规模类型、不同发展阶段的公司具有普遍的指导意义。因此，本文结合以下两个标准来选取案例。

第一，根据国家统计局在 2011 年发布的国统字〔2011〕75 号《统计上大中小微型企业划分办法》。办法中按照行业门类、大类、中类和组合类别，依据从业人员、营业收入、资产总额等指标或替代指标，将我国的企业划分为大型、中型、小型、微型等四种类型。根据该办法，本文选取的 A、B、C 案例的公司规模类型分别对应着该行业中的小型、中型、大型公司。由于微型企业规模太小，各家情况不一，选取单一案例不能具备代表性，因此本文不做讨论。

第二，根据企业生命周期理论。企业的发展一般会经历四个阶段：创业期，成长期、成熟期和衰落期。从这 3 家公司的成立时间、从业人员与公司发展现状来看，本文选取 A、B、C 公司分别代表了 IT 企业在创业期、成长期和成熟期这三个发展阶段的公司。本文主要讨论的是主动离职的人才流失问题，衰落期的企业人才流失大部分是被动离职的。比如，公司裁员等。因此，本文也不作讨论。

本文所选取的 3 家公司案例，综合以上两个标准，能够作为 IT 行业中小型创业公司、中型成长公司、大型成熟公司的三种典型代表。

本文采用的案例研究方法是多案例研究方法和访谈法。案例研究的过程分为这几个步骤。第一步是选定 A、B、C 公司作为本研究案例；第二步是收集 3 家公司的基本信息和相关材料；第三步是分别对 3 家公司的离职员工、管理层进行访谈交流；第四步是访谈后，对访谈内容进行整理和分析，归纳 3 家公司的人才流失的现状和原因；第五步是结合人才流失等的相关理论，对 3 个案例进行综合比对分析，最终形成本章结论。

（一）A 公司人才流失现状及分析

1. A 公司基本概况

A 公司是一家小型的 IT 企业，主要从事 IT 行业中的软件技术开发、信息咨询领域，目前公司处于创业期的发展阶段。A 公司成立于 2010 年，注册资本 200 万元，是一家以软件项目研发为核心的高科技企业，具备 ISO、双软认证等多项资质，所研发软件陆续获得多项软件著作权与软件产品专利。公司成立之初，主营业务以移动应用、电子政务、通信系统三大领域的软件项目开发为主；自 2013 年以来，该公司抓住传统行业互联网化的发展趋势，逐步发展成为一家以移动互联网项目开发运营、大型软件项目开发建设、软件工程咨询服务为主要业务的 IT 企业。随着公司业务的发展，人员规模也由最初的 3 个人，发展到目前的 35 人。其中，软件开发技术人员占公司员工总数的91.4%。A公司组织架构如下，如图3-2所示。

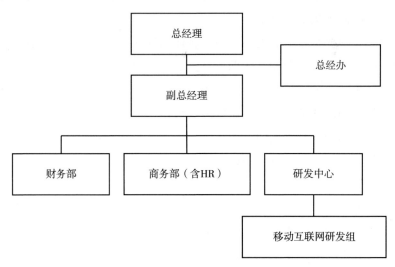

图3-2　A公司组织架构

2. A公司人才流失状况

通过对A公司进行调研发现，人才流失的问题是目前限制A公司持续发展的主要瓶颈。如表3-1所示，从A公司的人员总数来看，从2010年到2015年，由于公司处于创业阶段，发展势头良好，每年员工总数都有所增长，但人数增长率也逐年下降。同时，自2012年以来，每年离职的员工人数有所增加，离职率居高不下，尤其在2013~2015年，离职率达到30%左右，A公司人才流失的情况十分严峻。最令管理者担忧的是，在离职率高达30%的同时，A公司员工的人均工资却以超过20%的速度逐年增长。

表3-1　　　　　　　　　A公司人员与薪酬基本情况

年份	年底员工总数	人数增长率（%）	年离职员工人数	年离职率（%）	工资增长率（%）
2010	3	—	0	0	—
2011	7	133.3	0	0	6.35

续表

年份	年底员工总数	人数增长率（%）	年离职员工人数	年离职率（%）	工资增长率（%）
2012	12	71.4	2	21.05	10.52
2013	20	66.7	5	31.25	20.36
2014	29	45.0	7	28.57	24.83
2015	35	24.1	9	28.13	25.77

注：离职率＝期间离职人数／[（期初人数＋期末人数)/2]。
资料来源：A 公司内部资料。

　　针对以上数据，本研究对 A 公司的人力资源管理方面做了深入的了解和讨论发现：自 2013 年以来，尤其是 2014～2015 年，企业受 IT 行业人才"泡沫"的影响，在人员招聘、薪酬管理等诸多环节受到了严峻的挑战，具体现象表现为这几点。首先，高离职率和薪金高增长同时存在。尽管 A 公司每年按照绩效考核的结果给予员工 10%～30%调薪，但却无法改变人员离职率居高不下的情况。通过对离职员工的访谈发现，他们跳槽时一般可达到 50%～100%的工资增长。其次，招聘新员工的难度越来越大。尽管在智联、前程无忧等招聘网站上的招聘广告都给出企业能承担的最高薪酬范围，收到的简历数量还是很少。即使人员应聘成功，最后还是会遭遇应聘者"爽约"，未能到单位报到上班。通过对"爽约"应聘者的访谈发现，大部分应聘者都是因为找到薪资待遇更优厚的单位而"爽约"。

　　3. 访谈情况汇总

　　为能深入了解 A 公司的人才流失问题，笔者对 A 公司管理者与离职当事人分别进行了访谈，访谈的形式是面对面。访谈的主要内容汇总如下。

　　（1）管理者：陆总（化名），是 A 公司的总经理。

　　陆总提起近年居高不下的离职率，显得有点无奈。他说：其实公司这几年发展得还不错，每年业绩都在增长，因此每年也都给员工调薪。刚创业的时候确实特别困难，我和林总（化名）连续两年每月都是拿着 2000元的基本工资，而对待员工完全都是按照市场行情价给的，工资和奖金从来都是不拖不欠每月准时发放。2014 和 2015 年这两年新招了很多员工，同时也有一些员工离职，每位员工离职时我都面谈了，并且也提出加薪挽留了，但申请离职的员工里面，仅有极少数的员工同意留下，大多数还是坚决地走了。离职的原因五花八门。比如，工作压力大，经常加班等。这确实是存在的，我们作为创业型的公司，有时候确实没办法，一方面招不来人，另一方面也没办法养活那么多人，那怎么办，没办法，只能把一个员工当两个来用。到忙的时候，比如，一些项目要投标、要验收的时候，经常包括我在内，都得拉上好几名员工通宵几个晚上才能搞定。比如，有的员工说，公司不规范，没有提供培训机会，什么都得靠自己。这一点也是真实存在的，平时活干都干不完，谁还有心思和时间搞培训，再说，培训也得投入呀。比如，有的员工说，薪资没有竞争力，同类型的工作会比现在拿的钱多一倍不止。按照现在公司的情况，也只能按市场行情的平均水平来开工资，怎么都比不上行业内一些拿到风投甚至已经上市的企业，人家挖人都是翻倍来挖的。很多新招过来的员工，都答应来上班了，过几天到了入职时间还没来，打电话一问，人家找到薪资福利更好的单位上班去了。不过，这两年 IT 行业发展的确实比较迅速，很多公司老总都喊着缺人，招不到人，朋友圈一刷，都是招聘广告。加上去年开始，李总理提出"大众创业、万众创新"的口号，也有员工辞职自己开公司去了。像我们现在在接触的很多"互联网＋"的项目，对 IT 人才的需求量也是非常大，传统行业要做"互联网＋"的产业改革，最缺的就是具备互联网思维的 IT 人才。总之，员工离职率高，外部的原因也有，员工自身的原因也有，公司的原因也有。我和林总经常在讨论，除了员工离职讲的那些理由之外，是不是给员工的激励不够？是不是一些核心的员工可以适当给点股份？我们最近也开始尝试换一种方式来给员工安排工作。比如，把接来的项目整个或部分包给员工；也考虑在我们一些新的"互联网＋"的项目上，让员工以经营团队持股的方式接入进来。我自己感觉这种形式比加薪更有吸引力，就是不知道员工方面的接受程度如何了。

（2）离职当事人：小张。

小张是通过熟人介绍进入公司的。小张工作年限比较长，大约有 10

年了。在这份工作之前，小张是和朋友一起创业，后来由于资金链断了，实在做不下去了，这时 A 公司碰巧需要一个项目总监，于是熟人介绍进来了。由于小张工作经验丰富，能力非常强，一来公司就担负重任，一下接了 3 个项目在手。然而，干了不到半年，小张便向公司申请离职。后面由于项目还没做完，小张还是负责任地把项目完结后才离开了公司。问及原因，小张说，没别的，实在太累了，性价比太低了，5 个点干股我都不要退回给陆总了，这么干下去不仅身体实在熬不住，精神也要崩溃！我之前自己做公司的时候还没这么累，在这里 3 个项目同步进行，没干多久项目里又有人走了，连代码都要我自己写。说要招人，面试了一个又一个，一个职位面试了几十个人，终于看到两三个合适的，又嫌这里工资低，工作量大，不肯来。还有的答应来，后来又"爽约"。人手不够，做项目负责人的压力实在太大，头发都熬白了！前段时间，一个新项目招标，两个项目要验收，几个人连续熬了几个通宵，陆总都陪着大家一起干。这种状态还不是短期的，经常连着一两个月都是晚上加班到深夜，经常下班回去吃个饭，回来又干到十二点。创业型公司确实就是这样，公司文化好，有冲劲，上下一心。但像我这种"老人"，一方面习惯了手底下有人干活，另一方面也确实是熬不住，公司发展前景再好也没用，身体这么熬下去都不知道能不能撑到公司上市的那一天。之前，我已经试过一次创业失败了，再来一次搞不定，准备换一家稳定点的大公司了。

（3）对于小张的离职，也引发了其他人的看法。

首先，是老板陆总。陆总认为小张确实是个能力很强的人，对小张的想法表示理解，毕竟人家是个总监级别的人物，来到 A 公司什么事都得亲力亲为，不仅指导下面的员工干活，连代码都得自己亲手写。因此，陆总对小张的离职，尽管不舍，还是答应了。其次，是来自林总的看法。林总和陆总原是同事，几年前一起离职出来创业。林总工作忙碌的程度比起小张，有过之而无不及。林总认为，毕竟现在还年轻，该拼还是要拼，再说目前对公司未来发展非常看好，5% 的干股每年分红也不在少数，小张的离职还是有点冲动了。最后，是来自小张底下的员工小陈。小陈和小张的关系比较密切，原来在小张创业的公司时，小陈就跟着小张，后来小张进了 A 公司，也把小陈带进来了。小陈认为，小张的想法还是可以理解的，毕竟大家所处的阶段不一样，小张凭借自己的经验和能力，可以在大公司找个管理职位，薪资高，底下有人干活，不会太辛苦，还能抽出时间陪陪一家老小。而对自己是否还跟着小张走，小陈则认为，A 公司目前发展不错，对自己来说有很大的成长的空间，辛苦是辛苦点，但是能够有所积累。再说现在小张走了，他手头上有一些项目工作也交到自己手上，自己再坚持两年，多积累一些项目经验，到时公司发展好了，自己也好。若到时公司发展不好，自己积累了能力和经验，再跳槽也不会吃亏。

4. 对 A 公司人才流失问题的成因分析

A 公司目前的常态是"逐步放缓的员工增长率、居高不下的员工离职率、快速增长的员工薪酬"，人才"泡沫"对公司招聘和留任产生重大的影响。同时，我们也看出，A 公司的人才流失问题，受企业因素与员工个体的因素影响，但更多的是受外部环境因素的影响，分析如下。

（1）环境因素。

A 公司的人才流失问题，同样受到经济环境、政策环境与行业环境的综合影响。随着信息技术的高速发展，在"万众创新，大众创业"、政策导向的支持下，IT 行业对人才的需求越来越大，"互联网＋"的产业改革，也使得传统行业对 IT 人才的需求剧增。然而，近 5 年，整个社会的 IT 人才供给机制并没有发生大的改变，IT 人才存量和供给潜力有限，难以满足快速发展的人才需求。同时，近几年 IT、互联网行业在资本市场的追捧下，很多行内企业纷纷融资，同行公司上市的不乏少数，外部对 IT 人才的需求越来越强烈。而 A 公司一直专注于软件开发、服务客户，虽近几年营收情况良好，但始终不如其他靠大量资本投入而发展起来的 IT 企业。可见，同样具有 IT 人才需求的 A 公司，由于资金不如其他企业充足，在人才竞争中将处于下风。

在 IT 人才需求激增、供给受限的条件下，A 公司由于自身资金能力相对较弱，在人才竞争中处于下风位置，最终只能成为"人才泡沫"的受害者：高离职率与薪资高增长率同时并存。

（2）企业因素。

虽然 A 公司的人才流失问题主要受环境因素影响，但作为一个成立只有五到六年的公司，企业自身也存在一些问题。

第一，人力资源观念落后。A 公司属于创业型的公司，目前规模还算小，组织结构比较简单，人员也不多，管理方式相对比较灵活。但是，A 公司在这个发展阶段，还没有把人力资源管理上升到企业战略的高度。A 公司也并没有单独成立人力资源部门，而是将人力资源的职能设在商务部之下，仅由 1 位人力资源专员协助总经理、副总经理（技术总监）执行公司内部人力资源的事务性工作。如招聘、入职、离职等流程。

第二，绩效考评、激励机制不健全。A 公司虽执行了绩效考评制度，但从结果来看，效果并不理想。A 公司对员工绩效考评的结果，用于作为次年调整薪资的依据，给予 10%～30% 的调薪幅度。这个调薪幅度对比 A 公司的业绩、利润增长来说，实质上并不低，但是对比员工跳槽时 50%～100% 的薪资涨幅，还是处于竞争劣势。同时，绩效考评除了带来调薪幅度的指导，并没有其他更多的指导意义。这充分说明了 A 公司的绩效考评制度并不健全。另外，A 公司也没有建立健全的激励机制，除了人性化的管理、积极向上的企业文化给员工带来宽松和谐的工作氛围之外，在物质激励方面，尤其是股权激励方面还有待开发。

第三，缺乏发展空间与培训机会。由于 A 公司规模小，组织架构比较简单，在公司发展的初期阶段，虽然人才流失问题严峻，但是企业为了存活下来，管理者把更多的关注点放在企业的业务发展之上。对于公司人员的培育，并没有具体的办法和长远的规划；同时，由于 A 公司资源的局限性，注定了没有办法在培训上投入太多。因此，无法给员工提供全面的培训机会。

（3）个体因素。

A 公司的人才流失问题也离不开员工个体因素的影响，但在一个创业型公司里，管理人性化、工作内容也具有一定的挑战性，可以激发员工的工作积极性，也能让员工感觉到自身对企业的价值。因此，A 公司的员工的自我实现的需求在一定程度上得到了满足，对工作内容的方面也没有太多抱怨。但是，由于 A 公司的创业性质，企业具有很大的生存和发展的压力。企业不进则退，这不仅是管理者的压力，也是在企业任职的员工的压力。为了技术攻关，为了项目实施，为了投标等，A 公司的员工有的是一人身兼数职，有的是一人同时承担几个项目，为了能够完成工作任务，往往需要加班加点。常年没日没夜的忙碌是 A 公司员工的真实写照。长此以往，员工累积的工作压力越来越大，也使得员工在精神和身体上遭受一些伤害。

（二）对 B 公司人才流失现状及分析

1. B 公司基本概况

B 公司是一家中型的 IT 企业，主要业务领域是针对某类政府机关行业领域的软硬件开发项目，目前公司处于成长期。该公司成立于 1997 年，是一家集智能安防、软件开发、系统集成于一体的国家高新技术软件企业。目前，拥有北京、广州、成都等五家全资分子公司、六家联营公司以及 30 几家遍布全国各地的专业代理服务机构。公司拥有系统集成一级、安技防一级、涉密集成与开发、CMMI3 等资质认证十多项；专利及软件著作权证等百余项。公司先后获得多项国家火炬计划和创新基金项目，并多次荣获广东省重点新产品、自主创新产品和高新技术产品等荣誉称号。目前，公司共有员工 264 人。其中，专业技术人才占员工总数的 90% 以上、国家级认证项目经理 30 人、高级项目经理 16 人、高级工程师 10 人、网络认证工程师 67 人，具备了强大的行业应用研发能力、软件系统开发能力与智能硬件设备整体设计与生产能力。

B 公司主要由研发中心、创新中心、市场营销部、采购部、行政后勤部、人力资源部、资质项目部、财务部、系统集成部、软件工程部、客服中心共十一个部门组成。B 公司组织架构如下，见图 3 - 3。

2. B 公司核心人员集体离职事件

B 公司自 1997 年成立以来，经历了两次成功的业务转型，从最开始的计算机硬件设备销售转向系统集成，最终成为拥有自主研发的软件产品、硬件设备的提供商。每一次的业务转型，得益于创始人的眼光和魄力，

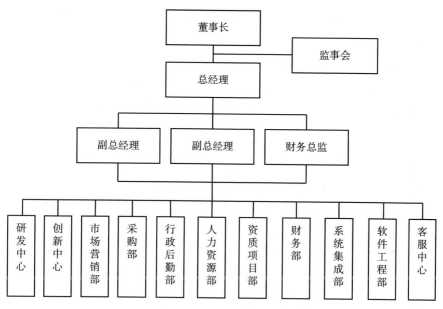

图 3 - 3　B 公司组织架构

也得益于团队的团结努力，每一次都能把握住机遇，并成功地迈上了新的台阶。B 公司发展到 2012 年，经营业绩达到了 2 亿元。为了让 B 公司在市场中保持竞争力，B 公司陆续投入 2 000 万元组建团队，开始智能设备的研发。到 2014 年，智能设备研发初见成效，在多个省、市的项目中完成试点，成功研发出十几个先进的创新型产品，并成功投入市场，预计2015 年可为 B 公司创造 1 亿元以上的产值。似乎一切都朝着很好的方向发展，然而，2015 年 3 月，B 公司内部发生了一起严重的集体离职事件。随着时间的推移，事件的真相慢慢浮出水面，B 公司因此也承受了巨大的经济损失。

　　事情经过：刘总（化名），男，1997 年初加入公司，因有上佳的业绩表现，长期担任公司总经理职务。在公司内部职权范围仅位于董事长之下，董事长主管公司内部管理，总经理主管对外业务。在董事长肖董（化名）、总经理刘总将近 20 年的长期合作中，两人有商有量，内外互补，两者关系还是相当和谐的。在公司两次关键的业务转型中，两人携手突破难关，使公司得以顺利成长。然而，随着公司逐步发展壮大，管理问题和利益分配问题逐渐凸显。

（1）随着 B 公司逐步成长，董事长肖董希望公司管理更加规范，制定了很多的规章制度，同时也推行绩效考核。公司管理上的严苛，使得员工普遍不能适应。而且一旦有工作失误，马上就会被董事长叫去办公室批评教育，很多员工工作起来逆反心理较为严重。

（2）为激励员工的工作积极性，分享公司成长的价值，B 公司推出分红型股权激励，但由于需要员工自掏腰包，以及员工对公司的信任不足等问题，股权激励也起不到应有的效果。

（3）在公司股权结构上，董事长一股独大，占 80% 左右，总经理为公司业务做出诸多贡献，也仅占到 20% 左右。近两年，B 公司正在筹划上市，以目前的股权结构以及公司即将股改的安排，总经理明显感到利益分配的不平衡，只是与董事长就此事协商多次无果。

因此，作为掌握公司业务的关键人物，总经理认为，在利益分配上，100% 与 20% 的差距实在太大，只要能将公司核心技术人才和产品带走，自立门户，新公司发展起来肯定能够获得令自己满意的收益；而作为核心部门的负责人及核心员工则认为，公司的管理过于苛刻，并且也没有什么好的激励机制，不适宜长期发展，还不如跟着总经理创业，拿一点技术股份，期待未来有更大的发展。因此，2015 年 3 月，总经理带领公司副总（企业法人）、各核心部门负责人及核心员工集体离职。在离职的同时，带走了 B 公司核心技术及产品，还对 B 公司部分产品进行了破坏和删除，给 B 公司造成了无可估量的损失。

3. 访谈情况汇总

为能深入了解 B 公司的人才流失问题，笔者对 B 公司管理者与离职当事人分别进行了访谈，访谈的形式是面对面访谈。访谈的主要内容汇总如下。

（1）管理者：肖董，是 B 公司的董事长。

提起 B 公司的集体离职事件，肖董几乎是暴跳如雷。他说：这是一次彻头彻尾的背叛。公司辛苦栽培他们那么多年，养了一群白眼狼。尤其是刘总，这近20年来，我对他那么信任，业务、客户都放手给他去做，他竟敢干出这样的事。公司发展得这么好，股份也给他了，对那些员工也做了分红权股权激励，这两年公司就要上市了，这些人还有什么不满意的。这些人不仅集体离职，还带走了公司的产品和技术，给公司造成很大损失。然而，除了对集体离职人员的离职行为表示困惑和不满外，肖董没有谈及其他话题。在他眼中，集体离职是这些人"道德沦丧"导致的，公司并没有半点责任。而谈及公司是否有改变的举措，肖董认为，还是要加强管理，否则底下的员工会越来越放肆，就更管不了了。长期下来，公司的效益肯定会受影响。

（2）当事人：刘总，是B公司的总经理。

上文介绍过，刘总是肖董的左右手，深得肖董信任，这些年在公司里发展得很好，权职范围仅次于肖董。提起集体离职的话题，刘总显得异常平静。他说，这事迟早都是要发生的，即使我不这么做，手下的员工迟早也要闹翻天。他认为，肖董的绝对强势、固执己见、脾气暴躁在这近20年里渗透到公司管理的方方面面，积累久了，总有一天要爆发的。公司原本发展得好好的，也能赚到钱，偏偏要搞什么规章制度，搞就搞吧，还总是固执己见，自己搞出来一套"监狱式"的管理方式，把员工都当成犯人来管，谁受得了。员工稍微一出错，就被叫到办公室里破口大骂，整层楼的员工都听到他骂人的声音，即使是我也被骂了好几回，都几十岁人了，感觉特没面子，特别不受尊重。另外，还有就是股权结构的问题，原本之前我的股份占得还比较多，后来被他搞了几次增资，把我的股份给稀释掉了，最后只剩20%左右。平时，业务都是我拉的，客户也是我谈的，合同也是我签下来的，到了年底我分红却只能分个20%。两人一起干了这么多年，我一直都把公司当成自己的拼命在干，但最后得到的是什么，差距未免也太大了吧。而对员工来说，绩效考核根本就是用来处罚员工的工具，对员工根本起不了半点激励作用。做错一点小事情就开罚单，员工被罚了钱，心情不好不说，重点还觉得很没面子，因为每次罚款都是在全公司范围里公开的。针对这些方面公司管理层也讨论过，但是肖董非常固执己见，我们都无法改变他的想法。但是，如果公司管理方面不做改变，员工大规模离职也只是迟早的事。

（3）当事人：追随刘总集体离职的管理层和核心员工。

管理层和核心员工的想法各异，每个人都有自己考虑的因素。就像公司副总苏某（化名），是刘总的大学同学，在公司也干了十几年，由于是刘总的同学，与刘总的关系一向很好。虽然苏总的业绩很好，对公司贡献很多，工资福利待遇都是按照副总级别给予，但是由于肖董不同意的原因，却一直没有分到股份，而且虽是担任副总的职位，但在公司做一些重要决策的时候却总是说不上话。这次刘总离职创业，首先拉走的就是苏总。不凭什么，就凭大学同窗的情谊加上这十几年同甘共苦的奋斗，再加上刘总许诺一起创业给予股份，当老板总比打工好吧！还有研发团队的副经理，李经理（化名）受研发团队赵经理（化名）管辖多年，总被压着，活都是李经理干，功劳却总是由赵经理领。李经理由于工作方面的问题被肖董当着众人的面臭骂了几顿，却总是看到肖董对赵经理笑脸相待，心里总是觉得不舒服。之前是由于对公司发展有信心，而且公司研发的方向也是自己感兴趣的项目，因此李经理虽然干得有些不高兴，但还是忍了。这次，刘总创业，绕开了和肖董关系好的赵经理，许诺跟着出来创业不但有股份，还许诺由李经理带团队做研发，这正中李经理下怀。而从其他员工反馈的问题来看，也主要集中在公司管理、公司文化等方面，绩效考核和分红型的股权激励的问题，也被多位员工吐槽。比如，负责人事工作的经理，还曾经被肖董以工作不力为由，开了罚单从当月的工资里扣了500元钱。

（4）来自其他同事的看法。

研发团队的赵经理认为，肖董的管理是严了点，对细节要求很高，有时是会骂人，但只要工作做好，他也没什么可骂的。而且公司在成长期还是需要建立规章制度来规范员工行为的，这样公司才能慢慢发展壮大，才能不断提高效率。尤其是绩效考核的实施，更是为了公司和个人绩效能够提高。员工肯定是不愿受规章制度约束的，这只能作为他们集体叛逃的借口，主要还是激励机制的问题，包括利益分配不均衡。公司老员工小伦（化名），在公司干了有七八年之久，小伦完全是由肖董一手栽培起来的，从一个中专生，逐步成为技术骨干。他觉得，集体离职的员工心态非常复杂，不是三句两句可以说得清的。公司管理确实存在问题，管理太严苛，不够人性化，而且经常感觉到不受尊重，有意见也不能提出来，常感觉自我被压抑，工作氛围死气沉沉。但集体离职也有员工的私心，大家各打五十大板吧。而谈及自己为何不离职，小伦觉得，肖董培育他对他有恩，不能轻易背叛。而且离开公司去别的公司求职，一个中专生的简历别人看都不看。

4. B 公司核心人员集体离职事件的原因分析

B 公司核心人员的集体离职，不论是对于 B 公司还是员工个人都是一大损失，无论哪一方都应该认真反思，特别是 B 公司最高管理者及 HR 部门。究竟是什么原因导致了这么严重的事件发生，站在管理者的角度上，回顾 B 公司管理的细节，发现有很多地方值得我们思考。对于 B 公司人才流失案例的原因分析，主要从以下三个维度考虑。

（1）环境因素。

B 公司的人才流失，受到包括经济环境、政策环境和行业环境等的外界环境因素的共同影响。其中，主要影响是政策环境因素。正如第四章分析，在李克强总理提出在"大众创业，万众创新"的政策号召下，在外部良好的创业环境的感召下，B 公司的核心人才选择了集体离职，重新创业。

（2）企业因素。

B 公司的人才流失问题更多是受企业因素的影响，主要包括管理不科学；绩效考评、激励机制不健全；以及企业文化的相关问题。

第一，B 公司管理不科学。主要表现在管理的集权性，管理者授权不充分，对员工缺乏信任等。作为一家成立将近 20 年的民营企业，B 公司由一家几个人的小公司发展到今天的 200 多人的规模，这期间，经历过困难与挑战。但公司的几位领导在很多关键时刻的适时决断和正确的选择，确实带领公司一步步越过困难走到了今天。B 公司的管理集权性具体体现在两个方面，一是管理层对员工的集权，公司里的大小事项都由管理层决定，无论在公司层面还是部门层面的会议上，都是一言堂，对员工缺乏信任，很少听取员工的意见和建议；二是管理层内部的集权，由于80%以上的股份都掌握在董事长手中，基本上所有公司层面的决策，都由董事长一人决定。管理的集权或许给B公司带来过一些好处，如提高决策的效率、避免过度的内部消耗等，然而从企业的长期发展来看，却有很大的坏处，长此以往，员工的主观能动性必然受到压制，很难再为公司提供创造性的价值。在IT企业里，人才除了追求薪资福利，也很重视自身价值的实现，集权式的管理明显斩断了这种可能性。

第二，绩效考评、激励机制不健全。B公司的绩效考核的设计轻激励而重约束，轻奖励而重惩罚。B公司在2012年开始推行绩效考核制度，目的是通过绩效考评激励员工提高工作效率，鼓励员工创新；最大程度上发挥员工的主观能动性，形成有效的目标管理。然而，由于绩效考核制度设计轻激励重约束，在绩效考核施行之后，并不能有效激励员工，反而在大范围内形成反作用。如其中一名员工透露，绩效考核执行之前，员工工资的100%在每月5日按时发放，而在绩效考核制度执行之后，员工工资被人为地分为两部分。其中，基本工资占工资总额的60%，在每月5日发放，而绩效工资占工资总额的40%，在每月10日发放。绩效工资分为5个等级，A等：90分（含）以上，对应绩效工资的100%；B等：85~89分，对应绩效工资的95%；C等：80~84分，对应绩效工资的90%；D等：70~79分，对应绩效工资的80%；E等：69分及以下，无绩效工资。同时，绩效考核制度还规定了详细的罚则，在某些特定情况下，如不能按时完成工作任务，则最高处罚金额达到绩效工资的50%。在这样的情况下，不管绩效制度有没有达到B公司的最终目的，但明显是牺牲了员工的利益。

同时，B公司的激励机制并不健全，虽实行了股权激励，但以失败告终。从公司注资及股东占比的角度看，公司长期由2位股东所有，分别为董事长与总经理，股份占比在20年内变动发展，最终占比大约为4:1，由董事长占据主要地位。公司发展到2011年左右，在人才招聘、留任上遇到一些困难，具体表现为招聘困难。有时，一批10人左右的新员工入职后，最终只能留下2~3人；而一些较高层次的人才，也在慢慢流失。

为了扭转员工的工作心态，保留核心骨干员工，在 2011～2012 年时，B公司面向管理层和核心员工尝试推行股权激励计划。具体推行时采用的是分红权股权激励，即开展分红权股权认购，价格为 0.8 元/股，然而，后来经过一段时间的验证，效果并不理想。经分析，原因可能有这几项。①由于 B公司的管理长期给员工一种只罚不赏的印象，员工对此项激励的信任度有限；②此次股权激励计划需要员工出资，在一定程度上抹杀了员工的积极性；③此次股权激励属分红权激励，且激励股份占总比重较少，分红期望值有限；④此次股权激励计划不太完善，导致激励效果很小。员工的感觉只是需要自己出资，但是平时工作努不努力、业绩好不好并无关系。因此，从推行此项计划的结果来看，对员工并无多大的激励作用。后来，在一次全体员工大会上，董事长对此项计划作了否定性的评判，认为此项分红权股权激励计划彻底地失败了。

第三，企业文化和氛围比较压抑。首先，B公司内部管理严格，没有弹性。作为一家成立将近 20 年的公司，B公司董事长非常注重规章制度的建设，并且严格执行。公司的规章制度不仅遍及公司日常管理的方方面面，具体规定也相当地细致。可见，B公司希望在内部管理的各个环节上都有章可循，有理可依。然而，仔细阅读所有的规章制度之后，最直观的感觉却是：苛刻。所有的管理制度都规定了员工必须按照公司的要求严格执行，从报销流程到周报提交、从饭堂用餐到空调温度等，如不执行或执行得不好，则是与之相对应的罚则。如此严格的管理制度，在近年的 IT企业中属于相当的少见。例如，当大多数的 IT 企业实行弹性化工作时间的同时，B公司执行严格的上下班时间考勤制度，并要求每天在特地时间段内打卡 3 次，超出特定时间（如晚上超过 19：00）属于打卡无效。又如，某行政人员因工作忙碌，空调温度超过公司规定 1℃ 而未能及时关闭，被董事长当场责骂并开具罚单。苛刻的管理方式，导致本应充满年轻活力的 IT 公司，处处死气沉沉。

（3）个体因素。

B公司人才流失受个体因素影响，主要体现在两个方面。①员工的自我实现受阻；②工作压力太大。

作为 IT 企业员工，B 公司的人才具有较高层次的需求。比如，受尊重及自我实现的需要。然而，在 B 公司中，由于管理的集权性、管理层授权的不充分，对员工缺乏信任等问题的存在，导致 B 公司人才的能力和价值难以得到发挥。比如，员工只能按照管理层的要求做一些执行性的工作任务，这些工作无法发挥公司员工的主观能动性和创造性，难以激发公司员工对工作的积极性，使得员工容易感到自我实现的需求得不到满足。

而 B 公司管理的严格性以及轻奖励重惩罚的绩效考核制度，给员工带来很大的工作压力；这种工作压力并非实际工作的难度造成的，也并非员工能力不足导致的，而是管理和制度造成的员工在工作情绪上的压力，生怕做多错多，生怕做得不好反而受到惩罚。这种压抑的情绪外化后，导致员工工作效率降低，甚至导致员工的不作为。长期的工作压力和情绪压力，也是 B 公司人才流失的重要影响因素。

（三） 对 C 公司人才流失现状及分析

1. C 公司的基本概况

C 公司是一家大型的 IT 企业，目前公司处于成熟期的发展阶段。成立于 1984 年，系某大型上市国企旗下专门从事信息网络咨询、系统架构设计与集成、软件开发与服务、管理咨询以及政府与行业信息化的龙头企业，知名度在国内业界位列前三名。2011 年，该公司业务收入达到 8 亿元人民币，实现利税 1.5 亿元人民币。目前，该公司注册资金为 2.53 亿元人民币，总部设在广州，公司现有员工总数为 1 702 人，平均年龄 31 岁；博士 14 人，硕士 388 人，本科 886 人，拥有本科及以上学历人数占职工总数的 75.6%。C 公司拥有信息网络专家、资深咨询顾问、系统分析员、数据库专家、高级程序员、CCIE、PMP、CCNP、CCDP 等各类高端技术服务人员。

公司本部设有 6 个经营院：移动通信咨询设计院、电信咨询设计院、综合通信咨询设计院、企业咨询研究院、信息系统咨询研究院、建筑设计研究院。设有 5 个服务支撑部门：综合部、市场部/大客户服务部、总工程师室、人力资源部、财务部，为经营院提供有力支撑。另设有海外部，负责公司海外业务。

公司分别于 2003 年、2006 年、2009 年成立了北京分院、成都分院、南京分院、福州分院和沈阳分院 5 家分院；2005 年，合并了广东省 3 家区域设计公司，并于 2007 年设立第一分公司、第二分公司、第三分公司、第四分公司，2008 年增设第五分公司，2009 年增设海南分公司；本公司在贵州、厦门、重庆、深圳、郑州、兰州、昆明等地均设有办事处，配备市场、技术常驻人员，有固定的办公场所和办公设施。分院、分公司、办事处的设立为当地各大运营商提供了更加属地化、个性化、快捷、优质的服务。C 公司组织架构如下，见图 3 - 4。

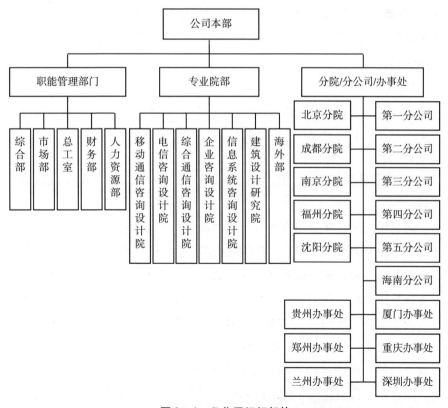

图 3 - 4　C 公司组织架构

2. C公司人才流失状况

C公司是一家处于成熟期发展阶段的企业，同时也是一家国有企业，因此该公司的人员数量受编制限制。随着C公司的业务不断扩展，作为人才密集型企业，编制内的人才数量早已无法支撑C公司高速的业务发展。因此，合同制（第三方公司签约）的劳务派遣成为C公司人力资源稀缺的一种补充形式。笔者公司曾与C公司有过紧密的业务合作关系，因此，笔者与C公司内部较多人才有直接的业务接触并建立了良好的关系，对C公司内部情况也有一定的了解。2014年后，C公司发生了公司有史以来人数最多的离职潮，人才流失情况较为严重。在笔者接触的人才里面，80%选择了离职，有些几乎整个团队的成员都离职了。其中，不乏高层管理人员和编制内人才，也不乏高学历、年资长的人员。虽然C公司没有公布离职率的数据，但是据内部人员保守估计，C公司2014年、2015年整体离职率应高于30%。

3. 访谈情况汇总

为能深入了解C公司的人才流失问题，笔者对C公司管理者与离职当事人分别进行了访谈，访谈的形式是面对面访谈。访谈的主要内容汇总如下。

（1）管理者：谢总（化名），是C公司本部下面一家设计院的副总经理。

谢总说，这几年公司发展处于成熟期，业务比较稳定，人员相对也比较稳定，但是2014年、2015年辞职走的人还是相对比较多。原因有很多，主要在三个方面：第一是外部环境导致的。这两年创业条件好，国家出了很多扶持的政策，在IT行业里创业还是很有优势的。同时由于很多同行进入资本市场，有的找了风投，有的直接上新三板，有的民营企业找了央企入股。总之，玩法多了，融资的手段多了，手头上的余钱也多了，招人方面也舍得花钱，我底下的人就已经被挖走了好几个。第二是公司的原因。国企嘛，目前又处于比较成熟的发展阶段，一个萝卜一个坑。对于一些有想法的员工，确实没有太多晋升的机会和发展空间，就像如果我不走，我底下的人肯定升不了，就是这个道理。另外，我们现在很多同事都不是正式编制的，即使工作做得再好，业绩完成得再好，薪资待遇各方面和正式编制的员工还是有些差距的；而且编制有限，很难转正。为了能留住人，我也不断去跟上头争取名额，希望帮底下的人能转正就转正，不然走的人就更多了。第三是员工自己的想法。这个就多了。比如，有个女研究生，名校毕业，应聘来到我们这当办公室助理，整天不是整理文件、帮领导贴贴发票，还得经常出去跑腿。别说她自己了，我都感觉有点大材小用，而且这些工作对她将来职业发展的帮助也不是特别大，如果就这样再干几年，真的就废了。还有的就是觉得大公司里人际关系太过复杂，国企嘛，很多人托关系进来的，明里暗里的不清楚别人的底细，工作上稍有不注意很容易得罪人。还有的就像我们的总助，从研究生一毕业进了公司，在公司里干了将近十年了，从普通员工干到副总级别，最后两年里，眼看着上面的位置空出来两回，又空降了两回，自觉升职无望，还是另寻出路了。毕竟还年轻有冲劲，呆在国企，可能过个十年还是在同一个位置上，而企业稳定了，也就没那么多机会了。公司接下来可能会在绩效考核和股权激励上做一些改革的尝试，希望能对稳定员工起到一定的作用。不过，总的来说，企业的发展已经处于成熟的阶段，对于员工来说确实没有太多的发展空间了，这方面暂时还是无法改变。看看接下来公司近两年有什么新动作吧，公司在战略层面上要有所变化，员工的境况才有改变的空间。

（2）当事人：罗总助（化名），是 C 公司下一家设计院的总经理助理，副总级别，在 2014 年春季离职。

谈起离职，罗总助其实也是不舍的，毕竟从研究生毕业进入这家公司，做了整整十年，从一个普通员工奋斗到副总级别，其中的辛酸也只有自己知道。在最后这几年，罗总助感觉个人职业生涯的发展停滞了，碰到玻璃天花板了。在这几年期间并不是没有机会，毕竟上面的位置也空出来过，第一次的时候跟上头争取过，谈得也挺好，但是后来由于其他原因，从别的地方空降了一位领导。那时候也想过离职，但是一直没下决心，毕竟在这里干了这么久。另外，公司的领导也极力挽留，虽然不能升职，但是又分了一块业务给他，所以当时就留下来了。后来，那位领导又调走了，所以又有了再一次争取的机会，然而各种因素吧，最后还是没有争取成功。当时，刚好有别的公司一直挖他，各方面条件谈得都挺合适的，那就走吧。他说，虽然舍不得，但是人总得继续发展，如果留在这，可能职业生涯就到顶了。

（3）当事人，小孙（化名），项目经理。

小孙是被罗总助挖来的，是罗总助的高中同学，关系很铁。被挖进公司后，小孙担任项目经理。谈及为什么要走，他说，薪资太低了，完全不具备市场竞争力。而且在这都工作好几年了，薪资动也不动。薪资和职级是挂钩的，升职无望，也就没法加薪；即使加薪也是很小的幅度，绩效考核基本也不起什么作用。就目前这个职位，市面上随便一份工作，薪资都比这儿高，都是一样的活，谁跟薪资过不去呀。而且在这继续干下去，感觉也没啥发展空间了，就只能一直呆在这个岗位上，升也升不上去，可能做到退休也就这样了。再说，罗总助也走了，留在这里也没啥意思了。至于离职后的去向，小孙表示会往互联网的方向发展，打工也行，机会成熟的话也会考虑创业，毕竟这是行业发展的趋势，互联网方面的前景还是很看好的。

（4）当事人：小钱（化名），项目助理。

小钱本科毕业后就进入 C 公司，担任项目助理的工作。由于 C 公司业务成熟，项目接的也多，项目助理同时支持好几个项目，小钱在这份工作上干了两三年，能力提升不少。然而 2015 年，小钱也办理了离职。问及原因，他说，领导换人了，对我很不重视，懂业务，但不太懂项目管理，跟项目本来就得到项目现场，领导却说我整天不在公司没有认真干活，绩效给我评得很低，转正的机会也没有了。本来我在这岗位上干得挺有劲的，被他一折腾，我都没劲了。你看我本来以为工作稳定了，在广州也买了房子，现在看来倒未必要留在广州了。当然，离职也有自己的原因，因为父母和兄长都在北京，就想着若在这里干着没有前途，还不如去北京和家里人一起，互相也有个照应。总之，工作能力有了，经验有了，去哪里不能找到好工作。现在，IT 行业发展得这么好，哪都缺人，还有人找我一起创业呢，反正我是不愁没有工作机会的。

（5）当事人：小梅（化名），办公室助理。

小梅研究生毕业出来就应聘到 C 公司。当时，是在多家向她伸出橄榄枝的公司里选了这一家，看中的是大企业的规范、稳定，也因为学的是企业管理的专业，办公室的工作也很适合，就从低做起呗。然而，进了公司后，小梅发现，自己企业管理的专业白学了，每天的工作就是帮领导贴贴发票，帮领导拿文件去走公司流程、盖章，平时打印、复印文档，甚至有时出去跑跑腿。小梅觉得，这些活实在是太没意思了，换个中专生也能干。看到一起毕业的同学在别的公司都做的是与自己专业相关的事情，个人能力和经验都提高得很快，小梅心里觉得特别着急。小梅也找机会向领导表达了这层意思，希望领导能够多给她一些专业上的事情做，但是办公室助理就是这些活，公司目前又处于稳定期，规章制度、绩效考核都摆着呢，公司层面也没有要改革的意思，也只能干这些活了。小梅想来想去，觉得虽然这份工作稳定，工作压力也不大，但是长期干下去，自己没有成长，肯定会失去竞争力的。离职之后，小梅还是想在 IT 行业的公司里找个有发展前景的管理岗位磨砺自己。毕竟，这个行业这几年发展得比较好，包括互联网，都是属于新兴的行业，对人才的需求也比较旺盛。

（6）来自其他同事的看法。

来自业务部门的何经理，也是在罗总助的推荐下进了 C 公司。她是一个业务能手，在通常的情况下，全年的任务都能在 5～6 月的时候就全部完成了，到了年底一看，毫无意外，绝对都是能够超额完成业绩的。但是由于何经理并不属于正式编制的，业绩奖金拿得特别少。公司为了留住她，前两年的时候领导就许诺，只要有转正的名额，第一个就给她转正。熬了两三年后，如今终于转正了。对于别的同事离职，她也表示理解，毕竟每个人自身的情况都不一样，每个人也有每个人的追求。尤其是年轻人，确实还是不能安于现状，国企呆久了人也废了，还是应该多出去尝试一下。当问及为何她不走，她说，我年纪也大了，不想在外头拼了，就想找个稳定的大公司等退休，这不还有五六年就退休了。再说，领导现在也已经兑现了当年的承诺给我转正了。现在我既能轻轻松松完成业绩，也是公司的正式编制员工，每年年底也能拿到相对合理的业绩提成。在这里工作，对我来说没什么工作压力，这样挺好，走了还得折腾。

4. 对 C 公司人才流失的成因分析

作为发展势头良好、稳稳定定的国有企业，C 公司为何留不住人才？根据对离职人才的访谈，笔者将 C 公司人才流失的成因总结如下。

（1）环境因素。

在同一时期，外部环境因素是一致的。因此，C 公司作为国有企业，同样也受到外部环境因素的影响，包括经济环境、政策环境和行业环境。在这三个因素中，C 公司受影响较深的是政策环境和行业环境因素。政策因素提供给 C 公司员工更好的创业条件和时机，这对行业里每个公司的影响力是不相上下的，在此不再展开讨论。而行业环境的影响，则是体现在以市场化的薪资水平冲击了 C 公司作为国有企业的薪资体系。众所周知，国有企业的薪资与职级挂钩的程度较高，市场化水平低。随着近年来行业资本的注入，IT 行业中的不少企业都走进了资本市场，为企业未来更好的发展通过各种融资渠道获取企业发展所需的资金。因此，资金成本较充足的企业可以为员工提供更好的薪资福利，而作为国有企业的 C 公司，近几年的薪资水平没有跟上行业市场，因此不得不受到行业环境的冲击，在人才竞争中始终处于劣势。最极端的例子是 C 公司 2014 年入职的校招的一名硕士，入职后每月到手薪资 3000 多元，在对比其他众多提供优渥薪资和良好发展前景的工作机会之后，该硕士果断跳槽。

（2）企业因素。

由于企业处于成熟期的发展阶段，C 公司人力资源建设相对健全，机制完整，企业文化也相对健康、和谐。然而，C 公司在管理方面、绩效考评、激励机制和发展空间方面，还有很大的改进空间。

第一，在管理方面，由于人员存在编制内外的差别，编制外的人员遭受了不公平待遇。受国企编制限制，C 公司近年聘请的员工大多以合同制（第三方公司签约）劳务派遣的形式进入公司。不可避免地，同样的职位、同样的人才，因为编制内与编制外的区别，常常享受到不平等的待遇。在意识到"转正"希望渺茫之后，编制外员工不再愿意牺牲眼前的利益，转而离职转向更好条件的公司。

第二，绩效考评、激励机制不健全。正如上文所述，国企员工薪资水平主要与职级挂钩，虽执行绩效考核，但奖励幅度非常小。完不完成业绩，似乎影响不大。这样的制度，对于混日子的人或许很好，然而 IT 人才大多有着强烈的自我实现的需要，也对自己的未来有一定的期望值。因此，离职也是自然的选择。

第三，职位上升空间受限。国有企业升职基本靠熬年资，靠排资论辈，与 IT 行业能者居上的市场规则不相适应。而且越往高层，越难升职。有时终于等到上层领导退休或调离岗位，又会从别处空降领导。这样的情况使得高层管理者为谋取事业的进一步发展，不得不另谋出路。

（3）个体因素。

在处于成熟期的企业上班，由于业务都上轨道了，公司制度、流程也规范，整体的工作氛围还是比较和谐、宽松的，工作压力相对比较小。然而，却容易让员工感觉到自我实现的需求得不到满足。与此同时，处于成熟期阶段的企业员工对于工作内容的满意度也是相对比较低的。

第一，自我实现的需求得不到满足。C 公司是一家处于成熟发展阶段的国有企业，国有企业体制内的优越性、工作的稳定性是吸引人才加入的重要因素。在 IT 行业人才中，愿意进国企的不计其数，有的甚至要托关系、挤破头也要争一个国企编制。因此，C 公司在人才招聘上具有一定的竞争优势。由于招聘时供大于求，C 公司招聘进来的人层次都比较高，甚至在一些普通的事务性岗位上，一招就是硕士。很明显，作为国有企业的 C 公司，在很多岗位上员工都是属于"高配"的。高层次的人才，做低层次的岗位工作，虽然能够保证工作任务的质量，但是由于没有难度和挑战性，久而久之，员工就会对工作失去兴趣，会觉得自我价值难以实现。同时，由于国企员工的晋升空间有限，升职不是靠能力，而是靠排资论辈。在职场中没有成长、没有进步，意味着自我实现的需求无法得到满足。

第二，对工作内容不满意。正如第一点所说，国企内部很多岗位的"高配"导致了工作内容缺乏挑战性。而且，国企大多数的工作是走流程、按部就班的事务性工作，没有明确的工作目标，只需要按规章制度完成就好。虽然员工可以很好地完成任务，甚至业绩很好，但是，在工作中难以找到兴趣点，没有挑战性，也就无法获得成就感。对工作内容的不满意，也就渐渐让员工失去对该岗位的工作兴趣，从而，离职也就成为自然而然地选择了。

（四） 案例分析小结

本书第四章分析指出，IT行业人才流失的成因，主要受外部环境、企业内部及员工个体这三个因素影响。在实际案例中，我们发现，造成单一企业人才流失的原因是多方面因素共同作用的结果，只是不同的公司受不同因素的影响程度不同。

本书作者结合第四章的IT行业人才流失成因的理论框架，以及A、B、C 3家公司的实际情况，将A、B、C 3家公司人才流失成因归纳如下，见表3-2。

表3-2 A、B、C公司人才流失的原因

	IT行业人才流失的成因	A公司	B公司	C公司
环境因素	经济环境	√	√	√
	政策环境	√	√	√
	行业环境	√	√	√
企业因素	人力资源观念落后，管理不科学	√	√	√
	绩效考评、激励机制不健全	√	√	√
	缺乏发展空间与培训机会	√		√
	企业文化问题		√	
个体因素	自我实现的需求得不到满足		√	√
	工作内容不满意			√
	工作压力太大	√	√	

本书第二章中，梳理了关于员工流出的诸多模型，其中，扩展的莫布雷模型试图更加完整地取得影响员工流出的复杂因素，将员工流出的关于环境的、企业的以及个体的因素的多重变量紧密融合，建立了相对完整的

关于员工流出的理论模型。这个模型指出，影响员工流出的因素是复杂的，是环境的、企业的以及个体的因素的多重变量紧密结合下的共同影响。而根据以上表格的对 3 家公司人才流失的影响因素的归纳和对比，我们可以看出，这 3 种类型的 IT 企业人才流失受环境、企业以及个体因素的多重变量共同影响。3 种类型的 IT 企业的影响因素存在一些相同之处，同时，影响因素也因企业规模的大小、所处的发展周期阶段、企业自身的特点、个体的不同而有所区别。

1. 宏观角度

由于这 3 家企业同处于一个时代环境，因此，它们同时受到经济、政策、行业环境因素的共同影响。然而，由于企业的规模和所处的发展周期阶段的不同，受到外部环境因素的影响程度也就不同了。A 公司所代表的小型创业型企业，规模较小，发展较不稳定，因此较容易受到外界环境因素的冲击。而 C 公司所代表的大型成熟期企业，规模较大，在市场竞争中地位比较稳固，受外界环境因素的冲击相对较小。

2. 企业角度

人力资源观念落后、管理不科学，绩效考评、激励机制不健全，缺乏发展空间与培训机会，企业文化问题是 IT 企业共同存在的影响因素。但具体到 A、B、C 3 家公司的案例来看，A 公司、C 公司的人才流失问题主要受前 3 个因素影响，只是影响因素的侧重点及影响程度有所不同；而 B 公司的案例显示，B 公司在管理方面，绩效考评、激励机制和企业文化的问题较为突出。

3. 个人角度

作为小型创业期的 A 公司，员工工作压力大，经常加班加点是其离职的主要原因；而 B 公司主要受员工自我实现需求得不到满足和工作压力大这两个因素共同影响；C 公司的员工则认为自我实现的需求得不到满足，同时对工作内容也不满意。

因此，我们可以看出，从案例的描述能够反映出来的是，3 家公司的人才流失问题同时受环境因素、企业因素、个人因素的共同影响。影响人才流失的因素很多，但起决定作用的因素也往往不是一个，而是很多因素共同作用的结果。而且，由于企业规模大小、所处的发展阶段、企业自身的特点以及员工个人的原因，单一因素对单一企业的所造成的影响程度是不同的。

六、对 IT 行业员工离职对策的研究：激励机制设计

第三章的 3 个案例从实证的角度验证了 IT 行业人才流失成因的理论框架，由第二章对人才激励方面的文献梳理可知，缺乏有效激励是所有人才问题的根源，激励理论是指导解决企业人才问题的主要工具。为解决人才流失给 IT 企业带来的困境，本章主要从激励机制设计的角度出发，以求为 IT 行业人才流失寻找对策。IT 行业激励机制的设计，主要分为三个方面，分别对应 IT 行业人才流失成因的三大因素。

（一）针对外部环境因素的激励机制

1. 创业创收激励，谋求企业与员工合作新模式

在"大众创业、万众创新"的政策背景下，IT 行业很多人才加入创业的行列中。谈及创业，无非两种，第一种是员工离开原企业的自主创业，第二种是员工留在原企业的内部创业。人才若选择离开企业开展自主创业，则企业需要承受人才流失的痛苦。同时，由于内部创业的受众面有限，只有那些大型企业的优秀员工才有机会一试身手。对于大多数 IT 企业来说，并不具备内部创业的机会与条件。

"大众创业、万众创新"是时代的潮流和趋势，作为 IT 企业，既无法阻挡时代的洪流，也不想承受人才流失的痛苦。因此，建议 IT 企业采取鼓励员工创业创收的对策，谋求企业与员工合作新模式。具体做法如下。

（1）在企业内部，鼓励员工创收。

所谓创收，是指员工创造非计划内的项目收益。员工完成创收任务，企业按照利润总额的比例给予员工奖励。鼓励创收，不仅可以充分调动员工的工作积极性，增加了员工收入的同时，企业的收入也得到提高，属于员工和企业双赢的激励机制。

（2）采用人才创业，企业出资的形式。

如果人才决心离职创业，那么公司可以采取出资或提供其他资源，与人才建立新的合作模式。企业可以支持其创业，通过出资占股的形式，分享人才创业的收益。若人才的创业尝试失败了，也能再回到企业继续工作。这种激励机制无论对企业或人才来说，也是双赢的。

2. 薪酬激励，建立以市场为导向的薪酬机制

在 IT 行业中，国有企业的薪酬制度一般采用行政级别制。在这种制度下，员工的薪酬水平主要与职级挂钩，而与员工对企业创造价值大小无关；而大多数民营企业薪酬水平滞后于市场，同时年度加薪的幅度较低；员工想要得到满意的薪资水平与加薪幅度，往往需要通过跳槽来实现。要想消除这种不良的现象，必须建立以市场为导向的薪酬机制。

要建立以市场为导向的薪酬机制，首先，企业要深入了解与调查行业市场的薪酬水平，了解行业薪酬管理实践的最新发展和变化趋势。其次，在完成薪资调查后，企业可根据公司的资金情况，采取一些策略。比如，如果公司的资金实力比较充足，可以采用领先策略，使自己企业的薪酬水平高于市场上大多数企业的水平，利用高薪政策快速地吸引到需要的优秀人才。如果公司的资金实力较弱，可以使自己企业的薪酬水平略低于市场的平均薪酬水平，采取跟随策略。居中的做法是使本公司的薪酬水平与市场的平均薪资水平基本持平，采取平均策略。这样做，不仅可以使企业避免大量的人才流失，又在一定程度上节约人工成本。最后，除了提供具有市场竞争力的薪资水平，企业也可通过完善薪资结构，采用具有差异化的薪资结构，以满足不同人才的需要。

（二）针对企业内部因素的激励机制

1. 公平激励，建立兼顾效率与公平的激励机制

美国的心理学家亚当斯提出了公平理论，是过程型激励的重要组成部分。公平理论，也称社会比较理论。他认为，个人不仅会关心自己劳动的实际报酬，还会关心人们的报酬分配之间的关系。人们会根据自己的劳动投入和产出与其他人的劳动投入和产出之间的关系自觉或不自觉地进行比

较，并对是否公平作出评判。公平感直接影响员工工作的动机和行为。长期处于不公平的环境下，容易降低员工的工作满意度，导致较高的离职意愿。针对 IT 企业内部薪资不公平的问题，尤其是国有企业编制内与编制外的不公平待遇的情况，IT 企业应采用兼顾效率与公平的激励机制，才能满足员工的公平性需要。针对 IT 企业的管理问题，笔者提出建立兼顾效率与公平的激励机制，可以从以下几点做起。

（1）建立公平、有序、合理的竞争机制，坚持机会均等的原则，要把结果均等的机制改变为机会均等的机制。IT 企业应给员工创造公平、合理的企业平台和竞争条件，鼓励员工公平竞争，调动 IT 员工的工作积极性。

（2）建立公平合理的薪酬福利制度。IT 员工不仅关心企业的薪酬是否具有市场竞争性，更多情况下，企业薪酬福利的内部公平性更容易引起员工关注。不具备内部公平的薪资制度，容易引发员工不良的工作情绪，甚至导致员工离职。比如，案例中的 C 公司。C 公司内部的员工由于企业性质的原因，员工有编制内外的区别，并且该公司对编制内外的员工实施了不同的薪酬福利制度。在薪酬福利水平上，编制内员工受到的待遇明显优于编制外员工。编制外人员在种种对比之下容易产生不公平的心理。在受到长期差别待遇以及转正无望的时候，编制外人员的离职也就变得可以理解了。因此，IT 企业应该建立公平合理的薪酬福利制度，坚持以岗定薪，实行同岗同酬，并通过调整收入结构，减少工作中的保障部分，加大工资中的激励比例，这样才能发挥薪资福利的激励作用。

（3）在员工福利方面实施差异化激励。由于 IT 人才的特殊性，激励机制要达到最佳效果，最好实施差异化的激励手段。IT 企业可在公司内部建立调查系统，定期对员工的需求偏好进行调查和归类。在出台相关的激励措施时，实现有针对性的差异化激励，满足员工的个性化需要，以达到用最小的成本实现最佳的激励效果。成功的差异化激励，还可以让企业员工感到企业对员工的特殊关心和体贴，增加员工对企业的归属感和工作积极性。实施差异化激励，可以采用福利组合的方法。将企业可以提供给员工的福利打包成一个组合，如商业保险、住房补贴、带薪休假、家庭旅游、购物卡、健身会员卡等，员工可根据自己的需要自由选择。而且，今后的每年可以根据员工的最新需要，添加新的福利内容，不断增加差异化激励的内容。

2. 考评激励，健全绩效考评制度、完善激励机制

（1）建立完善的、科学的绩效考核评价体系。

很多 IT 企业都实行了绩效考核制度，但大多效果并不太理想。员工考核评价制度是否科学、合理的关键环节是过程激励和行为改造激励。建立科学、完善的考核评价体系，做好岗位分析与设计是第一步，紧接着是设定好岗位考核的指标，根据员工平时的工作表现和工作结果，对员工的岗位绩效做出评价，并以此作为员工晋升、奖惩以及调整薪资福利待遇的依据。这样才能激发 IT 企业每一位员工的潜能，使企业充满生机和活力。需要注意的是，在实行绩效考核评价体系时，一定要坚持客观、公平、注重实绩的原则。

（2）短期激励与长期激励并存，重视股权激励。

高速发展的信息技术，给 IT 行业人才带来广阔的市场空间，IT 就业市场对 IT 人才的需求远远大于 IT 人才的供给。因此，导致了 IT 企业较高的人才流动率。作为技术依赖性非常强的 IT 企业，对人才的稳定性要求也相当高。因此，在设计薪酬方面的激励机制时，应使短期激励和长期激励互相结合在一起。考虑到 IT 行业的特殊性，在做好短期激励之后，应更加重视长期激励，以维持企业人才的稳定性，减少人才流失。

企业的长期激励机制，最常见有两种做法。第一种是基于员工工作年限的激励机制；第二种是股权激励。对于 IT 企业来说，由于专业人才流动性强，其他部门人员相对稳定。因此，采用基于员工工作年限的激励机制，并不能有针对性地留住企业的核心人才。采用股权激励的形式，提供激励的同时对员工具有约束性，对 IT 企业来说，不失为一种好的激励机制。然而，股权激励的模式有许多种，包括股票期权、限制性股票、股票增值权、分红权/虚拟股票等，而且每一种模式在设计和使用时都有不同的优缺点，是否每一种股权激励的模式都适合 IT 企业呢？IT 企业适合选择哪种模式的股权激励呢？我们可以通过结合 IT 行业及企业的特性来选择合适的 IT 企业的股权激励模式。实施股权激励方式的零成本、高风险

和高回报的原则是由 IT 企业的特征决定的。从这个角度上来说，IT 企业比较理想、科学的对策是采用股票期权（包括认股权和股份期权）。任何投入对于激励对象来说都是非必要的，获利与否则取决于企业未来的成长性。这种激励方式具有较大的风险性。然而，只要 IT 企业能够成长起来，将会有非常明显的效果，能提供较高的回报。股票增值权和分红权/虚拟股票的功能和效用与股票期权差不多，不同的地方是无法成为实股，但这些激励方式也不失作为 IT 企业实施股权激励的另一种选择。然而，以上这些股权激励的方式虽然从原则上适合 IT 企业，但并不代表施行了该项激励就必然获得成功。比如，案例中的 A 公司，在公司内部开展了分红权激励，然而却没有起到预计的激励作用，最终以失败告终。这告诫我们，IT 企业在选择股权激励的模式时，不能人云亦云，想当然地认为适合其他 IT 企业的激励方式就一定适合自己的企业。IT 企业在设计和实施股权激励时，应重点结合企业内部的特性，选择适合企业自身发展的股权激励模式，在细节上更多地考虑企业和员工自身的因素，有针对性的股权激励，才能起到应有的激励作用。同时，IT 企业在实施股权激励的时候，避免采用一次性的股权激励计划，可以考虑采用循环激励的形式，分步授予股权的同时进行分步行权。

（3）建立基于团队的激励机制。

IT 企业人才常以团队方式工作，所以，企业还必须善于建立基于团队的激励机制。基于团队的激励机制，主要有以下方式。

第一，企业主动以部门或项目组建的团队。团队薪酬的组成一般包括基本工资和团队奖励。团队成员各自的专业技能、工作经验和职能的范围决定基本工资的水平。也就是说，基本工资的水平主要取决于个人。团队奖励是根据团队业绩而支付给团队成员的奖励。需要注意的是，对于团队的奖励，既不能过分强调个人，又不能过分强调团队，而应在二者之间寻找平衡。在这种激励机制之下，团队成员的责任感与合作精神得以提升，更容易以达到团队的工作目标。

第二，企业提供工作任务或项目，鼓励员工自组团队承接工作任务或项目。企业为团队提供整体报酬，由团队自己分配报酬。如第 5 章案例中的 B 公司，将公司拿下的研发项目，交由公司员工自组的团队或来自公司外部的外包团队。公司与承接团队约定项目总金额与每月付给团队员工的工资数目，剩余的款项在项目完结后再结算给团队成员。这种情况下，只要团队合作得好，效率提高，多接几个项目，收入就会比原来提高不少。在这种激励机制之下，团队成员具有更高的合作意愿，并且能更加主动去提高团队的工作效率，以便获得更高的薪资水平。

3. 文化激励，营造以人为本的企业文化

良好的企业文化对于增强企业员工的凝聚力和团队合作精神方面起到重要的作用，尤其可以提高人才对企业的认同感和归属感。很多 IT 企业内部聚集着很多高知识层次、高素质的人才，他们强调自我管理与自我实现。因此，企业提供良好的企业文化土壤，有利于 IT 人才的培育与成长。具体做法如下。

（1）采取自由宽松的管理方式。

比如，由员工自由选择工作地点。IT 行业的员工并不一定要采用坐班制，有时让员工自己选择工作地点，可提高员工的工作效率。比如，实行灵活的上下班时间制，很多 IT 人才习惯在深夜迸发工作热情，灵感源源不断，创造力得以充分发挥。

（2）改变企业集权式管理的做法，提高员工的参与感。

无论是开会还是日常工作，要经常鼓励员工主动参与到企业的经营中来，改变管理者一言堂的局面。这样，不仅可以使 IT 员工的工作积极性得到激发，也可以让员工感觉到自己对企业的价值。

（3）营造轻松和谐的工作氛围，鼓励创新、宽容失败。

轻松和谐的工作氛围，可以让 IT 人才放松心情，提高工作效率。而 IT 行业的工作，大多具有很强的创新性，创新有可能成功，但更大的可能是失败。IT 人才勇于接受创新的挑战，也不可避免地遭遇失败。作为 IT 企业，应该鼓励创新、宽容失败，要给予 IT 人才宽容与理解，使其尽快从失败中走出，继续为企业创造价值。

（4）尊重人才，建立分享知识的学习型组织。

IT 行业的人才，在基本物质需求得到满足后，会更加注重精神方面的满足。如个人价值的实现，希望得到他人的尊重等。建立分享知识的学习型组织，可以使 IT 人才的学识和经验得以传承。IT 人才在分享知识的同时可以感受到自我的价值，分享知识帮助到他人时可以获得成就感与满足感。这样的分享型企业文化能使 IT 人才在精神上得到满足，获得精神上的激励。

（三）针对员工个体因素的激励机制

1. 员工发展激励

IT 行业人才具有很强的不断学习和提高的需要，也有追求更广阔的职业发展空间的事业心。因此，企业应为员工的发展提供足够的学习和成长的机会，将培训、教育与职业生涯发展的规划贯穿 IT 人才的整个职业生涯。威廉大内的 Z 理论认为企业应当激励员工参与到企业的管理工作当中来，应给员工提供全面的培训机会；提供发展空间，进行长期、全面考察和稳步提拔，采用含蓄而正规的考核手段等；同时应采用更为人性化的管理思想。因此，在 IT 企业员工发展的激励方面，我们主要采用以下两种方式。

（1）培训激励。

从需求层次理论与本文前述实证研究来看，IT 企业员工对高层次的需求比较迫切，他们是对个人成长和自我发展非常关注。正因为如此，IT 企业应把眼光放在 IT 员工的未来发展上，注重增加人力资源方面的投资，重视在企业内部建立健全的继续教育和培训机制。企业的培训计划应兼顾到员工的特长和企业的需要这两个方面，完善企业的培训制度。同时，结合 IT 企业员工需要不断学习和创新的特性，提供给 IT 企业员工专业技术的学历教育、出国深造的机会、科技前沿的课题研究等方面的机会，为 IT 企业员工职业生涯的发展提供一切可能。另外，企业对于提高知识型员工专业水准和技能水平的专业培训计划要具备发展的持续性，企业可以定期并持续地提供社会热点问题、经济管理、行业科技前沿等方面的讲座，拓宽员工的眼界，提高员工的能力，从而能够更好地为企业工作。能否提供全面的培训是企业留人的关键，但培训不应该局限在技术方面。随着信息技术的发展，IT 行业与传统行业的互动加深，企业必须抛开传统培训的限制，针对不同职业发展阶段 IT 人才面临的问题，提供与时俱进的培训课程。

全面的培训激励，满足了 IT 企业员工学习、成长的需要；同时，对 IT 企业来说，亦可在一定程度上解决 IT 员工能力与薪酬不匹配的问题。为了能够吸引 IT 人才，企业或许在薪资水平上不得不让步。那么，在员工进入企业之后，企业可以通过全面的培训，使员工的工作能力和水平全面地提高，满足企业发展的需要，使得员工能力与薪酬重新匹配。

（2）职业生涯规划激励。

企业战略发展的关键之一，是员工职业生涯发展轨道的设计。职业生涯发展轨道是根据企业的目标和员工个人发展的需要来设计的，它是指企业里的员工从一个特定的工作到下一个工作进行纵向或横向发展的路径。职业生涯发展轨道为企业员工指明了发展的方向，对 IT 企业员工意义重大。IT 企业的工作特点和人才特性，决定了员工必须迅速找准自己的位置和未来发展的目标。一旦 IT 企业不能帮助员工进行职业规划，不能为员工提供实现他们职业目标的可行路径，员工的忠诚度就会大大降低，员工的积极性和创造性也无法调动。IT 人才自我成长的意愿比较强烈，而 IT 企业对 IT 人才职业生涯规划的指引非常有限。因此，许多 IT 企业员工常常感觉自己在企业中的上升空间非常有限。所以，IT 企业的管理者应为 IT 人才的职业生涯发展创造条件，帮助员工进行职业生涯规划，使员工清楚自己在企业中的发展路径，减少对目前所处的位置和未来的方向感到的困惑，尽心尽力稳住 IT 人才，降低人才流失率。实施员工的职业生涯发展计划可以按以下步骤进行。

第一，帮助员工确立职业生涯思想。IT 企业要注重员工的职业生涯发展，可以通过组织员工参加培训、学习、测评等活动，帮助员工认识自我，指引员工去了解如何做出职业的选择和职业生涯的内容和实施步骤，促使员工结合企业的发展目标来设立自己的工作目标。

第二，实施职业生涯规划。企业应站在员工的角度帮助员工设立自身的职业发展规划，这样不但有助于员工全面地认识到自己目前所处的位置和未来的发展路径，减少对工作和发展目标的迷茫程度，员工的潜力也能被有效激发出来。企业亦可以编制自己的"职业生涯发展"文档，详细地描述员工从进入公司的第一天，往前迈进的所有职位和不同职位所要求具备的能力和经验，这样才能使员工对其在企业中的发展心中有数。

第三，实施职业生涯规划。设计好职业生涯的路径与目标之后，企业需要推动员工不断通过工作、学习来提高自己、丰富自己，以实现自己的职业生涯目标。当企业有职位变动的信息时，企业应及时向员工披露，鼓励员工自我推荐。企业亦可通过轮岗、交叉培训来锻炼和提高员工各方面的素质和能力，为员工今后实现职业生涯目标奠定基础。

2. 工作激励

IT 人才除了需要获得与自己能力相匹配的薪酬外，能从工作中获得足够的满足感和成就感也是他们所追求的。洛克是目标设定理论的代表人物，他认为，目标本身就具有激励作用。组织为使个人的需要、期望与组织的目标高度融合，应通过设定目标的方法来激发员工的动机。这样，员工达成了个人目标，组织的整体目标也就实现了。因此，IT 企业可以通过工作设计，为员工提供具有挑战性的工作项目，以激发员工的创造性，让员工自我实现的愿望得以满足。经过工作的激励，员工的工作积极性得以激发，员工的工作满意度得以提高。与此同时，员工的工作绩效也上升了。具体可以采用以下方法。

（1）设置合理的工作目标，激发员工的积极性。

麦格雷戈的 Y 理论，与 X 理论是相反的。麦格雷戈指出厌恶工作并非人的本性，如果给予适当机会，人是愿意承担责任并渴望发挥其才能，并且能够做到自我指导；使人努力工作的唯一方法，并不是对能力的控制和惩罚。因此，IT 企业在分配工作任务时，要提供具有挑战性的工作要求和目标，这样才能够激发员工追求向上的精神。如何设计合理的工作目标？笔者认为，将工作目标设计得略高于员工的能力，是比较合理的设计方法。员工面对该项工作目标时，可以充分发挥自己的主观能动性，想办法通过学习和提高，完成工作的挑战，最终达到企业设置的工作目标。

（2）在工作任务分配上考虑员工的特长和爱好，提供自由选择权。

IT 人才个性鲜明，在专业领域上有自己的特长和爱好，而企业的工作任务也往往需要团队协作完成。IT 企业的管理者在分配工作任务时，可以结合具体的工作需要和团队成员的特点和爱好，组建新的工作团队。也可以先发布具体的工作任务，由员工根据自己的特长和爱好，自己组成团队完成任务。

IT 企业管理者在分配工作时不仅需要考虑到员工的特长，也要尽可能地挖掘出员工在工作上兴趣。同时，IT 企业可以提供给员工自由选择权，由员工自由选择参与符合自己特长和爱好的工作任务。在自由选择的模式下，员工具有更高的主动性，从而更好地完成企业的工作任务。

3. 缓解员工工作压力的激励对策

工作压力也是员工主动离职的重要影响因素。针对员工的工作压力，企业需要采取一定的对策，缓解员工压力。具体对策如下。

（1）通过改善企业的工作条件和环境，缓解因恶劣的工作条件、工作环境带给员工的压力；有的员工被企业派到项目现场去执行项目实施，在这种情况下，通常工作环境和条件会比较差，企业应积极主动向员工了解情况，尽量给员工改善环境或提供一些补贴。

（2）营造轻松和谐的企业文化，帮助员工减轻压力、调节心情；IT企业应鼓励创新，同时也要宽容创新的失败，帮助员工在不断地试错中调整好心情，将工作中的压力转化为动力。

（3）从企业管理制度的建设上帮助员工减轻压力，改变轻奖励重惩罚的绩效考核制度，从正面激励员工。强化型激励理论指出，相比负强化，正强化有优先的激励的效用。因此，应多采用正强化的激励机制，也能缓解和减轻员工在受到企业惩罚时的压力和心理的不适应。

（4）衡量员工是否承受了超过员工自身能负担的工作量与责任，通过招聘新的人员分担相应的工作和责任。尤其是处于创业阶段的小企业，不能总想当然地认为创业型公司就是这样的，一个人顶几个人用，很可能用着用着人都走光了。毕竟工作和生活需要协调，工作压力太多，员工的身体和心理也会承受不了。

（5）适时组织团队活动，加强团队建设，改善团队关系，从而缓解员工工作中累积的压力。团队人际关系的改善，以及运动对人的积极作用，可以有效地缓解员工的负面情绪，使得员工在工作中的压力得以释放。

第二节　制造业员工工作满意度与离职意愿研究

一、研究目的及假设

本节以上文的阐述理论为基础，对 N 公司员工离职过程进行分析，以确定员工离职行为产生的主要原因。得出了员工离职行为的形成模型，如图 3 - 5 所示。

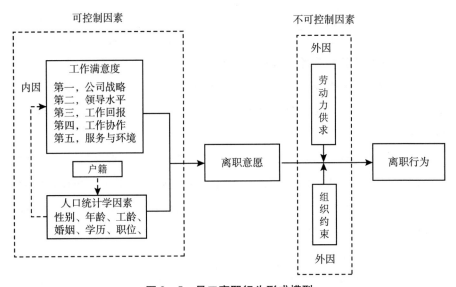

图 3 - 5　员工离职行为形成模型

以图 3 - 5 的员工离职行为形成模型为基础，进行以下假设。

假设 1. 工作满意度与离职意愿呈显著负相关。

根据以往的研究结果，假设工作满意度与离职意愿呈负相关关系。更重要的是通过对全体员工满意度与离职人员满意度相关比较分析，分析求证与员工离职行为产生密切相关的满意度维度因素，排除非关键维度因素。

假设 2. 人口统计特征因素会直接影响工作满意度。

假设人口统计特征的各因素会对工作满意度各维度产生影响，将工作满意度的各个维度的统计结果与人口统计特征因素的各个要素进行比对分析，分析求证出两者的内在联系与变化趋势。

假设 3. 人口统计特征因素会直接影响员工离职意愿的产生。

假设员工离职形成产生的几率受人口统计特征因素的影响，具有不同特征的员工离职意愿产生的几率也有所不同。

二、研究思路

本文离职行为的形成前因素，分为可控因素和不可控制因素进行分析。离职意愿形成前为可控因素，离职意愿形成后到离职行为的形成之前的因素是不可控制因素。本节主要研究可控因素对于离职意愿形成的影响。上述模型假设可控因素中，包括工作满意度和人口统计特征因素。本人假设只有这两种因素是导致离职意愿形成的主要动因，其他为次要动因，在本文中不做详细分析。

此外，在本节中，同时会对实际发生离职行为的员工的离职问卷调查进行分析，同时会按照人口统计学的知识对离职人员及离职原因进行分析和统计，以挖掘导致员工离职行为产生的真正原因。如有可能，将探讨员工离职实际原因与员工满意度之间的内在关系。

（一）工作满意度分析

1. 数据获取和处理

（1）量表设计。本研究使用的问卷采用卢嘉提出的适合国内工作满意度量表的结构方法，卢嘉的五维结构法，具体内容包括：①企业形象满意度（管理制度、客户服务、质量管理、参与管理）；②领导满意度（管理者，工作认可）；③工作协作满意度（同事、沟通、尊重）；④工作回报满意度（报酬、福利、培训与发展、工资环境）；⑤工作本身的满意度（工作的责任感、成就感、安全感）。

本研究的五维度依次对应为：公司战略、领导水平与领导艺术、沟通与协调、员工个人回报与职业发展、服务与环境。调查问卷的每个维度包括 10 题，共有 50 题，《满意度调查问卷》参考附录 1。五维结构域与本次研究使用的调查问卷见表 3-3。

表 3-3　　　　　　　五维结构法与《满意度调查问卷》内容比较

	维度	名称	内容	
五维结构法	一维	企业形象满意度	●管理制度 ●客户服务	●质量管理 ●参与管理
	二维	领导满意度	●管理者	●工作认可
	三维	工作协作满意度	●同事 ●尊重	●沟通
	四维	工作回报满意度	●报酬 ●福利	●培训与发展 ●工资环境
	五维	工作本身的满意度	●工作的责任感 ●成就感	●安全感
满意度调查问卷	一维	公司战略	●公司战略目标清晰 ●企业文化鲜明 ●公司改革及时 ●安全/品质管理制度 ●鼓励倡导创新	●重视技术开展培训 ●支持性业务流程 ●鼓励参与问题解决 ●用人高度信任 ●公司知名度高
	二维	领导水平 与领导艺术	●领导以身作则 ●获得员工信任 ●计划客观评价公正 ●积极指导下属 ●鼓励反映问题	●部门奖惩公平合理 ●尊重个人专业决策 ●非正式关系的重要性 ●工作目标清晰具体 ●积极维护集体荣誉

续表

维度	名称	内容	
满意度调查问卷 三维	沟通与协调	● 清晰知晓工作目标 ● 团队交流积极 ● 紧急事务授权处理 ● 部门间不推诿扯皮 ● 投诉渠道畅通	● 了解同事工作程序 ● 知晓公司工作重点 ● 知晓公司规章制度 ● 充足获得工作资源 ● 正规获知公司动态
四维	员工个人回报与职业发展	● 薪酬外部比较 ● 薪酬自我比较 ● 考核公平公正 ● 重视员工职业发展 ● 提供有针对性培训	● 提供有竞争力福利 ● 积极奖励员工贡献 ● 加班报酬合理 ● 工作成就感 ● 及时准确发放工资
五维	服务与环境	● 饭菜卫生营养实惠 ● 住宿环境安全优良 ● 提供优质车队服务 ● 及时配发劳保用品 ● 重视劳动安全	● 重视业余生活质量 ● 及时提供文件制作翻译 ● 报销手续简化态度好 ● 积极提供工作用品 ● 重视提高工作环境

本文的问卷评分方式采用史密斯（Smith）的差值理论，用重要程度与现状评估分别评分的形式，然后使用两者的差值（重要程度 - 现状评估）对满意度进行评价。两者的测量尺度均采用五级划分：5，4，3，2，1；重要程度的五个尺度从高到低：5 - 非常重要，4 - 重要，3 - 一般重要，2 - 不重要，1 - 非常不重要；现状评估的五个尺度从高到低：5 - 非常同意，4 - 同意，3 - 一般，2 - 不同意，1 - 非常不同意。差值的可能值为：-4，-3，-2，-1，0，1，2，3，4，这 9 个值，分为三个等级：负值表示现状已经超过员工的预期值，零表示现状基本等于预期值，正值表示现状未达到员工预期值。总而言之，差值越小，表示满意度越高；差值越大，表示员工越不满意。

（2）被试分析。本次调查覆盖 N 公司所有部门，对于各个部门的人员选择采用随机抽取的方法，人员按照岗位比例抽取，抽取比例为 50%。在职 1 266 人，发放问卷 630 份，回收有效问卷 556 人，回收有效率为88.2%。回收的有效问卷及人口统计学的资料请参考表 3 - 4。

表 3 - 4 调查被试情况表（N = 556）

变量		人数	占总数百分比（%）
性别	男	484	87.1
	女	72	12.9
职位	职员	95	17.1
	一线员工	316	56.8
	基层管理者	63	11.3
	中层管理者	29	5.2
	技术人员	53	9.6
学历	初中	15	2.7
	高中或中专	420	75.5
	大专	71	12.8
	本科	49	8.8
	研究生	1	0.2
工龄	1 年以内	33	5.9
	1～3 年	282	50.8
	4～6 年	157	28.2
	7 年以上	84	15.1
年龄	18～20 岁	25	4.5
	21～23 岁	123	22.1
	24～26 岁	146	26.3
	27～30 岁	133	23.9
	31～40 岁	110	19.8
	41 岁以上	19	3.4

①从本次被试中可以看出，该公司的男女比例相差悬殊，男员工占有87%的大比例优势，这一点也符合该公司的制造重工业的企业特点。因此，在人口统计特征因素对于满意度及离职意愿形成因素分析时，将忽略性别差异的影响；

②从学历项目可以清晰地了解到，高中或中专的人员比例占75.5%，而研究生不足1%，说明该企业为低知识型企业，与第一项的企业特征吻合。因此，不能使用离职人员的学历比例来分析人口统计特征对于离职行为产生的影响，可能会有失准确性；

③从工龄分布上可以看出，1年以内不足6%，1～3年有近一半。导致这种人员分布比例的有两种可能：首先，1年以内的员工离职率较高，故1年以内比例较低；其次，该公司在2、3年前处于扩产阶段，大规模招募员工，而今1、2年以内人员计划紧缩，新招募人员减少。据调查，该公司属于第一种情况，公司1年以内的员工稳定性较差，尤其是3个月以内的员工离职率更高；

④从年龄分析，该公司26岁以内的员工比例近80%，属于年轻型企业。推测在人员管理上会面临80后、90后员工的管理问题。

（3）信度和效度分析。①信度分析。信度是指测量结果的一致性、稳定性和可靠性，它衡量一个量表中不同题项是否反映一个共同概念。本文根据吉尔福德（Guielford，1965）的观点，Cronbach α 系数在0.5～0.7时，表示信度可以接受。当Cronbach α 系数大于0.8时，表示问卷存在高度的一致性，信度比较高。

利用SPSS21.0对量表进行检验，结果见表3－5。

表3－5　　　　　　　　　　问卷信度分析表

维度名称	Cronbach's Alpha	N of Items
公司战略	0.976	10
领导水平与领导艺术	0.954	20
沟通与协调	0.878	30
员工个人回报与职业发展	0.896	40
服务与环境	0.934	50

根据表 3 - 5 结果，本次问卷信度最低为 0.878，最高为 0.976，五项均大于 0.8。表明本次问卷信度较好，结果可以使用。

②效度分析（Validity）。效度分析通常是分析评价问卷的有效性和准确性，以及问卷能够测量出其所欲测量特性的程度。对于一份调查问卷来说，效度比信度更为重要。效度是问卷调查研究中最重要的特征，问卷调查的目的就是要获得高效度的测量与结论。效度越高，表示该问卷测验的结果所能代表要测验的行为的真实度越高，越能够达到问卷测验目的，该问卷才正确而有效。

内容效度又称为逻辑效度，用于评价测量目标和内容效度测量内容之间的适合性，内容效度的判断是一个推理和判断的过程。

结构效度是指测量工作反应概念和明确的内容结构的程度。本研究使用的问卷，采用卢嘉提出的适合国内工作满意度量表的结构方法，已经被很多学者证实是科学有效的，同时对于问题的设置和测量都是严格按照维度目标设定的。因此，可以判断本问卷具有很好的效度。

2. 数据分析

（1）总体状况分析。从表 3 - 6 和图 3 - 6 中的总体评分状况可以看出：①表示员工对于现状评价远大于预期值的选项得分" - 4 和 - 3"的选择比例中，五个维度均为零。②表示员工对于现状评价与预期值的选项得分一致的"0"的选择比例中，说明该项目基本能够满足员工的要求。其中，公司战略、领导水平和领导艺术、沟通与协调都接近 45%，而员工个人回报与职业发展的比例为最低 36.0%，说明有多于一半的人认为个人回报与职业发展的项目没有达到自己的预期要求。③从表示轻度不满意的差值"1，2"的选择比例来看，五个维度的比例差不多，两项的合计比例差不多都在 50% 左右，说明最少有一半的人对于工作满意度的评价是持有肯定的态度。而表示"非常不满意"的还是员工个人回报与职业发展的项目。

表 3 - 6　　　　　　　　　员工满意度各维度总差值（%）

维度	差值（差值与满意度呈负相关）								
	A－4	A－3	A－2	A－1	A0	A1	A2	A3	A4
公司战略	0.0	0.0	0.3	4.6	45.6	34.8	12.3	2.2	0.2
领导水平与领导艺术	0.0	0.0	0.2	4.1	44.9	33.2	13.9	2.9	0.9
沟通与协调	0.0	0.0	0.4	4.1	44.9	34.3	13.0	2.8	0.5
员工个人回报与职业发展	0.0	0.0	0.3	3.5	36.0	30.0	21.2	6.1	3.0
服务与环境	0.0	0.0	0.5	4.0	40.7	30.9	16.1	4.7	3.0

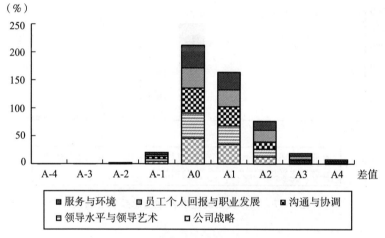

图 3 - 6　员工满意度各维度总差值柱状图

　　在进行满意度调查后的半年里，参加满意度调查的人员当中，有 12 名员工离职，对该离职人员的满意度数据进行分析，可得出表 3 - 7 和图 3 - 7。

表 3 - 7　　　　　　　　离职员工满意度各维度总差值（%）

维度	差值（差值与满意度呈负相关）								
	L－4	L－3	L－2	L－1	L0	L1	L2	L3	L4
公司战略	0.0	0.0	0.0	3.3	63.3	21.7	10.0	1.7	0.0

续表

维度	差值（差值与满意度呈负相关）								
	L-4	L-3	L-2	L-1	L0	L1	L2	L3	L4
领导水平与领导艺术	0.0	0.0	0.0	0.8	55.0	31.7	6.7	4.2	1.7
沟通与协调	0.0	0.0	0.0	10.0	56.7	27.5	5.8	0.0	0.0
员工个人回报与职业发展	0.0	0.0	0.0	5.0	38.3	28.3	15.0	6.7	6.7
服务与环境	0.0	0.0	0.8	4.2	49.2	24.2	12.5	6.7	2.5

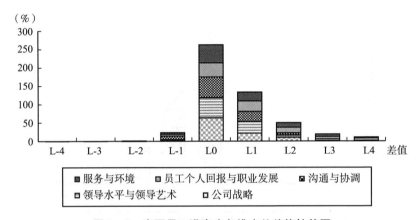

图 3-7　离职员工满意度各维度总差值柱状图

本人认同工作满意度与员工离职呈负相关的观点，通过对全员满意度结果与离职人员满意度结果进行配对样本的 T 检验，检查两种结果之间的相关性。

表 3-8 给出了全员满意度差值与离职人员满意度差值的均值、标准差、均值标准误差以及两者的相关系数。从表 3-8 来看，两者的均值没有发生显著的变化。表 3-8 给出了配对样本 T 的检验结果，包括配对变量差值的均值、标准差、均值标准误差以及差值的 95% 置信度下的区间估计。当然，也给出了最为重要的 t 统计量和 p 值。结果显示：p = 0.995 > 0.05，所以，可以确认离职人员的满意度与全员工作满意度的结果显示的

是基本相同的。我们有理由将全员工作满意度的结果作为离职人员满意度的结果，进行离职行为预测的分析数据以及对于离职行为评价的相关数据依据。

表 3 – 8　　全员满意度与离职人员满意度差值的配对样本的 T 检验

成对样本统计量		均值	N	标准差	均值的标准误
对 1	A 全员满意度差值	11.1111	45	15.26654	2.27580
	L 离职人员满意度差值	11.1156	45	17.23619	2.56942

成对样本检验		成对差分					t
		均值	标准差	均值的标准误	差分的95%置信区间		
					下限	上限	
对 1	全体差值 – 离职差值	– 0.00444	5.08903	0.75863	– 1.53336	1.52447	– 0.006

成对样本检验		df	Sig.（双侧）
对 1	全体差值 – 离职差值	44	0.995

（2）差异分析。在本部分中，将引入人口统计特征因素，拟通过单因素方差分析的方法，考察人口统计特征因素对于工作满意度五维度因素产生的影响，并且考察其之间存在的差异性。

因为 N 公司属于制造重工业行业，85% 的员工是男性员工。因此，对于性别分析的意义不大。此外，由于调查人员众多，人事数据对于结婚与否信息的更新不足，造成很多已结婚人员的信息尚未更新，对于数据来源的误差性较大。因此，在分析人口统计变量对于满意度影响的问题上，不对性别、婚姻进行专题分析，而着重分析年龄、工龄、学历、职位这四个项目。

此外，在很多企业中，尤其是外资企业，经常将员工的户籍所在地作为评价员工的维度，以此来评价员工的离职率、工作效率等。本节中也将引入员工户籍评价内容，具体内容见表3-9。

表3-9   人口统计特征因素分析项目表

内容	人口统计特征因素						新增
包括项目	年龄	性别	工龄	婚姻	学历	职位	户籍
选择项目	○	×	○	×	×	○	○

第一，年龄因素的影响。袁声莉通过对国内22家企业员工的研究表明，员工年龄与工作满意度成关系曲线。N公司在职员工的平均年龄为25.5岁，92.5%的员工在30岁以内，属于年轻型的企业。为得到科学有效的分析结果，在年龄区间上采用缩小年龄差的方式，将员工的年龄区间分为6个级别：18~20岁、21~23岁、24~26岁、27~30岁、31~40岁、41岁以上的区间。

在分析方法上，使用SPSS21.0进行单因素方差分析的方法分析，比较不同年龄的员工在工作满意度的五个维度上，存在的显著差异性，掌握年龄因素对于满意度的影响的趋势。

分析结果如表3-10所示。

表3-10   年龄因素方差分析表

		平方和	df	均方	F	显著性
公司战略	组间	1 288.621	5	257.724	8.156	0.000*
	组内	17 378.991	550	31.598		
	总数	18 667.612	555			
领导水平与领导艺术	组间	1 367.003	5	273.401	6.361	0.000*
	组内	23 640.904	550	42.983		
	总数	25 007.906	555			

续表

		平方和	df	均方	F	显著性
沟通与协调	组间	1 118.327	5	223.665	5.789	0.000 *
	组内	21 248.176	550	38.633		
	总数	22 366.504	555			
员工个人回报与职业发展	组间	1 851.332	5	370.266	7.311	0.000 *
	组内	27 854.1	550	50.644		
	总数	29 705.432	555			
服务与环境	组间	1 902.293	5	380.459	8.891	0.000 *
	组内	23 536.109	550	42.793		
	总数	25 438.403	555			

注："＊"代表在 0.05 水平上显著。

从表 3 - 10 的数据结果可以了解到，不同年龄的员工在工作满意度五个维度上都呈显著性差异。另外，从图 3 - 8 可知，SPSS21.0 形成的散点图的均值分布可以看出，五个维度差值的均值分布随着年龄的增加逐步降低，工作满意度随着差值的降低而提高；表明员工的工作满意度随着年龄的增加而提升，越年轻的员工的工作满意度越低，越年长的员工的工作满意度越高。

第二，工龄因素的影响。刘凤瑜经过调查总结，工龄在 2 年以上的员工的总体工作满意度显著低于工龄在 2 年以下的员工。史密斯（1996）对医院员工的工龄和工作满意度进行研究，研究表明，工作小于半年的新员工的工作满意度明显高于工龄大于半年的员工的满意度，同时老员工的离职率明显高于新员工。袁声莉等在 2002 的研究中证实，中国员工的工龄和整体工作满意度的关系曲线呈凹形。

N 公司从 2004 年成立，至今有 10 年，公司历史并非很长。本部分将员工的工龄分为四个等级：1 年以内、1～3 年、4～6 年、7 年以上。

在分析方法上，使用单因素方差分析的方法进行分析，比较不同工龄的员工在满意度五个维度上是否存在显著差异。

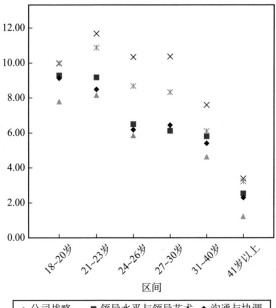

图 3-8　年龄因素影响工作满意度五维度均值散点图

分析结果如表 3-11 所示。

表 3-11　　　　　　　　　　工龄因素方差分析表

		平方和	df	均方	F	显著性
公司战略	组间	77.443	3	25.814	0.767	0.513
	组内	18 590.168	552	33.678		
	总数	18 667.612	555			
领导水平与领导艺术	组间	17.857	3	5.952	0.131	0.941
	组内	24 990.05	552	45.272		
	总数	25 007.906	555			
沟通与协调	组间	42.478	3	14.159	0.35	0.789
	组内	22 324.026	552	40.442		
	总数	22 366.504	555			

续表

		平方和	df	均方	F	显著性
员工个人回报与职业发展	组间	19. 14	3	6. 38	0. 119	0. 949
	组内	29 686. 291	552	53. 78		
	总数	29 705. 432	555			
服务与环境	组间	404. 606	3	134. 869	2. 974	0. 031*
	组内	25 033. 797	552	45. 351		
	总数	25 438. 403	555			

注:"＊"代表在 0.05 水平上显著。
资料来源:根据 N 公司内部人事资料,使用 SPSS21.0 分析软件,对数据进行分析。

从表 3－11 可以看出,只有服务与环境的项目 P＝0.031＜0.05,表明与满意度呈显著相关,而其他四个维度的项目均无显著相关。因此,我们可以得到的结论是,制造业员工满意度的高低不能单一从员工工作时间的长短来分析,两种并无显著相关性。从图 3－9 中的均值情况也可以得出这一结论。

第三,学历因素的影响。冯田华在 2001 年的调研中发现,企业员工的满意度与员工的学历存在相关性,员工的学历越高满意越低,反之学历越低满意度越高[27]。刘钵体等在 2001 年的对于上海某纺织企业的员工进行调查得知,学历和工作满意度呈负相关[28]。袁声莉的研究显示:本科以上的员工的满意度呈现较高的数值,其次是具有高中或中专学历的员工、大专学历的员工的满意度最低。

从该公司的生产技术特性方面来看,属于低知识性企业,对于员工的整体素质要求不高,大多数岗位属于体力劳动而非脑力劳动。因此,低学历员工占有的比例较大。结合 N 公司的人员学历特点,在本节中将学历因素划分为四个等级:高中或中专、大专、本科、硕士。

在分析方法上,使用单因素方差分析的方法进行分析,比较不同学历的员工在满意度五个维度上是否存在显著差异。分析结果如表 3－12 所示。其中,P＜0.05 的有两项,即领导水平与领导艺术、服务与环境。其他三个项目公司的战略、沟通与协调、员工个人回报与职业发展无显著性差异。

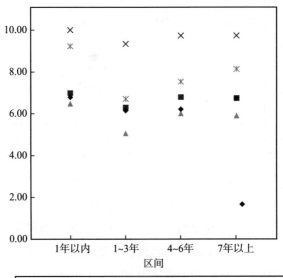

图3-9 工龄因素影响工作满意度五维度均值散点图

表3-12 学历因素方差分析表

		平方和	df	均方	F	显著性
公司战略	组间	204. 810	3	68. 27	2. 056	0. 105
	组内	17 865. 538	538	33. 207		
	总数	18 070. 349	541			
领导水平与领导艺术	组间	488. 901	3	162. 967	3. 668	0. 012 *
	组内	23 901. 388	538	44. 426		
	总数	24 390. 29	541			
沟通与协调	组间	220. 487	3	73. 496	1. 843	0. 138
	组内	21 453. 019	538	39. 875		
	总数	21 673. 506	541			

续表

		平方和	df	均方	F	显著性
员工个人回报与职业发展	组间	183.264	3	61.088	1.141	0.332
	组内	28 808.079	538	53.547		
	总数	28 991.343	541			
服务与环境	组间	830.593	3	276.864	6.265	0.000*
	组内	23 774.169	538	44.19		
	总数	24 604.762	541			

注："＊"代表在0.05水平上显著。
资料来源：根据 N 公司内部人事资料，使用 SPSS21.0 分析软件，对数据进行分析。

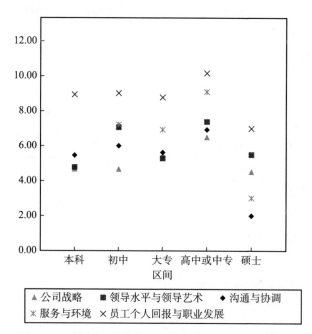

图3-10　学历因素影响工作满意度五维度均值散点图

第四，职位因素的影响。有学者研究发现，管理者对于工作本人、工作带来的成就感和回报比普通职员的满意度要高[29]。根据该公司组织架构的特点，将被试人员按照5个职位等级进行划分，一线员工（作业员、检查员、叉车工、配送员、天车工等）、职员（事务所人员、司机）、技术（技术员、模具保全、夹具调整）、基层管理者（线长、系长）、中层管理者（主管）。其中，高层管理人员（科长、部长、总经理等）未列入本次调查范围。分析结果如表 3－13 所示。

表 3－13　　　　　　　　　　职位因素方差分析

五维		平方和	df	均方	F	显著性
公司战略	组间	588.943	4	147.236	4.487	0.001*
	组内	18 078.669	551	32.811		
	总数	18 667.612	555			
领导水平与领导艺术	组间	1 138.624	4	284.656	6.571	0.000*
	组内	23 869.283	551	43.32		
	总数	25 007.906	555			
沟通与协调	组间	692.875	4	173.219	4.404	0.002*
	组内	21 673.628	551	39.335		
	总数	22 366.504	555			
员工个人回报与职业发展	组间	634.952	4	158.738	3.009	0.018*
	组内	29 070.479	551	52.759		
	总数	29 705.432	555			
服务与环境	组间	1 408.146	4	352.036	8.072	0.000*
	组内	24 030.257	551	43.612		
	总数	25 438.403	555			

注："*"代表在 0.05 水平上显著。
资料来源：根据 N 公司内部人事资料，使用 SPSS21.0 分析软件，对数据进行分析。

通过分析得知，上述五个维度 P＜0.05，说明随职位的变化发生明显的变化，都呈显著性差异。

第五，户籍因素的影响。由于户籍无法按照区间进行分析，为求得合理的数据信息，在分析户籍对于工作满意度影响的时候将采用平均值的方法，求出每个户籍所在地的员工在五个维度上的平均值。参考表 3－14。

表 3 - 14　　　　　　　　户籍划分员工满意度均值

户籍地	个数统计	公司战略	领导水平与领导艺术	沟通与协调	员工个人回报与职业发展	服务与环境	平均值
海南	2	15.00	19.00	15.00	3.00	15.00	13.40
安徽	2	9.50	7.50	9.50	8.50	7.00	8.40
福建	2	4.00	2.50	5.50	9.00	5.00	5.20
江苏	2	4.50	1.00	2.00	3.50	4.00	3.00
山西	2	9.50	12.00	15.00	13.50	19.00	13.80
吉林	3	4.67	5.67	9.00	7.33	5.00	6.33
云南	3	4.33	5.33	8.00	10.67	9.00	7.47
黑龙江	4	2.75	3.00	2.50	9.75	7.25	5.05
甘肃	6	7.33	6.50	9.17	15.17	10.67	9.77
河北	7	9.86	11.14	9.29	13.00	11.29	10.92
贵州	9	6.67	8.78	9.67	11.44	11.67	9.65
山东	11	7.36	7.55	7.55	14.64	11.91	9.80
陕西	24	6.13	6.38	6.79	8.25	7.67	7.04
江西	29	5.86	7.03	5.86	9.76	9.21	7.54
河南	31	5.00	5.61	4.58	8.48	7.03	6.14
广西	37	6.16	6.65	6.03	9.27	8.84	7.39
四川	58	7.07	7.64	7.62	10.71	10.67	8.74
湖北	98	6.71	7.62	7.89	10.63	9.06	8.38
湖南	112	6.56	6.20	6.28	9.75	7.99	7.36
广东	114	4.80	6.67	5.41	8.90	6.62	6.48

资料来源：N 公司内部人事资料。

　　表 3 - 14 是按照户籍人员从少至多进行排列。其中，红色数据表示满意度最差的省份，黄色数据表示满意度最好的省份。从表 3 - 14 中可以了解到，用人比例最高的前三位是广东、湖南、湖北，也是人员比例最大的省份。图中最好和最差的省份占有的比例不是很均衡，可能和样本的多少有关系，以此造成的结果不能很好地反映事实，使数据失真。因此，户籍

对于员工满意度的影响，还要通过更进一步的研究才能得到更有效的数据。

第六，总结。通过上面的分析，得到以下结论（见表 3 - 15）：年龄和职位区分对满意度的结果产生显著性影响；学历对于部分满意度的维度产生影响；工龄的变化对于满意度的结果不产生显著性差异。

表 3 - 15　　　　　人口统计特征因素对于工作满意度的影响总结

五维	年龄	工龄	学历	职位	性别	婚姻
公司战略	◎	×	×	◎		
领导水平与领导艺术	◎	×	◎	◎		
沟通与协调	◎	×	×	◎	忽略	忽略
员工个人回报与职业发展	◎	×	×	◎		
服务与环境	◎	×	◎	◎		

注："◎"表示呈现显著性差异；"×"表示不呈现显著差异；"忽略"为本文不做详细分析的内容。

（3）相关分析。在本节中，探讨工作满意度五个维度内容之间的关系，从而验证五个维度变量之间是否存在相关性。相关性是研究两个变量之间存在的一种连带关系，即当一种变量发生变化时，另一种变量也随之发生变化的关系。而描述两种变量之间变化多的内容只是方向和程度，即评价两个变量之间是否存在正相关或负相关的关系。

本节采用 Pearson 相关性理论对五个维度变量进行分析。相关检验结果用 P 表示，当 $P < 0.05$ 时，认为两者存在正相关，相关系数 r 在 -1 和 1 之间取值；当 $r > 0$ 时，表示两者存在正的线性相关关系，反之，为负的线性相关关系。

通过分析得到以下结果（见表 3 - 16）：五个维度之间的相关系数都在 0.6 以上，对应的 p 值都接近 0，表示五个维度具有较强的正相关关系。

表 3 - 16　　　　　　　　　　五维变量间相关分析结果

五维		公司战略	领导水平领导艺术	沟通与协调	员工个人回报与职业发展	服务与环境
公司战略	Pearson 相关性	1	0.677 **	0.689 **	0.624 **	0.616
	显著性（双侧）		0.000	0.000	0.000	0.000
领导水平与领导艺术	Pearson 相关性	0.677 **	1	0.782 **	0.634 **	0.591 **
	显著性（双侧）	0.000		0.000	0.000	0.000
沟通与协调	Pearson 相关性	0.689 **	0.782 **	1	0.636 **	0.656 **
	显著性（双侧）	0.000	0.000		0.000	0.000
员工个人回报与职业发展	Pearson 相关性	0.624 **	0.634 **	0.636 **	1	0.711 **
	显著性（双侧）	0.000	0.000	0.000		0.000
服务与环境	Pearson 相关性	0.616 **	0.591 **	0.656 **	0.711 **	1 **
	显著性（双侧）	0.000	0.000	0.000	0.000	

注："**"表示在 0.01 水平（双侧）上显著相关。

（二）离职问题分析

可控因素中的人口统计特征因素不仅作用于工作满意度，同时也是离职意愿形成的主要因素。本部分内容将分析人口统计特征因素对于员工离职意愿产生的影响。但是，与其他分析所不同的是，在分析证明人口统计特征因素对于离职意愿的形成产生影响的问题的时候，本研究没有采用以往学者使用意愿调查问卷的方式进行研究，而是直接采用员工离职原因调查的数据进行分析。这种从结果导出原因的方法使研究的结果具有一定的科学性和准确性。

本研究使用的员工离职原因调查的数据覆盖了 N 公司，2008～2012年这五年间的 95% 以上的离职人员访谈记录和问卷资料。分析的人口统计特征因素与上述分析人口统计特征因素对于工作满意度的影响分析的要素相同，共包括四项：年龄、工龄、学历和职位。同理，鉴于 N 公司的人员结构，男比女为 9 : 1 的人员结构，对于性别分析的意义不大，本文忽略不计。

此外，通过多年的人事工作经验，区分评价员工还有一个重要的指标就是户籍。人事部门或者行业间经常会用户籍来区分员工工作情况的好坏，作为人员招聘的考察意见。例如，对于人员离职较多的省份不招或者少招，而对于人员综合评价较好的地区往往会维持长期的人员招聘计划。因此，在日企中，人员户籍也是一项不可忽视的分析要素，本文将专题进行分析。

1. 年龄

赫兹伯格（Herzberg，1957）认为年龄与工作满意度的关系呈 U 形；同时，多数学者发现工作满意度与离职行为呈负相关，与留任呈正相关（Porter et al.，1973）。那么，根据上述理论可以推出：年龄与离职行为呈"倒 U 形"。我们对 N 公司进行实例分析，得出图 3 – 11，与理论基本保持一致。

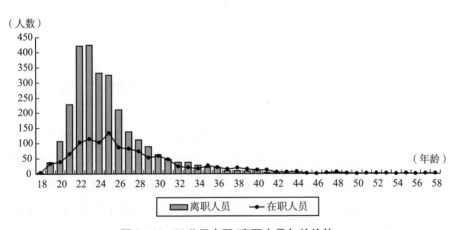

图 3 – 11　N 公司在职/离职人员年龄趋势

资料来源：N 公司内部人事资料汇总。

在职人员的数据截至 2011 年 12 月 31 日，在职人数为 1 217 人；离职人员数据从 2004 年至 2011 年 12 月 31 日，离职人数共计 2 757 人。从下图可以得知，离职人员和在职人员多集中在 19~30 岁，离职人员在 22~25 岁为离职高峰年龄，占离职总人数的 54.5%；在职人员 25 岁达到高峰期，平均集中在 22～28 岁，占在职总人数的 57.2%。

如果可以避开离职高峰人员，在招聘时可考虑 26～30 岁的人员。目前，人员招聘多为校园招聘，但是 26 岁以后多为社会人员，所以要躲避高峰人员就要改变校园招聘的用人模式，适当采用其他招聘方式。比如，招聘会招聘或网络招聘。

2. 工龄

吉布森和史密斯（Gibson & Smith，1965）认为工龄和满意度呈负线性关系；袁声莉等对中国员工的总体满意度的研究表明：工龄与满意度的关系为曲线凹形[30]。从 N 公司的实际数据分析看出（见图 3－12）：离职人员数随着工作年限的增加呈递减趋势。工作时间在 3 个月以内的人员离职情况较为严重，占离职人员总数的 42.3%。

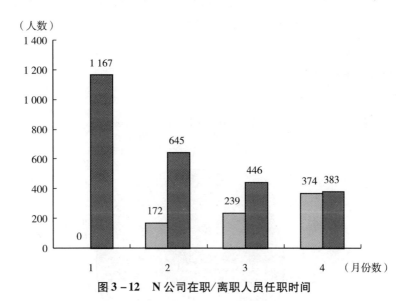

图 3－12　N 公司在职/离职人员任职时间

分析该结果的原因可知，目前，很多制造型企业多采用校园招聘和派遣工的形式。这样的招聘模式有几点弊端。首先，在同一所学校招聘的人员较多，同一批次人员结伴离开的情况相对严重，犹如蝴蝶效应，困扰着企业。其次，由于在校生较为年轻，在进入公司前，对于公司整体情况不够了解。当实际情况与理想状态有差异时，往往选择离开；最后，也是最严重的问题，很多企业在新劳动法颁发以后就大规模采取派遣员工的佣工形式，造成员工对于企业的忠诚度下降，员工对于企业并无情感可谈，同样企业也没有赋予员工以归属感，离职就产生了。这就像是一个恶性循环一样——企业为了缩减成本使用派遣工，而派遣工对于企业的忠诚度降低离职，导致公司招聘成本增加，公司不安定因素增加，给公司收益带来了负效应，可以说是得不偿失。

3. 职位

在分析职位对于离职行为产生影响时，将人员分为五个区间，与上述分析人口统计特征因素对于工作满意度影响的划分标准相同。具体分为一线员工（作业员、检查员、叉车工、配送员、天车工等）、职员（事务所人员、司机）、技术（技术员、模具保全、夹具调整）、基层管理者（线长、系长）、中层管理者（主管）。其中，高层管理人员（科长、部长、总经理等）未列入本次调查范围。

分析结果见图 3 – 13。

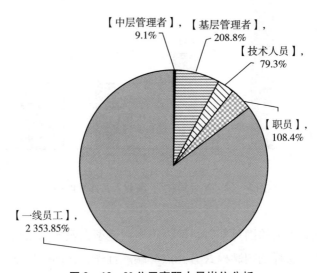

【中层管理者】，
9.1%
【基层管理者】，
208.8%
【技术人员】，
79.3%
【职员】，
108.4%
【一线员工】，
2 353.85%

图 3 – 13　N 公司离职人员岗位分析

（1）一线员工：占有绝对大的比重，大约为85%。但一线员工培训时间较短，大概1周即可上岗，在一定程度上不被公司所重视。

（2）基层管理者：占8%，该部分人员离职多为有一定的工作经历，可以找到工作待遇更好的工作，该部分人员离职对于公司的影响很大。

（3）技术人员：累计离职79人，占3%。但是公司技术岗位人员合计为250～300人，以此作为基数，离职比例为26%～31%，即三四个人中就有一个人离职，必须被公司所重视。技术人员培养周期较长，一般的技术人员要培养1年，相对熟练的人员要培训2～4年，甚至还要出国培训，公司培养成本较高。

（4）职员和中层管理者的离职人员的占有比率较低。这种结果与公司的管理制度分不开的，公司在一定程度上比较重视中高层管理人员的福利待遇，即高福利待遇。

（三）　不可控因素的影响

从离职意愿形成后到离职行为的最终产生，在此阶段还有不可控因素的影响。不可控因素包括劳动力市场的人员供求关系，以及组织约束力。不可控因素就像是催化剂或者导火索，是促使员工离职的推动力。

最常见的现象就是有些员工总是将离职挂在嘴边，但不会立即付诸行动，可能是因为没有找到更好的工作，或者是与公司签署了某些协定，受到某些事项的制约，员工即使产生离职意愿也不会产生离职行为。所以说离职意愿产生后可能导致员工离职行为的产生，而并非一定产生离职行为。

从员工的角度分析，劳动力市场的供求和组织约束力是不可控因素，但是对于企业来说，却是可以利用的有利因素。我们可以从另外一个角度考虑——通过对劳动力市场的人才需求关系来预测员工离职行为产生的概率。当对于某一类型的人才市场需求大于供给时，企业可以采用临时性高福利政策挽留该类型员工。此外，公司还可以在劳动法的框架内适当增加组织约束力，虽然现在的劳动法偏向于加重企业责任，提高员工保护，但是对于企业的人事部门来讲还是有很大的空间进行"惠才育才"的行为。

本文将在下一章节中对于员工离职成本和企业如何看待员工离职给企业带来的影响的问题进行详细的分析说明。

三、员工离职损益模型的构建与研究

企业离职率不断攀升，管理者对人才需求的恐慌以及对离职给予企业收益带来的不良后果的盲目扩大，导致企业为降低员工离职率和挽留员工采取一些盲目的激励机制。大幅度涨薪、福利待遇的增加、晋升空间的扩大，确实在一定程度和一定时期内解决离职问题给予企业带来的负面影响。但是，与此同时，企业付出了高额的人力资源成本，并且助长了员工的期望的不断膨胀。有学者指出，离职行为理论中组织因素与员工的交互作用并非从一而论，研究空间较大。本章对制造业员工特质进行分析，掌握员工离职成本状况，在此基础上，通过对离职基本模型分析的基础上，建立适合制造型企业使用的员工离职损益模型，为企业进行自我诊断提供理论基础。

（一）制造业企业特点分析

从制造业员工的特点出发，对于员工离职的问题进行分析，从而谋求有效的解决方法。制造业员工有这些特点。首先，员工岗位结构扁平化；基层员工数量比例较大，占据 70% ~ 85%。其次，依靠先进的生产设备，操作流程简单，多数岗位无须依靠培训或短期培训后方可上岗操作。最后，劳动力市场可替代人员较多，选择机会较大。

综上所述的制造业员工的特点，假设不同员工的离职会给公司带来不同的损益，由此命题出发进行分析。在本研究中，选取了七个代表性的岗位，作业员、天车工、技术员、模具设计、招聘担当、系长、主管；分析的内容主要包括员工招聘费用、教育费用、技能不熟练给公司带来损失、工资和福利。

具体内容参考表 3 – 17。

表 3 – 17   N 公司员工劳务成本统计

项目（元）		作业员	天车工	技术员	模具设计	招聘担当	系长	主管
招聘费	费用	0	150	450	450	450	0	0
培训费	时间	1 周	4 周	50 周	120 周	2 周	60 周	150 周
	方式	标准作业书	在岗实操	在岗实操	出国培训＋在岗实操	制度	内部提拔	内部提拔
	费用	50	2 000	20 000	180 000	1 000	10 000	30 000
技能不熟练给公司带来损失	费用	1 000	2 000	5 000	50 000	1 000	2 000	3 000
工资和福利	月金额	2 800	3 850	5 600	4 200	4 200	4 025	7 000

资料来源：N 公司人事内部资料。

从表 3 – 17 可以了解到：

（1）作业员、天车工、招聘担当：培训周期较短，培训成本较低，培训成本较低，并且因技术不熟练给公司带来的损失也相对较少。

（2）技术员、模具设计：这两个岗位对于员工的专业技能要求较高，都是需要经过长期的工作和培训周期较长，培训成本较高。尤其是模具设计人员，需要在派往日本总部公司受训半年至 1 年的时间，才能够掌握专业软件和汽车模具的设计技能。虽然该部分员工培训时间较长，但是与招聘担当岗位同属一个等级，工资待遇未有所提升。即使公司与此类员工签署了委派培训协议，限制其在一定期间内不得离职，否则，将会按照比例赔偿培训费用，但是从实际情况来看，培训协议限制期已过，80％的员工都会选择离职。

该公司对于此类员工的处理上一直处于尴尬境地。一方面，如果公司提升该部分员工的工资和福利待遇，该部分员工的实际收入会高于他们上级管理者的等级，造成组织架构和薪酬福利的不平衡。另一方面，模具设计的岗位在日本属于普通岗位，不会出现这种情况。首先，日本有学习模具设计的学校，而且日本公司现地化培训的成本较低；其次，日本上班族对于公司忠诚度较高，很少会出现因为薪水问题离职的现象。

对于合资企业或者外资企业，由于国情或者企业文化的差异会造成诸如员工管理或者其他诸如此类的差异产生。因此，管理理念的现代化和管理方法的现代化对于此类企业来讲尤为重要。

（3）系长、主管：属于工厂的管理人员，大部分都是从现场基础操作人员逐步提升上来的，对于现场的生产运作和管理方式非常了解，无须接受额外的培训。此外，在该部分员工从下一级别提升到系长或者主管时，需要经历短期的代理系长或主管岗位的阶段。在该阶段中，此部分人员担当系长或者主管的工作内容，但是享有的是原岗位的福利待遇，在一定程度上，缩减了管理成本。

招聘费用、教育费用、技能不熟练给公司带来损失，这三个成本费用根据岗位的不同而不同，但是排除人的差异外，可以假设相同岗位的招聘费用、教育费用、技能不熟练给公司带来的损失是相同的。但是，同岗位的工资和福利费用是不同的。根据公司的年度涨薪，在同一岗位上工作久的员工比工作时间较短的员工的工资高。员工能达到岗位任职要求即为可以担当岗位，即使随着工龄的增加，其任职能力也随之增加，但是其相同岗位的岗位价值是不变的，如图 3-14 所示。

从图 3-14 中可以了解，在 1~4 年，员工的个人能力低于岗位所需能力，未能胜任该相关工作；经过工作实践和培训在工作 4 年以后，员工的工作能力达到了岗位要求，并且逐步超过了岗位要求；在所有过程中，岗位价值并没有随着员工能力的提升而增加，是保持不变的，我们可以称之为富余价值。

（二）离职过程模型

通过员工离职行为形成模型的分析，我们可以了解到员工离职意愿的产生受内部因素和外部因素、可控因素和非可控因素双方面因素的影响作用。即使内部因素或者可控因素的原因使工产生离职意愿，也未必将其转化为最终的离职行为。

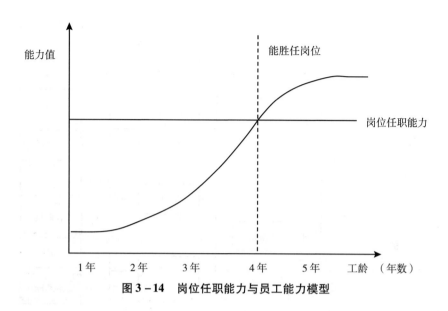

图 3 - 14　岗位任职能力与员工能力模型

假设工作的获取有两种状态：工作机会易得、工作机会难得；企业面对员工离职行为也可以采取两种行为，即放任和控制；员工面对此种情况也有两种选择，即离职和不离职。那么，员工离职形成过程模型可用图 3 - 15 表示。

工作易得性，可从员工离职后从新工作中获得的收益多少进行判断。如新工作收益较多则认为是易得，否则，认为难得。我们就从这两个方面进行对比分析。员工对于工作易得性判断之后，还要受到企业对于员工离职行为的管理态度的影响，企业的管理态度分为控制和放任。

控制是指企业对于员工的离职行为采取积极主动的管理措施和限制措施。管理措施包括加大涨薪幅度，增加现场福利项目，提升临时补贴慰问金，加强岗位培训费用和职业规划的力度；限制措施是指采取阻挠员工离职的措施。比如，与派外培训的技术人员签订培训服务期限协议，延长员工可离职期限；在共同的企业群体内签订竞业协议，限制员工在企业所在区域内再就业，降低员工可选择的就业机会，以维持行业共同体的稳定。

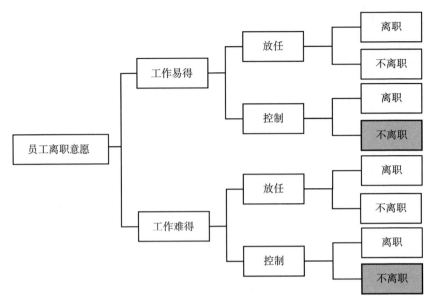

图 3 – 15　员工离职的过程模型

资料来源：叶任苏，郭耀煌．企业员工离职的博弈分析模型．系统工程，2003.

　　放任是指企业对于员工的离职行为不采取任何措施，任由其发展。忽视员工离职各因素的影响，不采取主动地分析、预防和解决措施；不对离职员工采取任何限制措施，不对员工实施违约处分和处罚，不额外增加员工离职成本的行为。

　　在经过上述过程之后，员工最终产生两种行为：离职和不离职。下面就对这两种行为产生的八种情况对于企业造成的损益影响进行分析。

（三）离职损益模型

　　本文在叶仁苏等学者提出的员工离职的博弈分析模型的基础上，进行分析研究[29]。叶仁苏（2003）认为在企业对于员工的行为进行控制的情况下，员工离职时，员工必须给企业交违约金。本人认为这种说法存在局限性。《中华人民共和国劳动合同法》自 2008 年 1 月 1 日起施行，对于企业的用工形式产生了巨大的影响。很多企业为避免或延迟与员工签署固定劳动期限的合同，采取了重新签订劳动合同和大量采用派遣工的用工形式。从 N 公司的用工结构变化中也可以了解到，如图 3 – 16 所示。

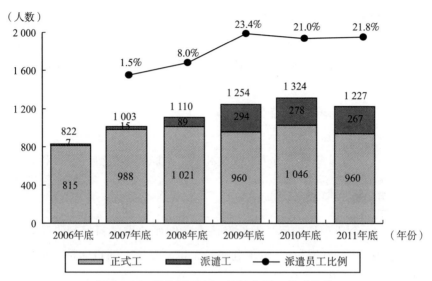

图 3 – 16　N 公司 2006 ～ 2011 年员工组成趋势

资料来源：N 公司历年人事报表。

从图 3 – 16 中可以看出，在 2007 年之前，该公司基本都是采用正式员工，而从 2007 年底，该公司开始使用劳务派遣工，在 2009 年，派遣工比例达到 23.4%。派遣工的好处是可以减少企业用工风险，可以随时根据企业生产效益和生产产量的变化增加或减少人员配员，从而缩减企业的用人成本。

此外，《劳动合同法》规定：正式员工提前三十日以书面形式通知用人单位，可以解除劳动合同；如果已经满三十日，没有批准也可以走人。试用期内的员工提前三日通知用人单位，可以解除劳动合同。如果单位出现该法第三十八条的六种情形，员工可以随时与单位解除劳动合同，包括：未按照劳动合同约定提供劳动保护或者劳动条件的；未及时足额支付劳动报酬的；未依法为劳动者交纳社会保险费的；用人单位的规章制度违反法律、法规的规定，损害劳动者权益的；因本法第二十六条第一款规定的情形致使劳动合同无效的；法律、行政法规规定劳动者可以解除劳动合同的其他情形。

如果员工满足上述这种情况，离职就不需要向企业提交违约金。因此，员工离职提交违约金也不是员工必须承担的离职成本，同时，违约金也不是企业因员工离职所产生的收益。这一点与叶任苏等（2003）在企业员工离职的博弈分析模型中所阐述的员工离职违约金的说法有所出入。

四、员工离职的损益分析

本节中，将重新对于员工的收益和员工离职成本进行再定义和分析。

（一）理论假设

假设 1. 企业和员工都是理性经济人，即所追求的目标都是使自己的利益最大化。企业的目标是追求利润最大化，而员工的目标是追求效用最大化。员工的选择为离职或不离职，企业的选择为控制或放任。

假设 2. 只要员工离职都能获得收益，只要企业控制就要付出管理成本。员工在离职前必先衡量收益或损失，企业在做决定前必须进行成本分析。

假设 3. 离职人员均能胜任岗位工作为企业创造价值。

（二）模型构建

在上述假定条件下，进行下列假设。

假设 1. 在企业对员工的离职持放任的情况下，员工不离职，企业的收益（即员工给予企业带来的利益值）为 R，员工的收益（企业给员工带来的利益）为 W；

假设 2. 在企业对员工的离职进行控制的情况下，企业付出日常管理成本为 C1；员工离职，则企业的收益就有两种情况，即获得收益或遭受损失。因为，当员工离职后企业就要进行人员补充，就会产生招聘费、培训费、技能不熟练给公司带来的损失的成本费用。

当新人成长为可产生与离职人员相同岗位价值的员工时，招聘费、培训费、技能不熟练给公司带来的损失的成本随即转化的新员工价值 Q_1，Q_1 小于离职员工价值（员工的薪资福利和管理成本的总和）Q_0 的时候，员工的离职为企业带来收益，否则带来损失，即企业的损益 $X = Q_0 - Q_1$。而不一味地只要是员工离职就一定给公司带来损失。

可以这样理解，公司每年进行涨薪，如果一名员工常年维持相同的岗位不变，即其对于公司产生的价值相同，但是做得到的薪酬却不断增加。而员工离职，其收益增加了 W_1（否则其不会选择离职）。

假设 3. 企业如采取积极措施挽留员工，员工就会获得额外的收益 W_2。与此同时，企业在付出日常管理成本 C_1 外，还要付出额外的激励成本 C_2。为了分析简便，对于企业挽留员工后，该员工给公司带来的增加部分的收益未做考虑。

这样，企业与员工的离职损益模型，如表 3 - 18 所示。

表 3 - 18　　　　　　　　　　离职损益模型

损益分析		员工			
		离职（a）		不离职（1 - a）	
		企业利益	员工利益	企业利益	员工利益
企业	控制	$R - R_1 - C_1 + (Q_0 - Q_1)$	$W - Q_0 + W_1$	$R - C_1 - C_2$	$W + W_2$
	放任	$R - R_1$	$W + W_1$	R	W

（三）模型分析

1. 员工离职给企业带来的损益分析

首先分析企业的决策问题。设定员工离职概率为 $a(0 \leqslant a \leqslant 1)$，如果企业控制离职，则企业可能获得的收益为 $U_1 = [R - R_1 - C_1 + (Q_0 - Q_1)]a + (R - C_1 - C_2)(1 - a)$；若企业放任离职问题，则企业可能获得的收益为 $U_1' = (R - R_1)a + R(1 - a)$。

令 $U_1 = U_1'$，可得

$$a^* = \frac{C_1 + C_2}{C_2 + Q_1 - Q_0} \qquad (3-1)$$

当 $a < a^*$ 时，$U_1 < U_1'$，企业选择放任态度，对于员工离职不加干涉；当 $a > a^*$ 时，$U_1 > U_1'$，企业要对离职进行主动干涉和控制；当 $a = a^*$ 时，具体情况具体分析。

在公式（3-1）中，企业是否干涉离职的临界概率大小与企业日常监管成本 C_1、企业的损益（$Q_1 - Q_0$）直接相关，C_1 越大，a^* 越大，而（$Q_1 - Q_0$）越大，a^* 越小。显然，在本命题中，总希望 a^* 尽可能大。这样，企业可以在利益不受损失的前提下，有更大的活动空间，这种分析与实际情况是吻合的。因为，C_1 越大，a^* 越大，说明如果日常监管成本高，企业就不必为员工中有一点离职倾向就进行监管，监管的工作应在日常的工作中完成。（$Q_1 - Q_0$）越大，a^* 越小，说明公司培训一个新人的成本就越高，一旦有离职意愿发生，则企业得立即进行监管，否则，企业的利益就会受到损失。

在制造业，尤其是外资制造业企业，他们的管理制度相对完善，对于不同岗位员工的日常管理成本差别不大，假定各个岗位的 C_1 相同，所以员工离职控制与否完全取决于（$Q_1 - Q_0$）。如果在新人培养成本大于维持老员工的情况下，公司应该积极采取措施挽留该部分员工的离职；如果新人培养成本较低，企业也可以适当地容忍一定的离职率。

但是，我们还要考虑到，即时新人的招聘费、培训费、技能不熟练给公司带来的损失，当成本较低的岗位的离职率达到一定程度时，也会对 C_1 产生影响。比如，当市场劳动力供应量紧缺、人员招聘量和及时性无法满足员工离职的数量和速度时，工厂的生产效率就会降低，质量成本就会增高，在职人员依靠加班工时填补生产劳动力不足的劳务费也会随之增加，在这种情况下，企业也要对该岗位的离职问题进行主动干预。干预的前提，就是要求企业的人力资源部门对不同岗位员工的离职情况进行预测，同时要准备掌握劳动力市场的人才供应情况的变化。在此基础上，谋求该企业岗位的合理的离职率的平衡点。做到以上几点，不但可以高效地使用和控制劳务费，还可以科学有效地进行招聘和人才培养的工作。

2. 员工离职给员工自身带来的损益分析

从员工的角度出发，进行损益分析。设企业对于员工离职行为进行控制和干预的概率为 $b(0 \leqslant b \leqslant 1)$；若选择离职，则员工离职可能获得的收益为 $U_2 = (W - Q_0 + W_1)b + (W + W_1)(1 - b)$；若选择不离职，员工可能获得的收益为 $U_2' = (W + W_2)b + W(1 - b)$。令 $U_2 = U_2'$，可得：

$$b^* = \frac{W_1}{W_2 + Q_0} \qquad (3-2)$$

当 $b < b^*$ 时，$U_2 > U_2'$，员工选择离职；当 $b > b^*$ 时，$U_2 < U_2'$，员工选择不离职；当 $b = b^*$ 时，要具体情况具体分析。公式（3-2）表明，员工是否选择离职的临界概率大小与 W_1、W_2、Q_0（可以理解为现岗位的福利待遇的总和）有关。在本命题中，b^* 是尽可能小好（证明略）。实际上，公式（3-2）的分子 W_1 代表劳动力市场上人才供需状况，即工作机会易得性。当分母不变时，W_1 越大，工作易得，员工选择离职的可能性就大；而分母 Q_0、W_2 代表组织约束程度。如果分子不变，则员工现在岗位待遇好或者不离职时新增的收益高，则 b^* 小，员工选择不离职的可能性就大，反之亦然。但是，当公式（3-2）的分子、分母同时变动时，b^* 的大小就需具体情况具体分析。

3. 企业与员工之间的损益决策均衡策略

经过上述的分析，我们可以得到企业与员工之间的损益决策均衡策略是 $(a^*, b^*) = \left[\dfrac{C_1 + C_2}{C_2 + Q_1 - Q_0}, \dfrac{W_1}{W_2 + Q_0} \right]$，则员工以 $\dfrac{C_1 + C_2}{C_2 + Q_1 - Q_0}$ 的概率选择自己是否离职；而企业以 $\dfrac{W_1}{W_2 + Q_0}$ 的概率选择是否对员工离职或具体某个岗位离职采取积极应对策略，因此成为损益决策均衡策略。

（四）结果讨论

由此可知，在外部不可控因素一定的情况下，员工在形成离职意愿后到最终离职行为的产生的过程中，会考虑劳动力市场上的供求关系，以及公司给予员工现在岗位的福利待遇总和指数；当总和指数大于员工离职成本时，员工会选择离职，否则会持观望态度。

对于企业来讲，面临员工离职问题，要充分考虑现有员工离职成本与人才培养成本之间的利益关系。要将岗位进行分类管理，统计出各岗位的管理成本和人才培养成本的数值，尽可能找到员工离职平衡点。对于不同的按岗位采取不同的离职管理措施。要求人力资源管理部门要充分重视国家差异和企业文化不同给企业人员管理带来的差异问题，在必要时候，需要做出大胆的假设并付诸实践，而不要盲目地跟从既有做事方法或规则，更不要盲目地以加大劳动成本为代价控制员工离职率。

本研究通过对两个模型，离职过程模型和离职损益模型的论证和分析，得出以下结论。

第一，员工离职形成的要因是非常复杂的。影响员工离职的因素既有员工个人的内因，也有劳动力市场和组织管理约束等外因。但身为企业，尤其对于企业人力资源管理者来说，更应关注企业组织约束以及企业与员工之间相互作用因素的影响，因为这些因素管理者能够控制。

第二，在分析人口统计特征因素对于离职行为和员工满意度影响时，我们了解了，不是所有因素都与之呈现显著相关性，历年各位学者总结的研究成果，不一定就适合制造企业。各类企业在进行自我诊断时，首先要明确企业自身的特点，选择符合企业自身的理论作为进行管理或是制度改革，否则，将会发生南辕北辙的不良后果。通过分析我们得知，在制造型企业中，员工满意度调查的数据特征，可以作为员工离职意愿预测进行参考。因为两种具有同向性。

第三，当劳动力市场上人才供求比例、企业人事管理和控制要素约束程度以外的因素均维持不变时，员工的离职率与劳动力市场的供求比例、企业组织约束程度分别存在负相关的关系。但是当劳动力市场、企业组织约束两因素共同发生作用时，员工离职率与二者之间就不存在这种负相关的关系，作用结果如何要看两者作用的大小。因此，企业若在内部控制和激励方面多采取对策，则工作机会易得时，员工离职率不一定就高；而工作机会难得时，离职率也不一定就降低。

第四，对员工离职情况实施必要的监管和预防，而不是等到损失已经发生才亡羊补牢，或者只是事后诸葛亮。未雨绸缪将事半功倍，既可以在一定程度上降低员工离职率，也可以保证企业的利益不受损失；但这种管理机制应该体现在日常的人事管理工作中，体现在对员工的工作和生活各方面的关爱上。因此，企业应在平时的管理工作中，建立一系列管理制度关注员工的思想动态，关心员工的工作与生活，不仅要有物质激励还要有精神激励和支持，提前采取必要措施减少员工离职的意愿。

第五，为防止员工随意离职，企业事先与员工签订劳动契约，对于关键岗位的技术人才以及公司外培人员应该与之签署竞业和培训协议，以便让员工了解擅自离职违约时所承担的经济赔偿。但是，所有这些协议和契约的前提必须在法律允许和行业规范的范围内，否则，将给企业带来不必要的违法或违规风险。

所以，降低离职率的最好办法是企业实施人本管理，通过提高员工的满意度来降低员工的离职意愿。这样，企业可以在不监管的情况下，降低离职率，稳定人才队伍，最终提高企业的竞争力。

第三节　房地产中介公司经纪人离职问题研究

一、公司基本概况

（一）公司简介

广州市 H 房地产中介公司（以下简称"H 中介"）隶属 H 房地产集团控股有限公司，创立于 20 世纪 90 年代，主要从事二手房的买卖和租赁代理服务。该集团实力雄厚，是国内著名的房地产上市公司，其业务量横跨 20 多个省份，60 多个城市。经过二十多年的发展，员工规模不断壮大，市场占有率不断提升，现已成为广州地区最具规模的二手中介公司，其门店遍布广州市包括花都、番禺等地区。

H中介以人为本，积极建立学习型团队，以员工需求为导向，制订并适时调整适合员工的培训方案。公司还定期制作企业信息刊物，向广大消费者提供专业的消费资讯。除了专业服务，公司还会在员工培训业务推广期间，组织各种公益活动，以传播企业的正能量。

H中介制定了招聘、培训、晋升、奖惩等一系列的公司制度，拥有包含销售部、培训部、信息部、人力资源部等多个职能部门。本文中描述的房地产经纪人所在的房地产中介门店从属于销售部。目前，H中介拥有300多间门店、4 000多名房地产经纪人。其门店多以大店模式直营连锁经营，即店长管理属下秘书和2~3个小组，每个小组配有组长和一定数量的经纪人。如图3-17所示。所有经纪门店由H中介总部统一经营管理。

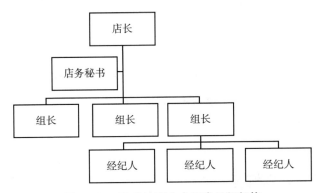

图3-17　H房地产中介门店组织架构

资料来源：H中介内部资料。

（二）人力资源概况

截至2016年初，H中介在广州地区的经纪人4 183名，其余分布在珠三角的其他城市。以下对经纪人的性别、年龄、服务年限、学历构成、婚姻状况进行分析。

在4 183名经纪人中，男性人数2 601人，占总人数62.18%，男性比女性多，男女比例大致为6∶4；年龄结构方面，30岁以下2 019人，占总人数的48.26%；30~39岁1 548人，占总人数的37.01%；40岁以上616人，占总人数的14.73%，经纪人相对年轻；工作三年以下2 426人，占总人数的58%；工作超过三年的1 757人，占总人数的42%，学历构成方面，硕士及以上学历4人，占总人数的0.10%；本科学历223人，占总人数的5.33%；大专学历932人，占总人数的22.28%；中专及高中学历3 024人，占总人数的72.29%，学历层次偏低；已婚人数1 459人，占总人数的34.88%；未婚人数2 724人，占总人数的65.12%，已婚未婚比例为3.5∶6.5。综上所述，H中介的经纪人中男性多女性少，未婚多已婚少，年龄结构与学历结构层次偏低，具有流动性较高的特点。

上述经纪人主要负责二手房地产的销售与租赁、参与一二手联动销售、促进双方交易的达成。如表3-19、图3-18所示的分别为H中介经纪人的岗位职责和职位说明书。

表3-19　　　　　　　　　　H中介经纪人岗位职责

序号	岗位职责
1	了解并掌握房地产及相关行业知识及政策法规，熟悉房地产市场情况
2	了解并掌握项目的各项情况，做到了如指掌，忌一知半解
3	依照公司要求完成各阶段销售任务
4	负责接待、看楼、谈判、签约工作，能独立完成整个业务流程
5	催收成交客户的后期房款，办理相关手续
6	及时反馈客户情况及销售中的各种问题
7	配合销售经理完成市场调查及信息反馈工作
8	按照公司要求填写相关表格，并建立客户档案
9	严格遵守公司和销售部各项规章制度及管理办法

资料来源：H中介内部资料。

职位名称	房地产经纪人	直线上司	房地产经理人	所属部门	销售部

职位概要：从事房地产商品的买卖工作，促成买卖双方成交。

工作内容：带领客户看房，为客户介绍房屋相关情况；协助办理房屋上市、过户等相关手续；协助办理住房贷款相关手续。

任职资格：
教育背景：房地产、公共关系、新闻或教育等相关专业毕业。
培训经历：受过房地产营销、客户服务、金融财务知识等方面的培训。
经　　验：有1年以上房地产销售经验为佳。
技能技巧：对市场营销工作有较深刻认知；有较强的房地产市场感知能力；熟练操作办公软件；优秀的表达能力。
态　　度：为人正直、务实、诚信；热情大方，工作态度积极，踏实肯干；擅长人际沟通交往，亲和力好，较强的观察力和应变能力。

工作条件：
工作场所：办公室。
环境状况：基本舒适。
危 险 性：基本无危险，无职业病危险。

直接下属＿＿＿＿＿＿＿＿无＿＿＿＿＿＿＿　间接下属＿＿＿＿＿无＿＿＿＿
晋升方向＿＿房地产职业经理人＿＿　轮转岗位＿＿＿＿＿＿＿＿＿＿

图 3－18　H 中介房地产经纪人职位说明书

资料来源：H 中介内部资料。

二、公司经纪人离职的现状分析

根据 H 中介人力资源部专员统计的 2016 年经纪人离职数据，该年，H 中介在广州地区的经纪人自动离职 1 592 人，其中 437 人为当年入职员工，其余为往年入职员工，同年公司招聘新入职员工 1 841 人。截至 2016 年底，公司经纪人 4 328 名。具体数据如表 3－20 所示。

表 3－20　　　　　2016 年 H 中介经纪人离职数据统计

离职经纪人情况		离职人数	
性别	男	843	52.95%
	女	749	47.05%

离职经纪人情况		离职人数	
年龄	30 岁以下	1 257	78.96%
	30~39 岁	281	17.65%
	40 岁以上	54	3.39%
服务年限	1 年以下	776	48.74%
	1~3 年	588	36.94%
	超过 3 年	228	14.32%
学历	中专及高中	1 070	67.21%
	大专	495	31.09%
	本科	26	1.63%
	硕士及以上	1	0.07%
婚姻状况	未婚	1 284	80.65%
	已婚	308	19.35%

资料来源：H 中介内部资料。

从以上数据可知，2016 年，在 H 中介自动离职的 1 592 名经纪人当中，男女比例相当，年龄在 40 岁以下的占比例 96.64%，其中 30 岁以下的占总人数 78.99%；服务年限在 3 年以内的占 85.71%；大专及以下学历占 98.32%，其中中专及高中学历的占总人数的 67.23%；该部分经纪人以未婚居多，占 80.67%。根据统计数据，H 中介 2016 年经纪人离职率为：

$$TTR = 1\ 592 \div \frac{4\ 183 + 4\ 328}{2} \times 100\% = 37.41\%$$

根据国内人力资源服务商——前程无忧发布的《2016 离职与调薪调研报告》，2016 年，员工的整体流动性较去年明显上升，平均离职率为 20.1%。显然，H 中介的离职率明显高于国内企业，而且一年内的经纪人稳定性最差，以中专及高中学历为主。

三、经纪人离职对公司造成的影响

上述数据显示，H 中介的经纪人离职率明显高于国内员工整体离职率。无可否认，适当的离职率有利于企业优化人力资源，精简员工，提高经纪人的整体素质，刺激企业的经营效益，增强员工间的竞争。然而，H 中介的经纪人离职率已经达到 37.41%，如此高的离职率，尤其是核心经纪人的离职对公司造成了严重的打击。

（一）提高公司管理成本

阿哈伦和阿萨（Aharon & Assa）在研究中指出，员工的离职对公司有积极和消极的影响，其中消极影响主要表现为增加公司的离职成本，而离职成本又包括显性成本和隐性成本两种。H 中介与大多数房地产中介公司一样，对经纪人的需求量很大，因此每次经纪人离职时公司都需要重新招聘新的经纪人。在此过程中，就会涉及公司的各项管理成本，包括招聘、筛选、录用、安置的成本。同时，每个新经纪人在试用期间都会安排师傅帮带，入职前要经过系统的岗前培训，入职后定期或不定期进行岗位培训。培训期间，经纪人停工无产出，此类是属于公司的培训成本。此外，每个经纪人都有各自的本职工作，当其中一个岗位突然空缺时，也会让管理者面临人手紧缺的状态，即便重新招聘了新的经纪人，短时间内其工作效率也会比老员工低。这些都无形之中增加了公司的管理成本。

（二）造成无形资产的损失

对房地产中介公司而言，无形资产就是它们的房源、客源等客户信息。H 中介的每个经纪人每天的任务之一就是通过复盘增加手头上的房源和客源，才能有更多的匹配机会。而客户通常都会认准某个经纪人作为自己的代理人，这就涉及公司的无形资产与经纪人捆绑在一起，经纪人的离职很有可能带走公司的客户，这些客户很有可能是公司提高市场竞争力的重要资本。在这个竞争如此激烈的房地产中介市场，无形资产的损失将会使公司遭受巨大的经营损失。

（三）打击员工士气

经纪人的不断离职会对中介公司的经纪人队伍的稳定性造成影响。每个组织都会有非正式团体和正式团体。当团体中的个人，尤其是核心个人的离职，都会使团体中的其他成员情绪产生波动，产生离职倾向。在 H 中介，各门店采用团队型合作方式，而团队间竞争激烈。一般情况，客户信息会在团队内部共享，以增加交易的机会，提高团队的竞争力。若团队中有经纪人离职，尤其是该经纪人有更好的发展机会，其他经纪人就会产生离职情绪，对公司越来越不满，开始寻求更好的工作机会，工作积极性大受打击，士气涣散。更有经纪人跳槽时，把自己的合作伙伴也带走，甚至把团队也带走，使公司蒙受无法估计的损失。

四、H 房地产中介公司经纪人个人离职模型构建

（一）研究设计

构建经纪人离职模型，需要收集经纪人的离职因素作为模型变量。本研究采用个别访谈法，对 H 中介的员工进行深度访谈，包含经纪人、门店主管、经理人以及公司人力资源部负责人。为了使研究具有科学性与数据更具可靠性，本人选取了广州不同区域、不同门店的员工作为访谈对象。如表 3-21 所示。

表 3-21　　　　　　　　　H 中介关键人物访谈对象结构

访谈对象	人数
经纪人	15
门店主管	9
经理人	5
人力资源部负责人	1

依据访谈目的的不同，对不同对象设置了不同的访谈内容。主要包括三方面的内容。

1. 被访谈者的工作情况

2. 关键事件的描述

3. 经纪人离职原因

具体访谈提纲如表 3 – 22 所示。

表 3 – 22　　　　　　　　　　　H 中介关键人物访谈提纲

对象	序号	问题
经纪人	1	请您介绍一下现在的工作职位。您在这个工作岗位上工作了多久？您对现在的工作满意吗？说说您现在的工作情况。
	2	请您说说在工作中令您最不开心和最开心的事情各一件，这件事情对您造成什么影响？您是怎么解决的？牵涉到哪些人？最后的结果如何？
	3	您曾在其他中介公司工作过吗？当时为什么辞职？您有想过辞掉现在的工作吗？为什么？您的同事有辞职吗？是出于什么原因呢？
门店主管、经理人、人力资源部负责人	1	请您介绍一下现在的工作职位。您在这个工作岗位上工作了多久？
	2	您的门店辞职现象普遍吗？您如何看待下属的辞职？经纪人会出于什么原因辞职？一般会如何处理？
	3	请您谈一谈令您印象最深刻的一位经纪人的离职情况，他（她）当时的工作状态是怎样的？离职的原因是什么？发生了什么事情？最后结果如何？

（二）访谈结果

以第二章的综述为基础，对访谈进行整理，提取出 20 个经纪人离职的因素。作为 H 中介经纪人离职模型的初定因素，并归结为三大类，即组织内部因素、员工个人因素、社会环境因素。如表 3 – 23 所示。其中，组织内部因素包括薪酬待遇、工作时长、工作压力、工作单调性、个人发展空间、培训机会、公司制度、晋升渠道、归属感、企业文化、公司前景、与同事关系、与领导关系、工作预期；员工个人因素包括个人能力、家庭原因、工作地点原因；社会环境因素包括新工作机会、尝试新行业、集体离职。

表 3 – 23　　　　　　　　　　H 中介经纪人离职因素

分类	序号	离职因素	分类	序号	离职因素
组织内部因素	1	薪酬待遇	组织内部因素	11	公司前景
	2	工作时长		12	与同事关系
	3	工作压力		13	与领导关系
	4	工作单调性		14	工作预期
	5	个人发展空间	员工个人因素	15	个人能力
	6	培训机会		16	家庭原因
	7	公司制度		17	工作地点原因
	8	晋升渠道	社会环境因素	18	新工作机会
	9	归属感		19	尝试新行业
	10	企业文化		20	集体离职

（三）经纪人离职因素筛选

经过文献归纳和关键人物访谈初步提取出 20 个经纪人离职因素后，为了进一步筛选出关键离职因素，先对 H 中介的离职经纪人进行问卷调查。离职经纪人曾经是 H 中介的一线员工，他们的离职行为是在离职因素的驱动下作出的最终决定，是产生离职倾向后无法释然的最终结果。为了寻找造成这种倾向的原因，我们先从离职经纪人入手研究，筛选出重要的离职因素。

该问卷调查主要包括经纪人离职原因和被调查者的基本情况。其中，离职原因为 20 个因素的复选题，被调查者可以选择多个离职原因选项。该问卷由人力资源部发放，在经纪人办理离职手续时进行调查。本研究共发放问卷 100 份，其中收回有效的问卷 98 份，回收率为 98%。

本次问卷调查结果，运用 SPSS 22.0 统计软件，计算复选题的次数分布，把 20 个因素设为 20 个二分变量。变量取值为 1 或 0 时，表示该选项被选中与否。最后获取 20 个变量出现的频率。如表 3 - 24 所示。

表 3 - 24　　　　　　　　　　H 中介经纪人离职因素频率

离职因素	N	因素百分比（%）	个案百分比（%）
薪酬待遇	78	8.60	79.59
工作时长	89	9.52	90.82
工作压力	80	8.56	81.63
工作单调性	56	5.99	57.14
个人发展空间	41	4.39	41.84
培训机会	25	2.67	25.51
公司制度	52	5.56	53.06
晋升渠道	32	3.42	32.65
归属感	65	6.95	66.33
企业文化	42	4.49	42.86
公司前景	8	0.86	8.16
与同事关系	81	8.66	82.65
与领导关系	74	7.91	75.51
工作预期	56	5.99	57.14
个人能力	42	4.49	42.86
家庭原因	35	3.74	35.71
工作地点原因	21	2.25	21.43
新工作机会	31	3.32	31.63
尝试新行业	22	2.35	22.45
集体离职	5	0.53	5.10
总计	935	100.00	

个案百分比反映离职因素出现的频率值越高，说明该因素对经纪人离职的影响力越大，反之，该因素对经纪人离职的影响力越小。上述 20 个

离职因素的频率，如图 3-19 所示。

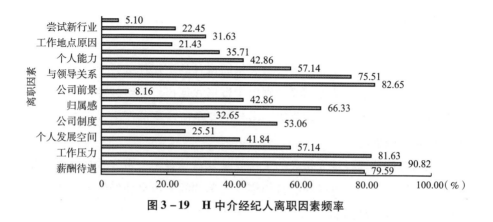

图 3-19　H 中介经纪人离职因素频率

从条形图可以看出，在所有离职因素中占比例最高的是工作时间长，占 90.82%，比例最低的是集体离职是 5.10%。我们把低于 10% 的因素剔除，即集体离职和公司前景。

集体离职，占 5.10%，说明该因素是 H 中介经纪人自动离职的其中一个原因。师傅带着徒弟、组长带着组员、主管带着自己的经纪人，从一个中介公司跳槽到另一个中介公司，或自立门户。但这种情况出现的概率低，可以剔除这一因素。

公司前景，占 8.16%。H 中介规模大、实力强，是房地产中介行业的佼佼者。虽然业内对其有不同评价，但对公司经纪人的离职行为影响不大，可以剔除该因素。

剩余 18 个因素作为经纪人离职的主要因素。

薪酬待遇。H 中介经纪人的工资计算方式采用底薪加提成，三个月试用期没有业绩，便取消底薪；每月要求完成固定业绩，否则会降级。这种"以业绩论英雄"的薪资制度，竞争非常激烈，容易使经纪人对自己失去信心而导致离职率高。

工作时长。H 中介门店上班时间一般为早上九点，考虑到客户下班后才是经纪人的繁忙时间，所以门店一般接待客户到晚上九点甚至更晚。门店下班前还要开晚会，进行当天的工作汇报。因此，经纪人下班时间往往在晚上十一点后。同时，经纪人一个月休息 4 天，但往往由于客户签约、带客看房等原因，把休息的时间也占用了。可见，H 中介的工作时长对离职率有很大的影响。

工作压力。H 中介对经纪人每天每周每月的工作任务、业绩量、工作量都有严格的要求，达不到要求则以工资形式惩戒；等级越高，要求完成的量越大，达不到要求则被降级。激烈的竞争所产生的压力，也是影响离职率的重要因素。

工作单调性。经纪人每天的工作就是复盘、寻租、带客看房、增加房源客源、签约、一二手联动、打街霸等。单调的工作会使经纪人对工作失去热情，导致自动离职。

个人发展空间。新入职经纪人在工作过程中，跟着主管和师傅学习，分摊业绩，获得晋升机会。但若迟迟不能开单，不能独立完成签约，没有业绩，很难有工资的提升或者级别的晋升，最后导致经纪人离职。

培训机会。H 中介会定期对经纪人进行培训，但由于经纪人数众多，总部培训需要排期，每个经纪人平均获得的培训机会就不多了，而且培训不一定能针对每个经纪人的需求。

公司制度。经纪人的工作热忱和工作主动性会受公司制度影响，包括薪酬制度、晋升制度、激励机制、监管机制、决策机制等。

晋升渠道。经纪人依据业绩，可由置业顾问晋升为高级置业顾问、资深置业顾问，岗位序列可由经纪人晋升为主管、门店经理。上级领导的晋升与否，有可能影响经纪人的晋升渠道。

归属感。经纪人感觉被门店或公司接纳的程度，对 H 中介的认同程度。缺乏归属感的经纪人，会对工作失去热情，乃至离职。

企业文化。优秀的企业文化能够激起经纪人的斗志，增强凝聚力，创造良好的公司氛围。反之，则影响经纪人的工作热情。

与同事的关系。经纪行业以业绩论薪资，同事之间竞争激烈。良性竞争有益于提高工作成效，恶性竞争却会导致人际关系恶化。在人际关系处理不好时，经纪人不能安心工作，便会产生离职意愿。

与领导的关系。师傅教徒弟，主管领下属。若经纪人与上级领导沟通出现障碍，或者工作得不到上级的支持，经纪人的工作很难开展，从而影响经纪人业绩，而导致离职。

工作预期。经纪人在工作前对自己的工作期望，与工作后实际情况之间的差距。差距越小，实际工作越符合经纪人的期望。反之，差距越大，经纪人对工作越感觉失望，离职概率越高。

个人能力。H 中介的经纪人需要有良好的专业技能，善于人际沟通，较强的服务意识等职业能力。若自身能力在工作中得不到发挥，也会引起经纪人离职。

家庭原因。家庭成员对经纪人工作的支持程度，家庭责任、子女教育问题等都是不容忽视的经纪人离职的重要因素。

工作地点原因。由于 H 中介工作时间的限制，使得工作地点的远近也会对经纪人离职造成影响。

新工作机会。经纪行业入行门槛低，中介公司对经纪人的需求量大，使得经纪人有更多的就业机会，经纪人便会对各种机会进行比较，从而选择更适合自己的中介公司。

尝试新行业。由于房产中介行业的特征，经纪人有可能厌倦经纪工作，转而寻求其他不同的行业，乃至离职。

根据上述离职原因的分析，以文献综述为依据，同时参考 H 中介的实际情况，本人把经纪人离职因素进行整理，归纳为三个维度，并编号。如表 3－25 所示。同时提取 5 个人口统计学变量，即性别、年龄、服务年限、学历、婚姻状况。

表 3－25　　　　　　　　H 中介经纪人离职因素提取结果

分类	编号	离职因素	员工离职原因
组织内部因素	A1	薪酬待遇	公司的底薪具有竞争力
			公司的福利政策很合理
			公司的提成制度很满意

续表

分类	编号	离职因素	员工离职原因
组织内部因素	A1	薪酬待遇	员工之间的薪酬能体现公平
			收入与我的付出能够成比例
			薪酬体系能够激励员工士气
	A2	工作时长	上班时间太长
			早上必须到公司的时间太早
			晚上下班的时间太晚
			休息时间不足
	A3	工作压力	我的工作量很大
			我经常要加班
			我经常因没能按时完成任务而受罚
	A4	工作单调性	我每天的工作内容都差不多
			我感觉工作很枯燥
			我希望有不同的工作内容
	A5	个人发展空间	公司给我提供很多学习的机会
			我有很好的晋升机会
			公司会关注我的职业生涯
			公司给我施展才能的平台
	A6	培训机会	我有很多培训的机会
			我所参加的培训都是我所需要的
			我接受培训后收获很大
	A7	公司制度	公司的薪酬体系很合理
			公司的人事晋升制度很合理
			公司的管理机制健全
			公司的绩效管理公平合理
			公司的培训机制很合理
	A8	晋升渠道	我有很好的行政升职机会
			我有很好的职位晋升机会
			员工的晋升机会都是平等的

续表

分类	编号	离职因素	员工离职原因
组织内部因素	A9	归属感	我很喜欢公司的工作氛围
			我在公司能够获得认同感
	A10	企业文化	公司有良好的企业文化
	A11	与同事关系	我有困难的时候总会有同事帮忙
			我可以与我的同事说心事
			我和同事不会恶意抢单
			我与同事如果有矛盾可以很快化解
			我与同事很难沟通
	A12	与领导关系	我的领导会在我有困难时提供帮助
			我的领导教会我很多专业技能
			我的工作能够得到领导的支持
			我与领导很难沟通
			领导对我的工作漠不关心
员工个人因素	B1	工作预期	我如今的工作正是我想要的
			我的工作与我的预期相符合
	B2	个人能力	我的工作能力可以胜任本职工作
			我的特长能够很好地发挥
	B3	家庭原因	我的家庭不支持我现在的工作
			我会因为家庭事务影响工作
			由于家庭原因使我很难胜任我的工作
	B4	工作地点原因	我工作的地方很近
			我上班的交通很便利
社会环境因素	C1	新工作机会	我有更好的工作机会
	C2	尝试新行业	我不想再从事房地产中介行业
			我有更好的行业选择

（四） 经纪人离职问卷调查

本研究采用抽样调查法，对 H 中介的在职经纪人进行调查，主要包括经纪人目前的工作情况、离职倾向以及被调查者的基本情况，即问卷的第一和第二部分。目的在于对前面提取的 18 个离职因素进行筛选，并计算其权重。其中，工作情况与离职倾向的测量采用 5 等级评分标准，分别为"非常不同意""不同意""不确定""同意""非常同意"，每个等级赋予 5 至 1 的评分。需注意的是，个别为反向测试题目，评分相应变为 1 至 5 分。得分越高，表明经纪人对现状越不满意，越可能产生离职倾向，也越容易提高公司的离职率。为了保证研究的科学性与合理性，本人在广州市区随机选取 H 中介的门店对经纪人进行调查。本次共发放问卷 300 份，其中收回有效问卷 289 份，回收率为 96.33%。

为了对量表的可靠性或稳定性进行检验，本文采用 L. J. Cronbach 所创的 α 系数内部一致性检验方法，进行信度检测，系数值介于 0 至 1 之间。一般认为 α 系数值高于 0.7 为可接受范围，系数越高，信度越高。本文采用 SPSS 22.0 软件对离职因素量表进行信度检测，问卷整体信度 α 系数值为 0.818，高于 0.7，表明可靠性良好。如表 3-26 所示。

表 3-26　　　　　　　　H 中介经纪人离职变量可靠性统计量

代码	离职因素	Cronbach's Alpha	项数
问卷整体信度		0.818	56
A1	薪酬待遇	0.782	6
A2	工作时长	0.818	4
A3	工作压力	0.779	3
A4	工作单调性	0.864	3
A5	个人发展空间	0.791	4
A6	培训机会	0.730	3
A7	公司制度	0.812	5

代码	离职因素	Cronbach's Alpha	项数
A8	晋升渠道	0.834	3
A9	归属感	0.898	2
A10	企业文化	N. A	1
A11	与同事关系	0.791	5
A12	与领导关系	0.765	5
B1	工作预期	0.818	2
B2	个人能力	0.839	2
B3	家庭原因	0.865	3
B4	工作地点原因	0.811	2
C1	新工作机会	N. A	1
C2	尝试新行业	0.898	2

效度检测就是对问卷测量事物的准确度进行检验。为了使问卷更具准确性，笔者先查阅大量的文献资料，然后通过关键人物访谈初步提取经纪人离职因素，再利用人力资源部在离职经纪人办理离职手续时，接受问卷调查，确定经纪人 18 个离职因素，最后才制定调查问卷。在问卷调查过程中，本人通过微信、qq、电话、到店四个方式协助受访经纪人完成调查问卷。用主成分分析法对 H 中介经纪人 18 个离职因素进行因子分析，基于特征值大于 1，用最大方差法进行正交旋转，抽取 6 个成分，累计解释率 80.335%，量表结构良好。如表 3 - 27 所示。

表 3 - 27　　　　　　　　H 中介经纪人离职变量总方差解释

成分	提取载荷平方和			旋转载荷平方和		
	总计	方差百分比	累积（%）	总计	方差百分比	累积（%）
1	4.906	27.255	27.255	3.249	18.051	18.051
2	3.432	19.068	46.322	2.735	15.195	33.246

成分	提取载荷平方和			旋转载荷平方和		
	总计	方差百分比	累积（%）	总计	方差百分比	累积（%）
3	2.069	11.494	57.816	2.732	15.180	48.426
4	1.590	8.834	66.650	2.430	13.501	61.927
5	1.296	7.202	73.852	1.861	10.339	72.265
6	1.167	6.484	80.335	1.453	8.070	80.335

提取方法：主成分分析。

（五）对在职经纪人的问卷调查结果分析

本次研究发放该问卷 300 份，收回有效问卷 289 份，运用 SPSS 22.0 软件对调查结果进行统计分析。

1. 描述性统计分析

据收回的 289 份问卷统计所得，被调查者情况如表 3 – 28 所示。

表 3 – 28　　　　　H 中介经纪人人口统计学变量调查结果（N = 289）

类别	项目	人数	频率（%）
性别	男	176	60.87
	女	113	39.13
年龄	30 岁以下	163	56.52
	30 ~ 39 岁	75	26.09
	40 岁以上	50	17.39
服务年限	1 年以下	63	21.74
	1 ~ 3 年	126	43.48
	3 ~ 5 年	50	17.39
	5 年以上	50	17.39
学历	中专及高中	101	34.78
	大专	126	43.48

类别	项目	人数	频率（%）
学历	本科	50	17.39
	硕士及以上	13	4.35
婚姻状况	未婚	176	60.87
	已婚	113	39.13

在反馈的样本中，男性经纪人数占 60.87%，以 40 岁以下年龄段为主要构成，65.22% 为工作 3 年以下的经纪人，大专及以下学历占 78.26%，未婚人士占 60.87%。可见样本符合 H 中介的人力资源结构。

本文对在职经纪人进行离职因素调查时，按相同离职因素中不同原因的均值作为离职因素的得分，得到的均值和方差统计结果如表 3 – 29 所示。

表 3 – 29　　　　　　　　H 中介经纪人离职因素描述统计

离职原因	数字	平均值（E）	方差
工作时长	289	4.13	0.745
工作压力	289	3.91	0.722
工作单调性	289	3.39	1.014
个人发展空间	289	3.35	0.824
培训机会	289	3.39	0.832
晋升渠道	289	3.13	0.927
新工作机会	289	2.61	1.378
尝试新行业	289	2.70	1.359
薪酬待遇	289	3.52	1.083
公司制度	289	3.57	0.716
企业文化	289	3.09	0.843
归属感	289	3.48	1.083
与同事关系	289	3.22	0.785

续表

离职原因	数字	平均值（E）	方差
与领导关系	289	3.13	0.806
工作预期	289	3.48	1.083
个人能力	289	2.65	0.703
家庭原因	289	2.39	1.256
工作地点原因	289	1.96	0.513
有效的 N（成列）	289		

经纪人对工作现状的满意程度随分值增加而降低，即分值越高，越容易产生离职倾向，从而更有可能造成 H 中介经纪人离职率升高。从表格可以看出，在 H 中介的离职因素中，薪酬待遇、工作时长、工作压力、工作单调性、个人发展空间、培训机会、公司制度、晋升渠道、归属感、企业文化、与同事关系、与领导关系、工作预期 13 个因素的均值超过 3，说明它们是影响经纪人离职的主要原因。个人能力、家庭原因、工作地点原因、新工作机会、尝试新行业这 5 个因素的均值均低于 3，说明它们对经纪人离职的影响不够大。

本文对在职经纪人进行离职倾向调查，得到的均值和方差统计结果如表 3 - 30 所示。

表 3 - 30　　　　　　　H 中介经纪人离职倾向描述统计

离职倾向	数字	平均值（E）	方差
我在考虑离开现在的公司	289	3.57	0.893
我计划找一个新的工作	289	2.87	0.573
我试图向其他人寻求新的工作机会	289	2.91	0.538
我不打算在这个公司长期待下去	289	3.96	0.953
有效的 N（成列）	289		

从统计结果看，在离职倾向的四个选项中，"我在考虑离开现在的公

司"和"我不打算在这个公司长期待下去"的均值都大于 3，表明 H 中介经纪人普遍存在离职意愿，且将会在近期或者一段时间内将会有离职行为。"我计划找一个新的工作"和"我试图向其他人寻求新的工作机会"均值都低于 3，但接近 3，表明经纪人有离职意愿但对是否有新工作并不会太在乎，离职的经纪人大多希望休息一段时间再就业。

2. 相关性分析

相关性分析（correlation analysis）是研究两个或两个以上随机变量之间的依赖关系，并衡量具有相关关系的现象之间关系的密切程度和相关方向。为了更清晰地说明离职因素对经纪人离职的影响，本研究利用 SPSS 22.0 软件，选用 Pearson 相关系数，对在职经纪人离职倾向量表和离职因素量表进行相关性分析。根据统计学家皮尔森（K. Pearson）创建的积差相关法，Pearson 相关系数为正数，表示正相关，负数表示负相关；相关系数绝对值越大，相关性越强，反之绝对值越小，相关性越弱，相关系数取值在 -1 到 1 之间。同时，通过相关系数显著性检验的概率值 p 来判断相关关系的显著性是否达到要求，即 $p > 0.05$，则相关关系不显著；若 $p < 0.05$，则变量呈显著相关。分析结果如表 3 - 31 所示。

表 3 - 31　　　　　H 中介经纪人离职倾向与离职因素的相关性

离职因素		我在考虑离开现在的公司	我计划找一个新的工作	我试图向其他人寻求新的工作机会	我不打算在这个公司长期待下去
工作时长	Pearson 相关性	0.014	0.406 *	0.250	0.050
	显著性（双尾）	0.950	0.046	0.250	0.822
工作单调性	Pearson 相关性	0.503 *	0.398	0.291	0.392
	显著性（双尾）	0.014	0.060	0.179	0.064
工作压力	Pearson 相关性	0.052	0.043	0.447 *	0.265
	显著性（双尾）	0.813	0.847	0.045	0.222
个人发展空间	Pearson 相关性	0.496 *	0.542 **	0.596 **	0.308
	显著性（双尾）	0.016	0.008	0.003	0.153

离职因素		我在考虑离开现在的公司	我计划找一个新的工作	我试图向其他人寻求新的工作机会	我不打算在这个公司长期待下去
培训机会	Pearson 相关性	0.039	0.224	0.487 *	0.475 *
	显著性（双尾）	0.859	0.304	0.018	0.022
晋升渠道	Pearson 相关性	0.216	0.274	0.171	0.597 **
	显著性（双尾）	0.322	0.205	0.434	0.003
新工作机会	Pearson 相关性	0.137	−0.091	0.052	0.149
	显著性（双尾）	0.534	0.680	0.812	0.497
尝试新行业	Pearson 相关性	0.167	0.088	0.451 *	0.316
	显著性（双尾）	0.447	0.691	0.031	0.142
薪酬待遇	Pearson 相关性	0.423 *	0.545 **	0.343	0.421 *
	显著性（双尾）	0.044	0.007	0.110	0.045
公司制度	Pearson 相关性	0.077	0.214	0.367	0.519 *
	显著性（双尾）	0.728	0.327	0.085	0.011
企业文化	Pearson 相关性	0.037	0.494 *	0.395	0.169
	显著性（双尾）	0.866	0.016	0.062	0.440
归属感	Pearson 相关性	0.482 *	0.633 **	0.436 *	0.529 **
	显著性（双尾）	0.020	0.001	0.038	0.009
与同事关系	Pearson 相关性	0.539 **	0.257	0.082	0.224
	显著性（双尾）	0.008	0.236	0.710	0.304
与领导关系	Pearson 相关性	0.669 **	0.513 *	0.184	0.429 *
	显著性（双尾）	0.000	0.012	0.401	0.041
工作预期	Pearson 相关性	0.482 *	0.350	0.484 *	0.383
	显著性（双尾）	0.020	0.101	0.019	0.071
个人能力	Pearson 相关性	0.399	0.056	0.320	0.483 *
	显著性（双尾）	0.059	0.800	0.136	0.020
家庭原因	Pearson 相关性	0.487 *	0.095	0.351	0.386
	显著性（双尾）	0.018	0.666	0.100	0.069

离职因素		我在考虑离开现在的公司	我计划找一个新的工作	我试图向其他人寻求新的工作机会	我不打算在这个公司长期待下去
工作地点原因	Pearson 相关性	−0.024	−0.282	−0.218	−0.161
	显著性（双尾）	0.914	0.192	0.318	0.462

注：** 表示置信区间为 0.01 时，相关性是显著的。
* 表示置信区间为 0.05 时，相关性是显著的。

逐一计算 18 个离职因素与 4 个离职倾向的关系，并以"＊"号标示出来。相关性分析结果显示，H 中介经纪人离职因素中的"新工作机会"和"工作地点原因"在双侧显著性检验 0.05 或 0.01 水平上，与离职倾向变量相关性未达显著性要求，可以认为该因素与离职倾向没有显著性的正相关或者负相关，可以剔除此两项因素。其余 16 个离职因素均与离职倾向至少 1 个变量显著相关。由于离职倾向量表的四个变量是从四个不同角度描述 H 中介的经纪人离职的意愿，预测经纪人离职的行为。因此认为，只要离职因素与一个离职倾向变量显著相关，便认为该离职因素与离职倾向显著相关。可见，16 个离职因素均与因变量离职倾向呈显著正相关。16 个离职因素如表 3 - 32 所示。

表 3 - 32　　　　　　　H 中介筛选后的经纪人离职因素

序号	编号	离职因素	序号	编号	离职因素
1	A1	薪酬待遇	9	A9	归属感
2	A2	工作时长	10	A10	企业文化
3	A3	工作压力	11	A11	与同事关系
4	A4	工作单调性	12	A12	与领导关系
5	A5	个人发展空间	13	B1	工作预期
6	A6	培训机会	14	B1	个人能力
7	A7	公司制度	15	B3	家庭原因
8	A8	晋升渠道	16	C2	尝试新行业

3. 回归分析

为了进一步研究离职因素对经纪人离职的影响程度，本研究采用多元线性回归分析（multiple linear regression analysis），筛选对经纪人离职倾向影响较大的离职因素，用逐步多元回归法，计算影响程度的大小，并构建多元回归方程模型。

离职倾向量表的四个变量都是对离职倾向的描述，因此，本人选取四个变量的平均值并保留两位小数，作为新的变量"离职倾向"；变量值越大，离职倾向越大。

以离职倾向为因变量，16 个离职因素作为自变量，用逐步多元回归法，使用 F 的概率 <0.05 和 >0.10 作为变量输入或移去模型的标准，进行回归分析。8 个自变量进入回归模型。如表 3 – 33 所示。

表 3 – 33　　　　　　　H 中介经纪人离职变量模型汇总

| 模型 | R | R^2 | 调整后的 R^2 | 标准估算的错误 | 更改统计量 | | | | | Durbin – Watson（U） |
					R^2 变化	F 更改	df1	df2	显著性 F 更改	
1	0.747a	0.558	0.537	0.404943	0.558	26.489	1	287	0.000	
2	0.900b	0.810	0.791	0.271715	0.253	26.642	1	286	0.000	
3	0.943c	0.889	0.871	0.213535	0.078	13.383	1	285	0.002	
4	0.962d	0.925	0.908	0.180325	0.036	8.643	1	284	0.009	
5	0.985e	0.971	0.962	0.115474	0.046	26.895	1	283	0.000	
6	0.991f	0.981	0.974	0.095549	0.010	8.829	1	282	0.009	
7	0.995g	0.989	0.984	0.074383	0.008	11.401	1	281	0.004	
8	0.996h	0.992	0.988	0.064695	0.003	5.829	1	280	0.030	2.182

　a. 预测变量：（常量），归属感。

　b. 预测变量：（常量），归属感，个人能力。

　c. 预测变量：（常量），归属感，个人能力，薪酬待遇。

　d. 预测变量：（常量），归属感，个人能力，薪酬待遇，工作预期。

　e. 预测变量：（常量），归属感，个人能力，薪酬待遇，工作预期，工作压力。

　f. 预测变量：（常量），归属感，个人能力，薪酬待遇，工作预期，工作压力，工作单调性。

　g. 预测变量：（常量），归属感，个人能力，薪酬待遇，工作预期，工作压力，工作单调性，与同事关系。

　h. 预测变量：（常量），归属感，个人能力，薪酬待遇，工作预期，工作压力，工作单调性，与同事关系，企业文化。

　i. 因变量：离职倾向。

从表 3 - 33 可以看出，进入回归方程式的 8 个自变量分别是归属感、个人能力、薪酬待遇、工作预期、工作压力、工作单调性、与同事关系、企业文化。这 8 个预测变量的联合解释量为 99.2%，增加变异量显著性检验的 F 值为 5.829，显著性概率值 $p = 0.030 < 0.05$，回归模型整体检验结果达到显著性标准。一般认为 Durbin – Watson 值在 1.5 到 2.5 之间为理想状态，分析显示 Durbin – Watson 值为 2.182，可认为残差间没有明显的自相关。8 个自变量对离职倾向的预测力依次为 55.8%、25.3%、7.8%、3.6%、4.6%、1.0%、0.8%、0.3%。

如表 3 - 34 所示，8 个回归分析模型的整体显著性检验的 F 值分别为 26.489、42.739、50.595、55.371、113.401、139.495、198.922、230.818，显著性 $p < 0.01$，均达到显著水平。

表 3 - 34　　　　　　　　　H 中介经纪人离职变量方差分析

	模型	自由度	F	显著性
	回归	1	26.489	0.000[a]
1	残差	287		
	总计	288		
	回归	2	42.739	0.000[b]
2	残差	286		
	总计	288		
	回归	3	50.595	0.000[c]
3	残差	285		
	总计	288		
	回归	4	55.371	0.000[d]
4	残差	284		
	总计	288		
	回归	5	113.401	0.000[e]
5	残差	283		
	总计	288		

续表

模型		自由度	F	显著性
6	回归	6	139.495	0.000[f]
	残差	282		
	总计	288		
7	回归	7	198.922	0.000[g]
	残差	281		
	总计	288		
8	回归	8	230.818	0.000[h]
	残差	280		
	总计	288		

a. 预测变量：（常量），归属感。
b. 预测变量：（常量），归属感，个人能力。
c. 预测变量：（常量），归属感，个人能力，薪酬待遇。
d. 预测变量：（常量），归属感，个人能力，薪酬待遇，工作预期。
e. 预测变量：（常量），归属感，个人能力，薪酬待遇，工作预期，工作压力。
f. 预测变量：（常量），归属感，个人能力，薪酬待遇，工作预期，工作压力，工作单调性。
g. 预测变量：（常量），归属感，个人能力，薪酬待遇，工作预期，工作压力，工作单调性，与同事关系。
h. 预测变量：（常量），归属感，个人能力，薪酬待遇，工作预期，工作压力，工作单调性，与同事关系，企业文化。
i. 因变量：离职倾向。

通过表 3-34 的容忍度和 VIF 指标值可以检验多元回归分析是否有多元共线性的问题。容忍度的值越接近 0，或 VIF 值大于 10，表示各变量间越可能有线性重合问题。如表 3-35 所示，该回归模型的容忍度最小为 0.295，VIF 最大值为 3.389，表示 8 个变量之间没有多元共线性问题。同时，回归系数 t 检验值的显著性概率 $p < 0.05$，回归系数有意义。

表 3-35 H 中介经纪人离职变量系数

模型	非标准化系数		标准系数	t	显著性	共线性统计	
	B	标准错误	Beta 分布			容许	VIF
（常量）	0.302	0.108		2.795	0.014		
归属感	0.212	0.020	0.454	10.641	0.000	0.295	3.389

模型	非标准化系数		标准系数	t	显著性	共线性统计	
	B	标准错误	Beta 分布			容许	VIF
个人能力	0.078	0.019	0.134	4.113	0.001	0.506	1.975
薪酬待遇	0.102	0.014	0.218	7.262	0.000	0.597	1.674
工作预期	0.098	0.016	0.211	5.981	0.000	0.433	2.308
工作压力	0.173	0.017	0.302	10.442	0.000	0.641	1.561
工作单调性	0.092	0.016	0.190	5.665	0.000	0.476	2.102
与同事关系	0.094	0.021	0.172	4.571	0.000	0.381	2.622
企业文化	0.046	0.019	0.088	2.414	0.030	0.408	2.449

a. 因变量：离职倾向。

依据进入回归模型的 8 个因素对房地产经纪人离职倾向的影响程度，把各因素的非标准化系数 B 代入多元回归方程模型，得到 H 房地产中介经纪人离职模型：

离职倾向 $=0.302+0.212\times$ 归属感 $+0.078\times$ 个人能力 $+0.102$
$\times$ 薪酬待遇 $+0.098\times$ 工作预期 $+0.173\times$ 工作压力
$+0.092\times$ 工作单调性 $+0.094\times$ 与同事关系 $+0.046$
$\times$ 企业文化

把离职模型中各因素的权重关系用雷达图显示，如图 3-20 所示。

（六）个人离职模型确定

通过回归分析后，8 个流失因素进入多元回归线性模型。意味着这 8 个因素对经纪人流失起了关键性作用，同时每个因素系数的大小表示该因素对经纪人流失的作用性强弱。把 8 个流失因素从大到小排序，如表 3-36 所示，最终得到 H 房地产中介经纪人流失模型。

离职倾向 $=0.302+0.212\times$ 归属感 $+0.173\times$ 工作压力 $+0.102$
$\times$ 薪酬待遇 $+0.098\times$ 工作预期 $+0.094\times$ 与同事关系
$+0.092\times$ 工作单调性 $+0.078\times$ 个人能力 $+0.046\times$
企业文化

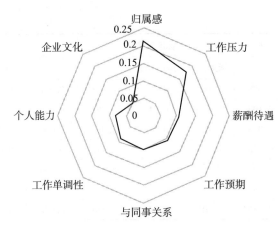

图 3 - 20   H 中介经纪人离职因素权重雷达图

表 3 - 36   H 中介经纪人关键离职因素

序号	编号	离职因素	作用强弱	描述
1	A9	归属感	0.212	经纪人感觉被门店或公司接纳的程度，对公司的认同程度
2	A3	工作压力	0.173	因工作量大，工作负荷程度，使经纪人产生压力
3	A1	薪酬待遇	0.102	公司的薪酬体系、贡献与收获的比例、待遇的公平性
4	B1	工作预期	0.098	经纪人在工作之前的期望与工作后的实际情况差异
5	A11	与同事关系	0.094	与同事相处的融合度，或得到同事帮助与支持的机会
6	A4	工作单调性	0.092	工作内容被重复的程度，能否具有挑战性，是否具有自主权
7	B1	个人能力	0.078	包括沟通能力、创新能力、适应能力、学习能力等的发挥程度
8	A10	企业文化	0.046	中介公司的价值观、信念、处事方式等在日常运作中的体现

（七）人口统计变量对离职因素的影响

通过回归分析，得到 8 个离职因素，对 H 中介经纪人的离职率起核心作用。此外，在不同人口统计量条件下，8 个离职因素对离职率的影响效果有所不同。以下将通过独立样本 T 检验和单因素方差分析来探讨不同性别、年龄、服务年限、学历、婚姻状况的经纪人，在 8 个关键离职因素间是否具有显著差异。

1. 性别对离职因素的影响

利用 SPSS 22.0 软件的独立样本 T 检验法，以 8 个离职因素为检验变量，性别为分组变量，进行分析，得到不同性别的经纪人在归属感、工作压力、薪酬待遇、工作预期、与同事关系、工作单调性、个人能力、企业文化方面的均值，以及 T 检验的 T 值及其显著性。如表 3 - 37 所示。

表 3 - 37　　　　　　　　　　H 中介经纪人性别对离职因素的影响

	性别	N	平均值	T	显著性
归属感	男	176	3.79	-0.524	0.477
	女	113	4.11		
	总计	289	3.91		
工作压力	男	176	2.67	-2.966	0.011
	女	113	4.00		
	总计	289	3.19		
薪酬待遇	男	176	3.64	3.845	0.001
	女	113	2.22		
	总计	289	3.09		
工作预期	男	176	3.36	-0.313	0.582
	女	113	3.67		
	总计	289	3.48		

续表

	性别	N	平均值	T	显著性
与同事关系	男	176	3.14	−0.162	0.691
	女	113	3.33		
	总计	289	3.22		
工作单调性	男	176	3.79	1.187	0.053
	女	113	2.78		
	总计	289	3.39		
个人能力	男	176	2.50	−0.777	0.388
	女	113	2.89		
	总计	289	2.65		
企业文化	男	176	3.57	0.052	0.822
	女	113	3.44		
	总计	289	3.52		

由表 3-37 看出，性别对离职因素中的"工作压力"和"薪酬待遇"有显著性差异，T 值分别为 −2.966（p = 0.011 < 0.05）和 3.845（p = 0.001 < 0.05）。从这两个离职因素的均值看，女性更注重"工作压力"的满意度，男性更注重"薪酬待遇"的满意度。房地产经纪行业中男性比例比女性多，在如今大多数男主外女主内的社会中，女性会考虑把更多的精力放在家庭。因此，若她们承受的压力超过对家庭的投入，则会考虑离职。而男性经纪人所能承受的工作压力比女性大，他们更关注个人或家庭的经济收入以及经济来源，因此薪酬是男性考虑的重要因素。其余 6 个因素在性别不同的经纪人中，差异不明显。

2. 年龄对离职变量的影响

以年龄作为因子，对 8 个离职因素进行方差分析，研究不同年龄经纪人在 8 个离职因素中的差异显著性。如表 3-38 所示。

表 3 – 38　　　　　　　　　H 中介经纪人年龄对离职因素的影响

	年龄	N	平均值	F	显著性
归属感	30 岁以下	164	2.50	4.108	0.032
	30 ~ 39 岁	75	3.46		
	40 岁以上	50	4.50		
	总计	289	3.39		
工作压力	30 岁以下	164	4.38	5.716	0.011
	30 ~ 39 岁	75	3.67		
	40 岁以上	50	2.75		
	总计	289	3.91		
薪酬待遇	30 岁以下	164	3.92	1.715	0.205
	30 ~ 39 岁	75	3.17		
	40 岁以上	50	2.75		
	总计	289	3.52		
工作预期	30 岁以下	164	3.54	0.049	0.952
	30 ~ 39 岁	75	3.33		
	40 岁以上	50	3.50		
	总计	289	3.48		
与同事关系	30 岁以下	164	3.15	0.152	0.860
	30 ~ 39 岁	75	3.17		
	40 岁以上	50	3.50		
	总计	289	3.22		
工作单调性	30 岁以下	164	3.46	0.120	0.887
	30 ~ 39 岁	75	3.33		
	40 岁以上	50	3.75		
	总计	289	3.48		
个人能力	30 岁以下	164	2.92	1.053	0.368
	30 ~ 39 岁	75	2.33		
	40 岁以上	50	2.25		
	总计	289	2.65		

续表

	年龄	N	平均值	F	显著性
企业文化	30 岁以下	164	3.31	0.559	0.580
	30 ~ 39 岁	75	2.83		
	40 岁以上	50	2.75		
	总计	289	3.09		

从表 3 - 38 可知，不同年龄的经纪人对"归属感"和"工作压力"存在显著性差异，F 值为分别为 4.108（$p = 0.032 < 0.05$）和 5.716（$p = 0.011 < 0.05$）。可见，不同年龄的 H 中介经纪人对归属感和工作压力的重视程度不同，年龄越大，因归属感得不到满足而离职的可能性越高；年龄越小，因工作压力大而离职的可能性越高。本人认为，对于年龄较小的经纪人，就业工作时间不长，多以学习收获知识、探索事业方向、积累经验人脉为主。因此，他们在薪酬经济收入方面的要求不会太多，却也由于初涉工作，压力承受能力较年长者弱，更容易因工作压力过大而离职。相反，年龄较大者一般从业时间较长，曾在不同岗位、不同公司、甚至不同行业历练，工作承受力自然较前者强，同时也会不断提高自己经济收入的要求，因此，薪酬待遇会是他们离职与否的重要因素。

3. 服务年限对离职因素的影响

把人口变量中的服务年限作为因子，对 8 个关键离职因素进行方差分析，结果如表 3 - 39 所示。

表 3 - 39 　　　　　 H 中介经纪人服务年限对离职因素的影响

离职因素	服务年限	N	平均值	F	显著性
归属感	1 年以下	63	2.50	5.847	0.005
	1 ~ 3 年	126	2.75		
	3 ~ 5 年	51	3.33		
	5 年以上	50	4.83		
	总计	289	3.18		

续表

离职因素	服务年限	N	平均值	F	显著性
工作压力	1 年以下	63	3.17	1.727	0.195
	1~3 年	126	4.11		
	3~5 年	51	4.50		
	5 年以上	50	4.00		
	总计	289	3.91		
薪酬待遇	1 年以下	63	3.67	0.673	0.579
	1~3 年	126	3.56		
	3~5 年	51	4.00		
	5 年以上	50	2.75		
	总计	289	3.52		
工作预期	1 年以下	63	3.83	7.202	0.002
	1~3 年	126	3.89		
	3~5 年	51	4.00		
	5 年以上	50	1.50		
	总计	289	3.48		
与同事关系	1 年以下	63	4.40	4.756	0.012
	1~3 年	126	3.50		
	3~5 年	51	2.80		
	5 年以上	50	2.50		
	总计	289	3.42		
工作单调性	1 年以下	63	4.00	0.985	0.421
	1~3 年	126	3.44		
	3~5 年	51	2.75		
	5 年以上	50	3.00		
	总计	289	3.39		
个人能力	1 年以下	63	2.33	1.417	0.269
	1~3 年	126	3.11		

续表

离职因素	服务年限	N	平均值	F	显著性
个人能力	3～5 年	51	2.75		
	5 年以上	50	2.00	1.417	0.269
	总计	289	2.65		
企业文化	1 年以下	63	3.83		
	1～3 年	126	2.89		
	3～5 年	51	2.50	1.423	0.267
	5 年以上	50	3.00		
	总计	289	3.09		

由表 3-39 可看出，服务年限对 8 个离职因素中的"归属感""工作预期""与同事关系"存在明显差异，F 值分别为 5.847（p = 0.005 < 0.05）、7.202（p = 0.002 < 0.05）和 4.756（p = 0.012 < 0.05）。对其他关键因素没有显著差异。同时，"归属感"随着服务年限的增加，平均值越高，说明在 H 中介工作越久的经纪人，越注重企业对他们的认同感，一旦经纪人感觉这种归属感日渐较少或消失，就会考虑离职。从"工作预期"的平均值来看，服务 5 年以下的经纪人比较注重工作前的期望与工作后的差异，这与先前绝大多数的研究一致，5 年内是一个不太稳定的年限，他们上岗前对工作充满了期待，在实际工作的 5 年间与期望相去甚远，便会导致经纪人离职，尤其第一年这种现象尤为严重。"与同事关系"的平均值随服务年限增加而减少，本人认为，H 中介经纪人的竞争大，同事之间抢客抢盘现象时有存在，由此导致的关系紧张，最容易使新来的员工辞职。

4. 学历对离职因素的影响

以 H 中介经纪人学历的 4 个分层为因子，对 8 个离职因素进行方差分析，结果如表 3-40 所示。

表 3 – 40　　　　　**H 中介经纪人学历对离职因素的影响**

离职因素	学历	N	平均值	F	显著性
归属感	中专及高中	100	3.25	1.928	0.159
	大专	126	3.10		
	本科	50	4.50		
	硕士及以上	13	5.00		
	总计	289	3.48		
工作压力	中专及高中	100	3.88	1.019	0.406
	大专	126	4.10		
	本科	50	3.25		
	硕士及以上	13	5.00		
	总计	289	3.91		
薪酬待遇	中专及高中	100	3.63	3.689	0.030
	大专	126	2.50		
	本科	50	4.00		
	硕士及以上	13	4.00		
	总计	289	3.22		
工作预期	中专及高中	100	3.75	3.794	0.027
	大专	126	2.70		
	本科	50	4.75		
	硕士及以上	13	4.00		
	总计	289	3.48		
与同事关系	中专及高中	100	3.88	1.022	0.405
	大专	126	3.10		
	本科	50	3.50		
	硕士及以上	13	5.00		
	总计	289	3.52		
工作单调性	中专及高中	100	3.25	0.484	0.697
	大专	126	3.20		

续表

离职因素	学历	N	平均值	F	显著性
工作单调性	本科	50	4.00	0.484	0.697
	硕士及以上	13	4.00		
	总计	289	3.39		
个人能力	中专及高中	100	3.13	1.028	0.402
	大专	126	2.30		
	本科	50	2.50		
	硕士及以上	13	3.00		
	总计	289	2.65		
企业文化	中专及高中	100	3.00	0.255	0.857
	大专	126	3.00		
	本科	50	3.25		
	硕士及以上	13	4.00		
	总计	289	3.09		

由表 3 - 40 看出，学历对离职因素中的"薪酬待遇"和"工作预期"有显著性差异，其余的因素没有表现出显著差异。两者的 F 值分别为 3.689（p = 0.030 < 0.05）和 3.794（p = 0.027 < 0.05）。学历越高的经纪人，由于薪酬待遇和工作预期原因而离职的可能性越大。房地产经纪行业入行门槛不高，相同待遇下，本科及以上的高学历经纪人便更看重自身的投资回报，考虑学历与薪酬的正比关系，也考虑目前工作状态与工作前的期望值的差距。

5. 婚姻状况对离职因素的影响

以经纪人婚姻状况为分组变量，对离职因素进行独立样本 T 检验后，得到如表 3 - 41 所示结果。8 个因素在不同婚姻状况条件下的差异并不显著。在 H 中介，经纪人的婚姻状况对关键的 8 个离职因素并没有显著性差异，其 p 值均大于 0.05。

表3－41　　　　　H 中介经纪人婚姻状况对离职因素的影响

离职因素	婚姻状况	N	平均值	T	显著性
归属感	未婚	176	3.29	－0.809	0.378
	已婚	113	3.78		
	总计	289	3.48		
工作压力	未婚	176	4.00	0.241	0.628
	已婚	113	3.78		
	总计	289	3.91		
薪酬待遇	未婚	176	3.71	0.809	0.378
	已婚	113	3.22		
	总计	289	3.52		
工作预期	未婚	176	3.64	0.585	0.453
	已婚	113	3.22		
	总计	289	3.48		
与同事关系	未婚	176	3.14	－0.162	0.691
	已婚	113	3.33		
	总计	289	3.22		
工作单调性	未婚	176	3.07	－0.578	0.123
	已婚	113	3.89		
	总计	289	3.39		
个人能力	未婚	176	2.86	0.454	0.241
	已婚	113	2.33		
	总计	289	2.65		
企业文化	未婚	176	3.14	0.085	0.774
	已婚	113	3.00		
	总计	289	3.09		

五、离职影响因素小结

通过关键人物访谈法，本研究初步确定了影响 H 中介离职率的 20 个离职因素。利用人力资源部对离职经纪人进行问卷调查，筛选出其中的18个离职因素。再对 H 中介的在职经纪人进行问卷调查，了解其工作状态及离职倾向，分析离职因素与离职倾向之间的关系，提取出关键的 8 个离职因素，即归属感、工作压力、薪酬待遇、工作预期、与同事关系、工作单调性、个人能力、企业文化，并确定其权重关系。最后，建立 H 中介经纪人离职方程结构模型。

此外，为了了解不同性别、年龄、服务年限、学历、婚姻状况对 8 个离职因素的影响，本研究还采用独立样本 T 检验和方差分析，检验离职因素在不同人口统计量间的差异是否具有显著性。

六、H 房地产中介群体连带离职的行为分析

（一）群体连带离职的研究背景

通过构建 H 中介经纪人离职模型，建立经纪人个人离职倾向的回归方程，确认了归属感、工作压力、薪酬待遇、工作预期、与同事关系、工作单调性、个人能力、企业文化这 8 个离职因素对离职倾向的影响力权重。而这些离职因素是以个体离职为研究对象。在研究中，我们还发现这种个体行为受到了非正式组织的其他个体影响，他们之间的互动关系可能会造成群体连带行为，即群体离职。在这样的背景下，H 中介针对群体离职做进一步研究。

群体离职（collective turnover）的研究始于 21 世纪初，基于不同视觉角度，学者们对此有不同定义。巴图内克等（Bartunek et al.，2008）认为，"同一个组织中的两个或两个以上的成员，基于共享的社会过程和决策，在同一时间段内离开该组织的行为"。贺小刚等（2006）的研究认为，群体离职是组织中的成员，因组织有共同的不满意，并具有相近的主张和目标，于是在相同价值观的驱动下共同离开所在的组织。叶仁荪等（2012）把群体离职定义为，由于互动关系使组织中的成员相继或者同时离开所在的组织的现象。波特和克拉克哈德特（Porter & Krackhardt，

1986）验证了滚雪球效应（snowball effects）的离职现象，并发现一个员工的离职行为或离职倾向会对非正式网络中其他成员提供了暗示，这些成员感知到自己与离职的那些人非常相似。基于此，本研究认为，群体离职是两个或以上个体，由于对组织产生相似的不满，通过情绪传染的互动方式，坚定了同一个决策，并同时或相继采取行动，即离开所在组织。

在对群体离职的过程研究中，巴图内克等（2008）的群体离职过程模型最具代表性。他们认为员工对企业的不满情绪会通过传染和共享的方式，影响其他员工，这种互动关系使消极的情绪变成群体情绪，而这种不满若得不到组织的妥善解决，就会使员工往外寻找更合适工作机会，造成群体离职。本文在巴图内克等人研究的基础上，针对 H 中介内隐的群体离职现象，将对经纪人之间情感传染的互动过程所造成的连带性离职问题进行研究。

对于 H 中介，基层经纪人对组织的不满意程度会受到直属主管和其他经纪人的影响，他们之间通过情感交流而相互传染。一旦经纪人的主管或者同事离职，很有可能会强化经纪人的离职意识，而该经纪人的离职，又很有可能继续影响其他在职经纪人。若这种离职现象如病毒一般扩散，将对 H 中介造成更为深远且极具毁灭性的伤害。为了尽量降低这种群体离职发生的可能性，本研究继续对公司在职基层经纪人进行调查，在上一章个体离职的研究后，探讨由经纪人之间互动过程引起的连带性群体离职。本研究是针对基层经纪人，因此，对连带性的关系定义为同级连带性和上级对下级的连带性关系。

（二）基于互动过程的群体连带离职研究

1. 研究变量

（1）工作不安全感。格林哈格和罗森布拉特（Greenhalgh & Rosenblatt，1984）认为个体在受到威胁的环境中，对于工作能否持续而有一种无助感。H 中介经纪人在同事或主管离职后，感到自己的工作也不会持久，这种危机感所形成的压力就是本研究中的工作不安全感。

（2）信息交换。杜布林、杰威尔和雷特兹（DuBrin, Jewell & Reitz）

认为群体中的人际活动，通过信息传递形成情感传染，而这种活动会影响群体的结果[37]。所以本研究把信息交换定义为经纪人与同事或主管之间情感观点的宣泄交流。

（3）信任关系。即相信并敢于托付他人的一种感觉，不仅能和睦相处，还能感觉他人有足够的能力解决共同的问题，动机与需求都与自身一致。本研究指经纪人对同事或主管的信任。

（4）从众心理。是指个人受到群体行为的影响，在知觉、判断、认识上表现出符合多数人的行为方式。即经纪人只是跟随同事或主管的行为而作出决策。

（5）对他人离职倾向的感知。巴图内克等认为员工对企业的不满情绪会通过传染和共享的方式影响其他员工，当员工感受到这种负能量，就会干扰其离职倾向。因此，本人提出该变量是指经纪人所察觉到同事或者直属主管的离职意愿，或已经产生的离职行为。

（6）连带离职倾向。是指主管或经纪人的离职意愿或离职行为，让经纪人产生同样的离职意向或采取相同的行动。而该行动又对其他经纪人造成离职的意向或行为。

2. 研究假设

杜布林、杰威尔和雷特兹认为群体互动过程指的是群体中的人际活动，通过信息传递形成情感传染，而这种活动会影响群体的结果。哈克曼和莫里斯（Hackman & Morris）认为，群体成员间的互动能够产生集体行为[39]。在研究中发现，H中介的经纪人的离职意向不仅受到个体因素影响，还受到了群体因素的影响。当经纪人在群体互动过程中感知到群体中其他成员的离职意向或离职行为时，便产生情感的传染，从而干预经纪人原本的离职倾向。基于上述推论，提出如下假设。

假设1. 对他人离职倾向的感知与连带离职倾向正相关。

倪昌红、叶仁荪等（2013）认为，提升群体安全感能间接降低群体离职意愿。相反，同事的离职行为，很有可能向群体中的其他成员传递负面情绪，使其感受到组织的不安全，意图往组织以外的方向发展。然而，比起积极情绪，负面情绪更容易传染给组织内其他成员（高培霞，2015），从而使个体离职演变成群体离职[41]。基于上述推论，提出如下假设。

假设 2. 工作不安全感在对他人离职倾向的感知和连带离职倾向之间起中介作用。

组织内部员工的行为往往会受到其他员工的影响。因此，离职意愿高的员工，其组织内的同事离职意愿通常也高（Krackhardt & Porter，1985）。离职员工会通过信息传播把对组织的不满情绪传染给其他员工，从而强化了其他员工本身的不满情绪，发泄情绪的方式就是离开组织。这种信息交换的方式便会扩大离职的人群。故提出如下假设。

假设 3. 信息交换在对他人离职倾向的感知和连带离职倾向之间起中介作用。

陈等（Ying Chen et al.，2009）提出了领导与员工的关系密切程度会影响员工的离职倾向，而这种关系包括情感连带、私生活介入、对领导的顺从。信任是一种积极的心理状态，信任者基于对被信任者的意图或行为的积极期望而将自己的脆弱性置于对方控制之下（Dirks & Ferrin，2002）。但也因为这种信任关系，使得员工或领导的离职对群体中其他成员产生追随的意向，离职的去向为已有企业或创新企业。信任关系是把双刃剑，可以使员工忠诚于企业，也可以使员工追随离职者，而导致群体离职。因此提出如下假设。

假设 4. 信任关系在对他人离职倾向的感知和连带离职倾向之间起中介作用。

在对 H 中介中高层领导访谈时发现，经纪人群体离职还存在从众现象。同一批进入公司和同一门店的经纪人，几乎同时离职；同一门店相继离职的现象也较为普遍。但查阅过往的文献，对从众心理引起的群体离职研究并不多。基于上述现象，提出如下假设。

假设 5. 从众心理在对他人离职倾向的感知和连带离职倾向之间起中介作用。

3. 研究设计

本研究采用抽样调查法，对 H 中介的在职经纪人进行调查。为了对比有群体因素影响和没有群体因素影响下个体离职倾向的差异，在设计问卷时，已把群体离职的调查设为问卷第三部分。即问卷的第一部分和第二部分涉及个体离职倾向，第三部分涉及群体连带离职倾向，研究样本不变。调查主要内容包括群体因素、经纪对他人离职倾向的感知和连带离职倾向。其中，群体因素包括工作不安全感、信息交换、信任关系、从众心理四个维度。本研究中，对变量的测量量表主要借鉴国内外已被广泛使用并证实信度与效度良好的量表。从本研究的目的出发，本人调整了部分量表的措辞，经反复研究斟酌最终确定如下。

（1）工作不安全感。量表5个题项，参考莱斯基内等（E Leskinen et al.，2000）的研究。量表的内部一致性系数为0.73，信度水平良好。

（2）信息交换。量表10个题项，参考龚亚平等（2012）的研究。该研究是针对同事之间的信息交换，本人针对研究目的，增加了上下级之间的信息交换题项。量表的一致性系数为0.82，信度良好。

（3）信任关系。量表8个题项，参考陆等（Lin Lu et al.，2006）同事之间的信任关系和李宁等（2007）的上下级的情感信任关系研究，量表一致性系数分别为0.84和0.80，信度水平良好。

（4）从众心理。在没有找到合适的量表的情况下，本研究自行开发了5个题项，包括"在工作中如果我的想法与别人不一致，我会按照别人的想法去做""我很少提出自己的观点或见解""我一般都会按照同事或主管的想法去做""我喜欢少数服从多数的做法""我很容易受别人的观点影响"。量表一致性系数为0.71，信度水平良好。

（5）对他人离职倾向的感知。量表9个题项，参考古继宝等（2011）的研究，该研究仅针对上下级关系。因此，本人把量表扩展为上下级和同级关系。量表一致性系数为0.77，信度良好。

（6）连带离职倾向。量表8个题项，参考古继宝等（2011）的研究，分别设置同级连带关系（1、2、3、4题项），和上下级连带关系（5、6、7、8题项）。取其平均值作为群体连带离职倾向。该量表的内部一致性系数为0.80，信度良好。

对群体连带离职问卷进行信度检测，问卷整体信度 α 系数值为0.778，高于0.7，表明可靠性良好。如表3-42所示。

表 3 – 42　　　　　H 中介经纪人群体连带离职变量可靠性统计量

代码	群体变量	Cronbach's Alpha	项数
	问卷整体信度	0.818	45
1	工作不安全感	0.73	5
2	信息交换	0.82	10
3	信任关系	0.80	8
4	从众心理	0.71	5
5	对他人离职倾向的感知	0.77	9
6	连带离职倾向	0.80	8

4. 假设检验

利用 SPSS 22.0 的描述性分析和相关性分析，变量间的关系如表 3 – 43 所示。其中，对他人离职倾向的感知与工作不安全感（$r = 0.498$，$p < 0.01$）、信息交换（$r = 0.551$，$p < 0.01$）、信任关系（$r = 0.388$，$p < 0.05$）、从众心理（$r = 0.401$，$p < 0.05$）均呈现显著的正相关；连带离职倾向与工作不安全感（$r = 0.517$，$p < 0.01$）、信息交换（$r = 0.557$，$p < 0.01$）、信任关系（$r = 0.351$，$p < 0.05$）、从众心理（$r = 0.376$，$p < 0.05$）均呈现显著的正相关。且各变量的标准差徘徊在 1 左右，样本具有较强的代表性。

对他人离职倾向的感知与连带离职倾向呈显著正相关，回归系数为 0.502（$p < 0.07$），即群体连带离职倾向受他人离职倾向影响，且感知到他人离职倾向越强烈，连带的离职倾向越强。表明 H 中介的主管或同事若存在离职倾向，或已经产生离职的行为，则会使在职经纪人产生离职倾向或坚定离职的行为。结果支持假设 1。

表 3 – 43　　　　　　　H 中介经纪人离职群体因素相关性

变量	均值	标准差		1	2	3	4	5	6
工作不安全感	3.859	0.875	相关性	1.000					
			显著性	0.000					

续表

变量	均值	标准差		1	2	3	4	5	6
信息交换	3.653	0.994	相关性	0.211	1.000				
			显著性	0.142	0.000				
信任关系	3.721	1.112	相关性	0.287	0.557**	1.000			
			显著性	0.089	0.003	0.000			
从众心理	2.689	0.864	相关性	0.321*	0.123	0.318*	1.000		
			显著性	0.045	0.660	0.046	0.000		
对他人离职倾向的感知	4.011	0.876	相关性	0.498**	0.551**	0.388*	0.401*	1.000	
			显著性	0.007	0.003	0.033	0.018	0.000	
连带离职倾向	3.506	1.075	相关性	0.517**	0.557**	0.351*	0.376*	0.502**	1.000
			显著性	0.006	0.003	0.042	0.038	0.007	0.000

注：** 置信区间为 0.01 时，显著性相关。

* 置信区间为 0.05 时，显著性相关。

为了验证工作不安全感、信息交换、信任关系和从众心理的中介作用，本研究以巴罗和肯尼（Baron & Kenny，1986）提出的方法对四个变量进行中介效应的检验：（1）自变量对因变量、自变量对中介变量的回归检验。（2）当中介变量与因变量显著相关时，自变量与因变量不相关。利用 SPSS 22.0 的层次回归分析，对四个中介变量分别进行验证。

如表 3 - 43 所示，自变量"对他人离职倾向的感知"和对中介变量"工作不安全感"的回归系数为 - 0.499（p < 0.01），呈明显正相关；自变量"对他人离职倾向的感知"和对因变量"连带离职倾向"的回归系数为 0.305（p > 0.01），关系显著。通过第一步检验，可以继续进行中介效应检验。当"工作不安全感"与"连带离职倾向"的关系具有明显显著性（相关性系数为 0.514，p < 0.01）时，"对他人离职倾向的感知"与"连带离职倾向"的回归系数为 0.313，仍然显著，但与模型 1 相比绝对值变小。因此，工作不安全感在对他人离职倾向的感知与连带离职倾向之间起部分中介作用。证实假设 2 成立。

如表 3 – 44 所示，"对他人离职倾向的感知"与"信息交换"的关系显著，其回归系数为 0.558（p < 0.01）；而"对他人离职倾向的感知"与"连带离职倾向"的回归系数为 0.503（p < 0.01），关系显著。通过第一步检验，可以继续进行中介效应检验。当"信息交换"与"连带离职倾向"的关系具有明显显著性（相关性系数为 0.553，p < 0.01）时，"对他人离职倾向的感知"与"连带离职倾向"的关系不显著（相关性系数为 0.237，p > 0.05），表明"信息交换"可以作为"对他人离职倾向的感知"与"连带离职倾向"的中介变量，起到完全中介作用，符合假设 3。

表 3 – 44　　　　H 中介经纪人工作不安全感的中介作用的回归分析

变量	(M_1）工作不安全感	（Y）连带离职倾向	
	模型 1	模型 1	模型 2
（X）对他人离职倾向的感知	0.499 **	0.503 **	0.313 *
（M_1）工作不安全感	—	—	0.514 **
R^2	0.107 *	0.112 *	0.293 **

注：** 置信区间为 0.01 时，显著性相关。
　　* 置信区间为 0.05 时，显著性相关。

如表 3 – 45 所示，"对他人离职倾向的感知"与"信任关系"的回归系数为 0.392（p < 0.05）；而"对他人离职倾向的感知"与"连带离职倾向"的回归系数为 0.504（p < 0.01），表明自变量"对他人离职倾向的感知"与"信任关系"和"连带离职倾向"均为正相关关系。通过第一步检验，可以继续进行中介效应的检验。当"信任关系"与"连带离职倾向"的关系具有明显显著性（相关性系数为 0.348，p < 0.05）时，"对他人离职倾向的感知"与"连带离职倾向"的关系也显著（相关性系数为 0.319，p > 0.05），但明显绝对值小于模型 1，表明"信任关系"可以作为"对他人离职倾向的感知"与"连带离职倾向"的中介变量，起到部分中介作用，符合假设 4 的最初设想。

表 3 – 45　　　　　　H 中介经纪人信息交换的中介作用的回归分析

变量	（M₂）信息交换	（Y）连带离职倾向	
	模型 1	模型 1	模型 2
（X）对他人离职倾向的感知	0.558 **	0.506 **	0.237
（M₂）信息交换	—	—	0.553 **
R^2	0.187 *	0.127 *	0.205 **

注：** 置信区间为 0.01 时，显著性相关。

* 置信区间为 0.05 时，显著性相关。

资料来源：本文作者归纳整理。

如表 3 – 46 所示，"对他人离职倾向的感知"与"从众关系"的回归系数为 0.194（p＞0.05）；而"对他人离职倾向的感知"与"连带离职倾向"的回归系数为 0.316（p＜0.05），表明自变量"对他人离职倾向的感知"和与因变量"连带离职倾向"为显著正相关关系。但是"对他人离职倾向的感知"与中介变量"从众关系"的正相关关系不显著，没能通过第一步检验，无法继续进行中介效应检验，假设 5 不能被证实。

表 3 – 46　　　　　　H 中介经纪人信任关系的中介作用的回归分析

变量	（M₃）信任关系	（Y）连带离职倾向	
	模型 1	模型 1	模型 2
（X）对他人离职倾向的感知	0.392 *	0.504 **	0.319 *
（M₃）信任关系	—	—	0.348 **
R^2	0.137 *	0.186 **	0.123 *

注：** 置信区间为 0.01 时，显著性相关。

* 置信区间为 0.05 时，显著性相关。

资料来源：本文作者归纳整理。

由此可见，经纪人对他人离职倾向的感知会影响他们的连带离职倾向。感知越强烈，连带离职倾向大。而这种感知是通过作用于中介变量，来影响连带离职倾向的。当感知到同事或者主管的离职意愿或离职行为后，经纪人就会感受到工作的不安全，产生离职焦虑。尤其是在信息交流中受到同事或者主管的情绪传染，就会把这种焦虑情绪扩大，在同事或主管的推动力作用下，出于对他们的信任，便会强化这种离职的意愿，从而形成连带性的离职倾向。但是从众关系造成的连带离职倾向未被证实（见表3－47），估计是经纪人出于理性的考虑，不会盲目跟随。

表3－47　　　　　　H中介经纪人从众关系的中介作用的回归分析

变量	（M₄）从众关系	（Y）连带离职倾向
	模型1	
（X）对他人离职倾向的感知	0.194	0.316 *
（M4）从众关系	—	—
R^2	0.003	0.107 *

注：** 置信区间为0.01时，显著性相关。
　 * 置信区间为0.05时，显著性相关。

（三）H中介经纪人离职模型整合

本研究在第四章确定了影响经纪人个人离职倾向的离职因素以及因素的权重，如下所示。

离职倾向 ＝0.302 ＋0.212 ×归属感 ＋0.173 ×工作压力 ＋0.102
　　　　×薪酬待遇 ＋0.098 ×工作预期 ＋0.094 ×与同事关系
　　　　＋0.092 ×工作单调性 ＋0.078 ×个人能力 ＋0.046
　　　　×企业文化

本章已经证实经纪人的连带离职倾向受"对他人离职倾向的感知"因素影响，并且通过工作不安全感、信息交换、信任关系三个中介变量影响连带离职倾向。为了进一步研究经纪人的个人离职倾向在受到公司同事或主管的离职倾向影响后，群体连带离职倾向的变化情况，本人再以调查问卷第一部分的离职倾向为自变量，第三部分的连带离职倾向为因变量，检验变量"对他人离职倾向的感知"的调节作用。

首先，对三个变量进行相关性分析，得到表3－48。描述性分析结果显示，个人离职倾向与连带离职倾向呈显著性正相关，相关系数为 0.487（p < 0.01）。

表 3 - 48　　　　　　　　H 中介经纪人离职群体因素相关性

变量	均值	标准差		1	2	3
离职倾向（个人）	3.328	0.853	相关性	1.000		
			显著性	0.000		
对他人离职倾向的感知	4.011	0.876	相关性	0.211	1.000	
			显著性	0.142	0.000	
连带离职倾向	3.506	1.075	相关性	0.487 **	0.502 **	1.000
			显著性	0.009	0.007	0.000

注：** 在置信度（双测）为 0.01 时，相关性是显著的。
* 在置信度（双测）为 0.05 时，相关性是显著的。

其次，检验"对他人离职倾向的感知"的调节效应，做"个人离职倾向"和"对他人离职倾向的感知"的交互项对连带离职倾向的回归分析。结果如表 3 - 49 所示。得到个人离职倾向对连带离职倾向的回归标准化系数为 0.352（p < 0.01）。个人离职倾向与对他人离职倾向的感知交互后对连带离职倾向的回归结果为 0.320（p < 0.05），且 ΔR^2 显著，可以认为"对他人离职倾向的感知"对个人离职倾向和连带离职倾向起调节作用，即经纪人对同事或主管离职倾向的感知越强烈，个人离职倾向对连带离职倾向的作用越强。

表 3 - 49　　　H 中介经纪人个人离职倾向与对他人离职倾向的感知
交互作用对连带离职倾向的影响

自变量	连带离职倾向	
	模型 1	模型 2
离职倾向（个人）（a）	0.352 **	0.328 **
对他人离职倾向的感知（b）	0.335 **	0.318 **

续表

自变量	连带离职倾向	
	模型1	模型2
a×b	—	0.320*
R^2	0.083**	0.107*
ΔR^2	—	0.024*

注：** 在置信度（双测）为0.01时，相关性是显著的。
* 在置信度（双测）为0.05时，相关性是显著的。

　　再次，把 H 中介的离职模型进行整合。模型包括三大部分，第一部分为8个离职因素对个人离职倾向的影响；第二部分为"对他人离职倾向的感知"通过作用于工作不安全感、信息交换、信任关系三个中介变量，影响连带离职倾向；第三部分为"对他人离职倾向的感知"作为调节变量对个人离职倾向和连带离职倾向起调节作用。H 房地产中介经纪人离职的最终模型如图3-21所示。

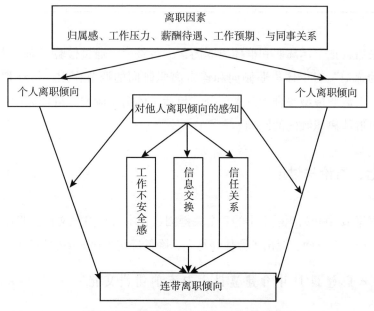

图3-21　H 房地产中介经纪人离职模型

通过数据分析和假设检验，相关性分析表明假设 1 得到支持；分层回归分析支持了假设 2、假设 3、假设 4，但假设 5 未能通过验证。具体如表 3 - 50 所示：

表 3 - 50　　　　H 中介经纪人群体离职研究假设验证结果列表

研究假设	是否通过验证	验证结果
假设 1. 对他人离职倾向的感知与连带离职倾向正相关	是	显著正相关
假设 2. 工作不安全感在对他人离职倾向的感知和连带离职倾向之间起中介作用	是	部分中介作用
假设 3. 信息交换在对他人离职倾向的感知和连带离职倾向之间起中介作用	是	完全中介作用
假设 4. 信任关系在对他人离职倾向的感知和连带离职倾向之间起中介作用	是	部分中介作用
假设 5. 从众心理在对他人离职倾向的感知和连带离职倾向之间起中介作用	否	自变量与中介变量的相关关系不显著，不能进行中介效应检验

最后，把个体离职和群体离职因素进行整合。通过检验"对他人离职倾向的感知"对个体离职倾向和连带离职倾向的调节作用，最终把 H 中介经纪人离职模型整合为三大部分，包括个体离职倾向、群体离职倾向和个体对群体离职倾向的影响。

七、结论与讨论

根据 H 中介离职模型中的 8 个关键因素，本人从组织文化、职业发展、薪酬管理三个方面，提出了留住经纪人，降低经纪人离职率的相关措施。

（一）建议 H 中介建立以人为本的组织文化

公司上级领导要真正关心基层经纪人的需求与困难，通过中层领导把这份员工关怀落实到每一位一线经纪人身上。而门店内的经纪人需要精诚合作，打破冰点，才能提高门店的整体实力。把企业文化上升到战略层面，让每一位经纪人用行动践行企业文化战略，才能增强企业的向心力，激励每一位经纪人努力实现自我价值。

（二）H 中介需要重视经纪人的职业发展

在经纪人入职前先做一份职业规划测评。入职后，根据经纪人不同的职业发展阶段，以职业规划测评和经纪人的实际工作能力为依据，以公司发展为导向，采用不同的方式，协助经纪人不断规划与实现自己的目标，充分发挥经纪人的潜能，让经纪人感受到自身价值的存在，提高企业忠诚度。

（三）H 中介通过改进和创新，建立科学的薪酬管理体系

底薪采用"高开低走"的方式，入职时高底薪，随后底薪低，梯级差距也小，每三个月进行考核，对职位和底薪做调整。提成采用"等提成"策略，无论哪个职位，只要促成交易，提成比例相同。多样化的福利形式是 H 中介的吸引新经纪人、留住优秀经纪人的有力措施。"奖金＋实物＋荣誉"极大地激励了经纪人为实现自己的目标而留守在公司，并为之奋斗。

（四）H 中介应该制订群体离职的预控方案

建议 H 中介完善人力资源信息系统，及时了解经纪人工作变动及离职原因，并采取相应措施，避免群体离职的发生或进一步扩大；补充经纪人供需信息，使经纪人离职后能够及时填补人员空缺。同时，积极开发电商房地产平台，完善房源客源的信息及各项功能，提高平台信誉度，让公司所有交易有条不紊，减少经纪人去留对交易的影响。

在房地产业飞速发展的今天，房地产中介企业的竞争日益激烈，而经纪人则是房地产中介竞争的有力武器。但经纪人的严重流失已经将成为行业最为棘手的事情之一。因此，寻找经纪人流失问题的根源，采取有效措

施降低经纪人离职率，成为房地产中介公司的刻不容缓的工作。

本文以国内外员工离职因素及模型研究为依据，针对 H 中介经纪人离职现状，进行实证研究。利用关键人物访谈法，对 H 中介经纪人离职问题进行了解，确定了影响经纪人离职的 20 个离职因素。通过离职经纪人的问卷调查，初步筛选出 18 个经纪人离职因素，然后对在职经纪人进行问卷调查，再剔除 2 个经纪人离职因素。运用 SPSS 22.0 进行相关性分析，建立离职倾向与离职因素之间的关系。最后进行回归分析，确定 8 个关键因素进入回归方程模型，他们按系数从大到小分别是归属感（0.212）、工作压力（0.173）、薪酬待遇（0.102）、工作预期（0.098）、与同事关系（0.094）、工作单调性（0.092）、个人能力（0.078）、企业文化（0.046）。此外，运用独立样本 T 检验和方差分析，判断 5 个不同的人口统计量下，8 个关键因素对经纪人离职率影响的显著性。结果显示，H 中介女性比男性更容易因工作压力而离职，男性比女性更在乎薪酬待遇；年龄越大、服务年限越长，越会因缺乏归属感而离职，年龄越小，越承受不了工作压力；服务年限短的经纪人更容易因不满工作预期和与同事关系而辞职；薪酬待遇与工作预期的受关注程度，会随着学历的递增而提高；无论结婚与否，8 个关键离职因素对经纪人离职率的影响均没有显著性。

H 中介经纪人的离职除了受个体因素影响外，还受到群体因素影响。因此，本人在查阅大量文献后，根据 H 中介的现状提出了 5 个研究假设，得到如下结论。

第一，对他人离职倾向的感知与连带离职倾向呈显著正相关。

第二，工作不安全感和信任关系在对他人离职倾向的感知与连带离职倾向之间起部分中介作用，信息交换则起了完全中介作用。

第三，从众心理的中介作用没能通过检验。即当经纪人感受到同事或者主管的离职倾向或离职行为后，会产生工作不安全感，通过情感信息的交流，这种不安情绪会受到传染而扩大，出于对这些同事或主管的信任，经纪人的离职倾向会增强，促使经纪人做出离职的行为。同时通过了对他人离职倾向的感知在个人离职倾向和连带离职倾向中的调节作用的检验，整合个人离职倾向和群体连带离职倾向的研究后，得出最终的 H 中介离职模型。

第四，本文提出了 H 中介经纪人保持策略的相应措施。包括建立以人为本的组织文化，实现由上而下的员工关怀，加强同事间的交流合作，把企业文化上升到战略层面；同时重视经纪人的职业发展，按不同职业发展阶段，制定职业规划；建立科学的薪酬管理体系，设置人性化的底薪、公平性的提成和多样化的福利制度；还要制订群体离职的预控方案，完善人力资源管理系统，积极开发电商房地产平台。

第四节　广州地区国有大型商业银行员工离职动因研究

一、研究目的与研究意义

随着近年来金融行业的飞速发展，尤其是股份银行、民间金融公司等采用高薪酬、高福利作为手段，吸引大批国有银行人才跳槽，导致银行业的骨干人才不断流失。一方面，大型银行人才稳固，区域的金融才能更加有序支持实体经济的发展。人才决定了银行机构的生命力。另一方面，国有大型商业银行青年人才培养的机制尚未完善，导致当前广州地区大型商业银行人才面临断层。外部高报酬、高福利的诱惑条件与内部人员过于稳定、收入水平不高、发展机会有限等形成鲜明对比，员工不断流失将是相当长一段时间广州国有大型银行面临的难题。

愈演愈烈的大型银行员工的"离职潮"，让作为国家区域金融稳定的大型银行分支机构应对不及。人—组织匹配关系将对员工离职产生怎么样的影响？员工个体性格问题是否对员工离职意愿造成较大的影响？组织内部和个体的一些特征是否能够成为左右员工离职的重要因素？国有大型银行员工的离职决定因素是否与其他企业存在异同？这些都成为困扰大型银行企业人事管理的难题。

需要注意的是，目前在员工离职方面，广州地区国有大型银行的人力资源专家面临两个最迫切需要解决的问题。

（一） 银行机构的离职率在不断上升，但银行机构自身对于离职因素研究不足

目前，广州地区国有大型银行省分行对全省机构员工离职的管理考核指标主要是机构员工的离职率。以 A 国有银行广东省分行为例，该行 2016 年前给予全省机构是员工离职率不得高于 5% 的考核指标。但 2016 年之后，股份制银行对于国有大型银行人才大量的"挖角"，以及外部科技金融和小额贷款公司对银行员工的争揽，导致甚至出现国有大型银行的整个团队离职的极端情况。基于此，该银行的广东省分行员工离职容忍度的考核指标在不断上调。与此同时，国有大型银行的人力资源部门对于员工离职缺乏科学系统的认知，员工离职在部门内部存在较大的影响效应，但对于人力资源部门来说，其管理的员工数量庞大，对于离职的个体往往较为漠视，既不存在一个科学分析员工离职原因的体系，也没有采取正视的态度面对员工离职，甚至个别人力资源的管理人员还存在银行不缺人才的错误观念。所以，大型银行缺乏一个系统科学化的人员离职分析体系。

（二） 银行机构在员工职业生涯管理方面缺乏有效探索

从目前情况来看，银行业尤其是国有大型银行对于员工的职业生涯管理尚缺乏有效的探索研究。在校园招聘的新员工入职之前，国有大型银行往往统一对该批新员工进行为期 2～3 周的脱产培训。脱产培训主要针对银行基础业务和技能（如点钞、打字、打计算器）以及户外拓展。但是员工的职业生涯感知度、职业发展途径、员工自身特点与职业特点结合等内容皆未纳入培训。银行机构因担心在给员工进行科学的规划和细心的培养后，员工一旦离职会导致高昂的培训成本，故往往采取被动的方式，以期望将职业生涯管理转化为由员工个人自发行为。然而，国有大型银行作为高权力距离和集体主义突出的组织，客观存在一种"一切服从组织安排"的氛围，导致员工缺乏主动规划自身职业生涯管理的问题，职业规划

"坐、等、靠"的现象严重。一部分员工因为银行机构未能给予明确的职业生涯管理，进而产生职业倦怠而选择离职；另一部分员工在成功对自身职业生涯进行科学规划后，往往认为其自身的发展与银行组织的职业规划不存在任何关联性，继而选择离职。对于大型银行来说，如何定位职业生涯管理，个体和组织哪个应处于主导地位、职业生涯管理侧重哪些方面等，成为一个亟须解决的问题。

我国的国有大型银行主要是国有性质，目前，大型银行都已经完成了市场化。最小的第六家大型银行中国邮储银行，也已经于2019年12月10日在上海证券交易所主板成功完成上市。简而言之，大型银行已经完成了市场化的关键一步。但同时，大型银行目前仍然存在一定的特殊性。

1. 控股股东决定企业性质的特殊性

从控股股东来看，绝大多数大型银行的控股股东是中央汇金投资有限公司或财政部，这就决定了身上有明显的"国字头"烙印。企业的主要目的就是盈利，但大型银行在盈利的同时承担了很多社会责任，在公益救济、国家宏观调控、社会责任，甚至还承担了社会动员等职能，这就使其区别于一般的企业，甚至区别于传统的国有企业。

2. 职员个体身份决定的差异性

从大型银行的职员来看，传统大型银行除了正式员工以外，还存在着一定的劳务派遣员工，该部分员工往往工作在大型银行，但是并未与大型银行存在劳务关系，而是通过与第三方劳务公司签署了三方劳务合同派驻于大型银行工作的人员。这部分派遣员工绝大部分承担着柜台或网点大堂接待的相关职能，也有部分是在分支行本部从事后台操作，但是同普通员工存在一定的差异性。而大型银行的部分高层领导是属于中管、省管干部，即由中组部或者地方政府组织部管辖，存在企业管理者和公务员双重模糊身份。

3. 职员个体的流动性决定个体职业生涯的特殊性

大型银行同其他股份制商业银行、外资银行、乡镇银行等存在显著的不同是，大型银行的职员招聘往往采用的是校园招聘，极少见社会招聘。所谓的校园招聘是指在员工从高等院校毕业后就进行了招聘纳入组织。而在后续的工作中，职员个体同企业紧密进行关联，已招入的职员往往只出不进，而其中大型银行每年设置的校园招聘又招收了大量预计会短期内退出组织的员工，进而确保了企业的流动性充裕。以工、农、中、建四大行为例，四大行基本不进行社会招聘。而彼此除高层管理者可能存在互相流动的情况外，中层、基层和普通员工在四大行组织互相之间不会流动。这一点和传统普通类的企业个体职员的流动机制存在较大的差异。

二、研究模型与研究假设

为贴近本次调研对象大型银行，本文针对普莱斯－穆勒（Price－Mueller，2000）模型进行了对应的调整，同时优化了部分变量的量表（见表3－51）。一是合并了部分变量，如分配公平变量表中囊括了分配公平，薪酬和升职等相关变量；采用高绩效工作系统量表来检测一般培训和工作参与度变量。二是部分模型变量为了更精准划分采取多变量表测试。如为了更加准确测试消极、积极情感的影响，本次采用一般自我效能感和主动性人格测试两个新的变量表；而在晋升带来的影响中又分别采用了分配公平和职业满意度两个变量表。三是部分模型的变量进行了本土的优化。如社会支持一项，由于大型银行主要的管理层级采取金字塔型，而银行最重要的社会支持来自直属上司，故社会支持一项，本文采用的是测人—主管匹配的相关变量。四是根据本次测试的主题加入了测 P－O Fit 潜变量的变量表，该变量表试图通过测试大型银行员工最倾向性的人与组织匹配的价值观进而来发现到底大型银行员工是否受到该变量的影响。同时，P－O Fit 潜变量的测试又为工作自主权和单调性两个变量提供了支持。

表3－51　普莱斯－穆勒（2000）模型变量与本人选择的变量比较

普莱斯－穆勒（2000）模型变量	本文选取测量的变量1	本人选取测量的变量2
机会	职业生涯期望	
亲属责任	工作家庭冲突	

续表

普莱斯－穆勒（2000）模型变量	本文选取测量的变量 1	本人选取测量的变量 2
一般培训	高绩效工作系统量表	
工作参与度	高绩效工作系统量表	
积极消极情感	一般自我效能感	主动性人格测试
工作自主权（删除）	P－O Fit 潜变量	
分配公平	分配公平	
工作压力	组织氛围	
薪酬	分配公平	
升职	分配公平	职业生涯满意度
单调性（删除）	P－O Fit 潜变量	
社会支持	人—主管匹配、组织认同	
组织承诺	主管忠诚	
工作搜寻行为	工作搜寻行为	
离职倾向	离职倾向	
工作满意度	职业生涯满意度	

按照本次调研测量的实际变量，本文涉及的相关模型在原普莱斯－穆勒（2000）模型基础上调整后，如图 3－22 所示。

三、研究假设

（一）工作搜寻行为与离职倾向

根据莫布雷（Mobley，1979）员工离职链式模型的相关理论，工作搜寻行为与离职之间存在显著的因果关系。其中，工作搜寻行为是前因，离职倾向是后果，即员工的离职倾向往往是由于员工已经通过工作搜寻行为获得了较为满意的结果后，进而才产生强化了离职倾向。本次选择的工作

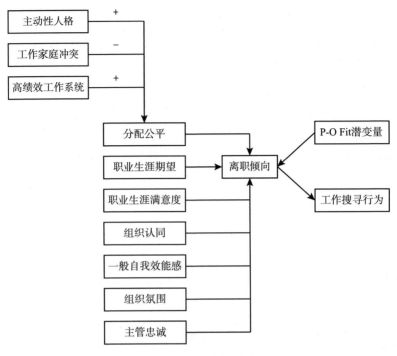

图 3 – 22　本文建立的研究模型

搜寻行为变量的问题是根据目前掌握的员工常见的搜寻另一份工作的行为而总结的。对应的将在量化分析阶段对该量表中的问题进行信度和效度的检验，以确保能够充分反映工作搜寻行为的相关特征。同时，通过高管任职谈话和访谈离职员工等方式，以期找到工作搜寻行为以及离职变量之间哪个在国有大型银行的环境下更容易成为前因变量。

假设 1. 工作搜寻行为对员工离职倾向存在显著的正向影响

（二）P–O 价值匹配度与离职倾向

根据国内在人—组织匹配研究中处于较为前端水平的陈卫旗（2003）所研究的过程中发现，在奎恩（Quinn）的"竞争性价值模型"基础上分化出来的四类价值观，可以通过二阶因素结构方式来聚合成为一个一般的构思，这种情况我们称之为整体方面的 P – O 价值匹配观。

作为国际组织行为学专家的奎恩（1988）开发的竞争文化价值模型对于当前人与组织匹配存在着核心的指导价值。根据内部取向、外部取向、灵活、控制等四因素的排列结合形成了目标导向、规矩导向、创新导向和人际关系导向四个基本方向，以便于总结出企业竞争力在不同企业中具体形成的因素和影响，该类方法自1990年开始已经被广泛运用于分析各类不同属性的相关企业。那么企业的价值观的具体类型在获得测量后，是否会对员工的离职倾向产生影响，学术界的普遍观点是显然的。那么，本文将通过第二个假设来进行验证。

假设2. P‒O Fit潜变量对于员工离职倾向存在负向影响

（三）分配公平（含薪酬、升职等）与离职倾向

分配的公平性，即组织中个体的投入产出比，可以理解为按劳分配的程度。当个体对于组织的贡献度越高，给组织带来的经济效益或者其他绩效越高，组织对应给予的资源分配越多；回报越多，表示组织的分配公平性越高。组织中的该种分配可以包含多个方面，可能是精神层面的激励分配。如优秀称号、荣誉等；也可以是经济方面的分配。如工资、奖金；更可能是职务上的变动，如升职等。

综合上述情况，本文将普莱斯‒穆勒（Price‒Mueller，2000）模型中的分配公平、薪酬、升职机会三个变量统一，寻找适合的分配公平量表进行了测量。因此，本文认为，分配公平（含薪酬、升职等）与离职倾向存在一定的相关性，具体假设如下。

假设3. 分配公平（含薪酬、升职等）与离职倾向存在负向影响

主动性人格是一种个体的性格特质，其形成往往和个人的性格有较大的关系。上述理论中已经说明了其对离职倾向产生的一些影响。但是从直接作用来看，主动性人格更多体现的是对组织分配的一种主观反映。因为，本文预测，主动性人格与分配公平存在一定的相关性，具体假设如下。

假设3a. 主动性人格对分配公平存在正向影响

工作家庭冲突，在本次测量中是对应的亲属责任，主要是指个体对于

工作及家庭的交叉影响程度。长期以来，学者对于该变量是否纳入人口统计变量进行统计曾有过争议。但从时间看来，纳入人口变量后对于该变量的信度和效度可能会产生一定的影响，故还是单独考量较为妥当。该变量主要衡量的是家庭因素对于个体工作决策的相关影响。需要注意的是，为了淡化家庭工作两者之间产生的冲突，员工往往通过衡量自身的薪酬、职位等作为参考。因此，本文认为，工作家庭之间的冲突与分配公平存在一定的关系，具体假设如下。

假设 3b. 家庭工作之间的冲突对分配公平存在负向影响

高绩效工作系统，本次对应的是一般培训及工作参与度。简单来说，一般培训是指需要进入某一组织后，组织为了尽快让其个体适应，往往会采取入职培训等让个体接受能够适应相关基础工作的职能，这种培训所获的技能可以广泛应用于各行各业。以大型银行为例，大型银行在每年校园招聘后，往往会集中对新进人员的电脑输入、Office 文档技能，沟通技巧和计算器的使用等进行培训，即所谓的通识教育课程，也是实现大学生从校园到社会进行过渡的一次培训。

工作参与度是指组织中个体对于自己所从事的相关工作的积极程度以及自动自发付出精力投入自己工作中的程度。个体工作参与度的衡量往往是通过自身在组织获得相关报酬进行直接衡量。本文认为上述两个要素，可以通过高绩效工作系统量表进行合并测量。因此，本文认为，高绩效工作系统与分配公平存在一定的关系，具体假设如下。

假设 3c. 高绩效工作系统对分配公平存在正向影响

（四）职业生涯管理与离职倾向

职业生涯管理作为满足组织、主管、员工三位一体的一个动态调整的过程，充当了企业管理中至关重要的一个环节，也构成了现代人力资源管理一个重要基石。在职业生涯管理中，往往是进行时的状态比较难以静态把握，但是从个体进入组织后到最后选择退出组织这个过程中存在职业生涯管理一前一后两个重要的概念，即进入组织后的职业生涯期望和在组织中感知到的职业生涯满意度。

职业生涯期望是作为组织中个体的一种职业价值外化的反映之一。根据西方学者的观点，职业生涯期望是个体在进入组织之后对于该组织的认同，以及自身付出的努力与在组织中获得的精神或物质奖励的一种平衡性认知。通常，职业生涯期望的形成和产生是在个体进入该组织中的几周或几个月中形成的一种将个体与组织契合的态度观念。本文认为，职业生涯期望是一种可变的认知，即可以分为初步形成—刺激调整—阶段性固定—再刺激调整—再固定的过程。职业生涯期望与组织匹配与否会直接影响到员工的离职倾向，那么本文提出如下假设。

假设4a. 职业生涯期望对于员工工作离职倾向存在负向影响

职业生涯满意度，也成为工作满意度，斯佩特（Spector，1985）将其定义为是一种工作中的情感或者态度反映。工作满意度的对象可能包括工作收入的分配、职位晋升、直接主管的影响、职业培训的技能、自身取得的工作成就以及职业生涯规划情况等。那么，员工对于职业生涯满意度的各因素之间并不存在必然的相关性联系。比如，对于自己直接主管较为满意、相处较为和谐的员工并不一定对于自身的职位等级和薪酬收入满意，反之亦然。按照以往的研究职业满意度的成果发现，对于低满意度的职业生涯的个体，往往在通过工作搜寻行为而获得同等水平的外部工作机会的情况下，选择从当前的组织中离职；这一点与职业生涯满意度高的个体相比，产生类似情况的概率小很多。因此，本文提出如下假设。

假设4b. 职业生涯满意度对于员工离职倾向存在负向的强化影响

（五）组织认同与离职倾向

作为组织行为学的一个基础概念，起源于20世纪80年代的组织认同，至今还属于一个较为新兴的研究领域。根据国内外学者的研究，米勒和阿伦（Miller & Allen，2000）将其定义为是一种管理决策。这种决策是基于组织中的个体是否将自己认为是组成组织的其中一个密不可分的部分，是一种对组织的企业文化和愿景共鸣。而唐春勇（2010）认为，组织认同是一种对于组织保持同样化的感知行为，主要是通过组织中个体通过对所在组织的识别来对自身进行定义的过程以及从而产生的结果。组织认同对于离职行为产生的一种重要影响是，高度组织认同的个体往往在该组织中花费大量的物质和精神，从而导致离开组织的时候产生的大量包括薪酬、认知感想等代价，而在离职进入一个新的组织后要承担认同度不高的相关风险。因此，本文根据相关情况做出如下假设。

假设5. 组织认同对于员工离职倾向存在负向的强化影响

（六）一般自我效能感与离职倾向

一般自我效能感属于社会认知理论和行为主义理论范畴，其研究起源于20世纪70年代，是由美国心理学家阿尔伯特·班杜拉（Albert Bandura）提出的，作为一个社会认知行为的核心理念。一般自我效能感定义为"人们对他们组织和实施某种行为进而达到期望效果的能力的自我判断"。而组织中的个体，在日常生活和工作中做出的选择往往是基于该类自我评判的能力。提尔尼和法默尔（Tierney & Farmer）的实证检验得出了自我效能感对个体创新行为及绩效的积极作用。同样，一个被动接受的行为，在一般自我效能感不同的个体中将会产生完全不同的主动性反馈。如在银行日常工作中，别人在不经意间拿走一支笔的行为，在某些个体看来是一种亲密表现的行为，而相反，在另一些人看来此举充满了挑衅和占有的恶意。因此，本文认为，主动性人格和一般自我效能感对于离职倾向有一定的关系，具体假设如下。

假设6. 一般自我效能感对于离职倾向存在正向的强化影响

（七）组织氛围与离职倾向

组织氛围，是指在组织环境下，员工对一些事件、活动以及那些可能会受到奖励、支持和期望的行为的感受，可以理解为对应的工作压力，即个体被要求必须面对工作中存在的确定性和不确定性的相关结果。在此过程中，又是动态情景体现而非一种确定的模式。按照心理学角度分析，工作压力存在的相关路径分别是压力源头——个体对于压力的认知反馈——因认知反馈而带来的某些紧张程度。因此，本文认为，组织氛围对于离职倾向一定的关系，具体假设如下。

假设 7. 组织氛围对于离职倾向存在负向影响

（八）主管忠诚与离职倾向

主管忠诚属于组织承诺的一种，是指个体对于所在组织价值观、内在的企业文化等的归属感和忠诚于该组织的程度。最早是由贝克尔（Becker，1960）提出，偏重于阐述随着时间的进行，组织中个体对于组织投入了技能、精力、时间等各方面的资源，进而造成离开该组织所必须承担一定损失而变相增强个体对组织的依赖程度。加拿大学者迈耶和阿伦（Meyer & Allen）在总结前人理论的基础上通过了实证研究提出了"三因素"论，即情感承诺（对组织投入的情感而非物质承诺）、连续承诺（脱离该组织带来的成本损益）和规范承诺（受到外界的价值观影响而选择留在该组织）。

在国有大型银行，员工组织承诺起最大决定性作用的往往是其上级主管。因为作为行政化较强的企业，下级员工对于企业文化和价值观的直接感受来源于其上级直接主管。因此，本文认为，主管忠诚对于离职倾向一定的关系，具体假设如下。

假设 8. 主管忠诚对于离职倾向存在负向影响

四、问卷设计及变量操作

（一）测 P－O Fit 潜变量

根据陈卫旗教授《组织与个体的社会化策略对人组织匹配价值的影响》一文中指出的，选取奎恩等提出的竞争性价值模型作为测量 P－O Fit 价值匹配的框架。按照人群关系、开放系统、理性目标和内部过程四个价值取向纬度进行分析潜在变量对 P－O Fit 的影响，变量采取陈卫旗、王重鸣（2007）开发的人与组织文化价值匹配问卷的相关变量，分别从人群关系（支持导向）、开放系统（创新导向）、内部过程（规则导向）和理性目标（目标导向）四个潜在的变量进行测试，观测的问题每个变量分配 4 个，总计 16 个题项。

（二） 测高绩效工作系统量表

高绩效工作系统，作为国内外战略人力资源管理领域的重点研究课题之一，主要致力于研究一系列计划内的人力资源管理步骤的实现。采取劳勒（Lawler，2011）等发表于国际商业研究杂志的《美国跨国公司外国子公司高绩效工作制度：一种制度模式》中相关量表作为主要变量表，高绩效工作系统量表总共 12 道题。其中，包括四个分量表：培训开发分量表总共 5 道题；员工配备分量表总共 2 道题；评价回报分量表总共 3 道题；员工参与分量表总共 2 道题。

（三） 测工作家庭之间的冲突

该变量表主体是分为两个部分，经国内学者刘家国等（2017）对卡尔森等（Carlson et al.，2000）所开发量表进行翻译，主要是涉及工作对于家庭的影响和家庭对于工作的影响两个方面进行测量。其中，工作干涉家庭的 CR 为 0.80，家庭干涉工作的 CR 为 0.83。本变量表一共测量为 8 个题项，其中题项 1~4 测量家庭干涉工作，题项 5~8 测量工作干涉家庭。

（四） 主动性人格测试

主动性人格量表采用赛贝特（Seibert，1999）等提取巴特曼和克兰特（Bateman & Crant，1993）研究开发量表中 17 个项目中因子荷载率最高的 10 个项目，并将上述项目简化为主动性人格测试的简版量表。为了测量该新简化量表的相关性，赛贝特（Seibert，1999）和她的同事找了 181 名 MBA 学生与本科生，通过分别采用 10 条目的简化量表和 17 条目的原始量表进行测试，比较分析其存在的差异，得出结果，简化版的量表的相关性系数和信度效度，并不因为删除 10 个条目而受到影响。

（五） 测人—主管组织匹配

来源于庄、沈和朱加（Zhuang，Shen & Judga，2016）量表，考虑到前期已经在 P–O Fit 对涉及价值观匹配的进行了设问，决定删除人—组织匹配中关于价值观的相关内容，最终决定留下 4 个题目：（1）我的个性和我主管的个性相似程度；（2）我的工作方式和我主管的工作方式相似程度；（3）我的生活方式和我主管的生活方式相似程度；（4）我主管的领导风格和我想要的领导风格相似程度。

（六）　测分配公平

分配公平氛围量表，是组织公平概念下的一个子维度，是评估不同工作成果的公平性的，包括工作职责和工作量、工作进度和薪酬水平。该变量主要被用来描述人们对分配的奖励和资源公平的看法。布莱恩和罗伯特（Brian & Robert）调研了美国西南部一个大城市中的 11 家国家影院管理公司的员工，共发出 260 份问卷，有效问卷 213 份，内部一致性系数为 0.83。量表取自尼霍夫和莫尔曼（Niehoff B P & Moorman R H，1993）发表的《分配公平作为中介变量作用于组织公民行为监控方法与组织公民行为之间关系》一文。

（七）　测职业生涯满意度

主要采用格林豪斯（Greenhaus，1990）开发的职业生涯满意度量表，是从格林豪斯、帕拉苏拉曼和沃姆利（Greenhaus J H，Parasuraman S J & Wormley W H，1990）发表于管理学院学报的《种族对组织经验、工作绩效评估和职业成就的影响》一文中提取的。问题主要包含 5 个，针对工作取得成就、总体职业规划、收入满意度、晋升满意度和新技能培养等开展测量。

（八）　测组织认同

主要采用的是马伊尔和阿什弗思（Mael & Ashforth，1992），发表于组织行为学杂志的《校友及其母校：对组织认同重新制定的模型的部分检验》一文中的变量，主要包含 6 个问题，分别从自我对于所在组织的认同感、别人评价组织而对个体产生的影响，以及个体对于所在组织成就的感受等方面进行了测量。

（九）职业生涯期望

本量表是从巴克利、罗纳德、费多和唐纳德（Buckley M，Ronald，Fedor & Donald B，1998）发表的《调查新人的期望和与工作相关的结果》一文中提取，其中包括对于该项工作的总体期望，工作对于自我的能力提升，工作自身的良好程度等方面的测量题项。

（十）一般自我效能感量表

自我效能是指个人相信他们具有通过自己的行动使事情发生的能力。一般自我效能感作为一种稳定的个性特质，展示的是一种全面的自信程度，往往在个体面对组织中应对和处理较为复杂或困难的问题中展现出来的特质。陈、古雷和艾登（Chen G，Gulley S M & Eden D，2001）对54名参与 MBA 项目、且有9年左右管理经验的管理者进行了问卷调查，第一次收集数据，一般自我效能感量表的内部一致性系数为0.85，第二次收集数据，一般自我效能感量表的内部一致性系数为0.88，有较好的信度。

（十一）测主管忠诚

本次采用的主管承诺量表较为经典，来自克拉格斯顿、霍威尔和多夫曼（Clugston，Howell & Dorfman，2000）对于阿伦和迈耶的经典组织承诺量表的简化，通过三个主要维度（包括：规范承诺、情感承诺和继续承诺），每个维度通过5道题来进行测量，总计是15个题项。但后续的研究发现，情感承诺和规范性承诺存在较为显著的相关性。从便利角度来说，上述两个维度是存在高度统一的，因此主要对情感承诺和持续性承诺两个维度，10个题项测量，即可精确反映被测量者对于主管承诺的感受。综上所述，研究中可以只提取情感性承诺和持续性承诺进行研究，共10个题项。

1. 情感承诺

（1）如果一直都能和我现在的主管在一起工作，我会感到非常开心。

（2）我乐意与组织外的人谈论我的主管。

（3）我强烈感受到我主管的问题就是我的问题。

（4）对我来说，能够和我的主管在一起工作是意义非凡的。

（5）我对我的主管有情感上的依附。

2. 持续承诺

（1）留在我的主管身边工作，与其说是愿望，不如说是不得不这样。

（2）离开我的主管的不良后果之一，就是可供选择的机会很少。

（3）如果我离开我的主管，我没有其他更好的选择。

（4）离开主管将给我带来很大的个人损失，因为其他主管不可能提供给我同等利益。

（5）如果近期要我离开我现在的主管，我将付出很大的代价。

（十二）　测组织氛围

组织氛围量表主要取自布朗等（Brown et al.，1998）等发表的《竞争心理气氛》一文中，总计有 4 个题项的测量，包括对于组织中的个体及其同事进行的竞争心理比较进行测量。

（1）我的管理者经常将我的业绩和其他同事做比较。

（2）我在公司中得到的认可取决于我与其他同事的工作业绩比较。

（3）公司里的每个人都十分关注成为优秀员工。

（4）我的同事经常将他的业绩与我做比较。

（十三）　测工作搜寻行为

工作搜寻行为的测量量表主要测试的是 5 个题项的问题，即个人参加其他单位面试的数量以及个体寻找其他相关工作的可能性，量表的信度和效度将在后文进行测试。

（1）最近一年，我经常参加其他单位的招聘。

（2）为找到新工作，我时常关注更合适的工作。

（3）为找到新工作，我经常了解周围企业的工作机会。

（4）为找到新工作，我经常了解相关招聘信息。

（5）为找到新工作，我经常了解其他企业员工发展状况。

（十四）测离职倾向

离职倾向是指组织中个体因各种原因所产生的离开组织的一种主观倾向性。员工的离职对于组织造成的损失主要有两方面，第一个是离职的区间无法寻找适合的人员进行替代性工作而造成的损耗，第二个是在已离职的人员身上投入的相关沉没成本是无法挽回的。同时研究还发现，组织中个体的离职还对于团队中其他人存在一定程度的影响。员工离职前将会表现出一系列的特征，如本文作者所见过的最具有特色的特征是，离职前的员工往往乐意穿着不同颜色的衬衫等。本文的离职倾向的量表主要采用的是斯科特（Scott C. R.）等1999年2月发表于管理沟通季刊的《沟通与多重认同对离职倾向的影响：一个多方法论的探索》一文。斯科特等（1990）等通过对于美国一中型州政府机构的调查取向，从参加试点研究的215个个体中收集到有效问卷97份，量表内部一致性系数为0.83。

五、抽样设计与调查过程

本次样本的采集，主要是通过前后两次针对广州市内国有大型银行随机发放网络调查问卷的方式进行的。第一次问卷开展时间为2020年1月初，本人首先同工商银行、农业银行、中国银行、建设银行、交通银行和邮储银行广东省分行六家单位相关部门负责人进行了充分沟通，征求相关意见后决定采取员工自愿的方式参与本次调研工作。其中，建设银行、邮储银行广东省分行因自身原因未能组织员工参与本次调查研究，而交通银行广东省分行因年前人员岗位工作调派较大，为避免影响其正常经营秩序，经沟通协商后，承诺年后完成该项调研。截至2020年1月末，第一轮的问卷共采集到完成数量678份，有效填报数量为676份，除去建设银行未参与却存在2份问卷外，工行广东省分行总计填报问卷数量153份，农行广东省分行总计填报问卷数量313份，中行广东省分行总计填报问卷数量209份。

随后，因受2020年初新冠疫情影响，金融机构的复工时间普遍推迟，原计划于2月初开展的第二轮问卷的测量被迫推迟至2月中下旬开展。为便于充分匹配，笔者要求自愿参与本次调研工作的第二次问卷的填报人员必须同第一次问卷契合。截至 2 月下旬，第二轮问卷共采集到完成数量 837 份，有效问卷 836 份，除去建设银行未参加却存在 1 份问卷外（无效问卷），工行广东省分行总计填报问卷数量 134 份，农行广东省分行总计填报问卷数量 267 份，中行广东省分行总计填报问卷数量 207 份，农行广东省总计填报问卷数量 228 份。

本次两轮问卷不采用卷面实名制的原因，是因为实名制填报对银行这种高约束性机构的挑战较大，且实名填报会导致两个较大的问题：一是参与调研并回收的意愿将大打折扣，员工都不愿意自己的真实想法被曝光；二是即使强行采用实名制，将导致调研人员填报的问卷真意图出现很大偏差。为了掩饰自己真实想法，参与调研人员会出现胡乱答题的情况。为避免采用实名制而给问卷填报人员带来困扰，导致测量结果的不准确的问题，两轮问卷填报基本采用匿名，但后期可以通过后台填报数据的相关手机 IP 地址一致性的方式来对两轮的有效问卷数量进行全面筛选。经过 IP 地址匹配，两轮调研问卷 IP 地址匹配且有效的有 287 份，该 287 份问卷作为最终有效问卷来进行数据分析。

量表方面，为了便于更加贴近大型银行样本采集的实际，本次调研取样采取了这几种措施确保有效性。一是因本次量表采集的原始量表大部分是国外的量表，为贴近专业性，本次国外量表的翻译获得了中国银行广东省分行两名已获得英语专业八级资格的资深工作人员进行协助翻译匹配问题，使得更贴近银行工作人员的填报习惯。二是基于各大型银行长期工作中不同的文化氛围和价值体系，本次整体调查问卷前期同工行、农行、中行和交行的人力资源相关专家进行初步沟通，对于量表的部分问题进行了删改。三是在同本人指导教授在学术上充分沟通外，本人还咨询了对大型银行领域和人力资源领域的两位资深专家的相关意见。其中一位是广东银保监局大型银行处负责人，另一位是前国务院国有资产监督管理委员会人事部门专家，曾担任央企 ZGHG 集团总部人力资源部负责人。两位前辈分别从大型银行管理相关的特点和人力资源管理领域相应特征等方面，审阅了本人设计的相关问卷，并非常谨慎提出了问卷的修改意见。按照实际操作要求，本人将原 Likert 七分量表的问卷方式改为 Likert 五分量表，便于对银行职员开展测量，5 个备选答案分别为从非常不同意到非常同意之间，根据被测试者主观上的感受依次划分等级。同时，为了避免被调研对象因为主观一些偏差或故意胡乱答题对测量结果带来的影响，本次调研问卷也采取两种方式避免。一是对于反馈中答题时间明显过短的调研问卷进行了删除。二是通过监管机构专项调研的方式来确保调研的严肃性。

同时，为了进一步体现调查的随机性，针对参与调查的银行机构只规定了调研问卷填报的下限数量；为充分了解各层级不同调研对象特征，本次调研分别对于银行的中层管理序列（处长级）、基层管理序列（科长级）和普通员工进行了占比方面的要求，要求参与调研银行的中层管理序列（处长级）、基层管理序列（科长级）和普通员工参与的比例分别为 10%、30% 和 60%，基本符合三个序列总体人员占比预期比例。需要指出的是，由于国有大型银行广东省分行高层管理序列一般为厅级的省管干部，且数量较为稀少，对于样本的影响有限，且针对本次调研涉及的大量问题进行作答存在一定难度，存在实际难度，故本次调研问卷并未将大型银行的高层管理序列纳入。虽然第二轮问卷获得两位高层管理的支持，但是因为后续分析的原因，故两份高层管理干部作答的问卷予以剔除。

六、数据分析与假设检验

（一）描述性统计分析

样本的描述性统计分析表见表 3 - 52。

表 3 - 52　　　　　　　　　描述性统计分析表

变量名称	编码	内容	数量	百分比（%）
单位	1	工行	47	16.4
	2	农行	165	57.5

续表

变量名称	编码	内容	数量	百分比（%）
单位	3	中行	72	25.1
	4	建行	2	0.7
	5	交行	1	0.3
年龄	1	25 岁及以下	15	5.2
	2	26～30 岁	68	23.7
	3	31～35 岁	55	19.2
	4	36～40 岁	58	20.2
	5	41～45 岁	33	11.5
	6	46 岁及以上	58	20.2
教育程度	1	大专及以下	16	5.6
	2	本科（含双学位）	199	69.3
	3	硕士	69	24.0
	4	博士	2	0.7
	5	其他	1	0.3
岗位层级	1	中层（处级）	45	15.7
	2	基层（科级）	86	30.0
	3	普通员工	156	54.4
年收入	1	10 万元以下	17	5.9
	2	10 万～20 万元	93	32.4
	3	20 万～30 万元	75	26.1
	4	30 万～40 万元	50	17.4
	5	40 万～50 万元	17	5.9
	6	50 万元以上	35	12.2
性别	1	男	128	44.6
	2	女	159	55.4
婚姻状况	1	已婚	216	75.3
	2	未婚	71	24.7
	合计		287	100

从表 3-52 可以看出，大型银行中参与比较积极的是农行和中行，相对而言这两家的行政化氛围也是高于其他国有大型银行的，所以参与这类行政调研的积极性比较高。从样本的年龄数据来看，31 岁以上的员工年龄占比超过 7 成，而 25 岁及以下的员工年龄占比仅为 5 个百分点，从这一点可以看到当前广州地区大型银行员工的老龄化比较严重。近年来，银行业发展逐步开展平缓，对于新毕业大学生的吸引力较为有限，也是造成年轻化员工较少的原因之一。

教育程度方面，以本科和硕士研究生为主；一方面自 20 世纪 90 年代以来，本科教育的发达使得当前银行的学历普遍开始提高，银行招收员工的时候更加偏向于本科及以上的学历；另一方面进入银行后，因职业发展等各方面的需要，大量的银行员工选择通过自考或在职学习向更高学历进修。

岗位层级方面，处级中层管理者的填报比例达到 15%，按照之前的填报选择比例明显高于要求的 10%；科级基层管理者的填报比例为 30%，普通员工的填报比例为 55% 左右。处级中层管理者填报比例高的原因在于，中层以上管理者的执行能力往往高于基层管理者和普通员工，这也是其能够担任相适应的岗位的原因之一。

年收入方面，可以看到大型银行的收入区间普遍在 10 万~30 万元，而 40 万元以上的占比接近 2 成，符合上述 15% 的中层管理者比例，体现大型银行的各层级之间的年收入存在一定的差距，而显然 10 万元以下的收入占比较少，这和广州地区发达的金融体系不无关系。

调研样本中女性的比例显著高于男性 10 个百分点，符合银行业的预期，因银行业很多岗位在实际操作过程中女性的技能要高于男性，这也是银行机构人员存在女多男少的原因之一。性别对于离职的研究没有较大的显著性，原因同前文分析的一致。

婚姻状况这一变量的影响并不是非常显著的，但是从工作投入程度来看，已婚的员工工作投入程度往往远大于未婚的员工；从调研的对象来看，已婚的调研对象占比达到 75.3%，而未婚员工的占比为 24.7%；从实际操作层面上看，在银行人力资源的管理中，人力资源部门分配工作往往也是更倾向于已婚且家庭稳定的员工。

（二）量表的共同方差检验及信度、效度分析

1. 共同方差检验

为了分析原始变量是否适合作因子分析，本文首先进行了 KMO 检验（结果见表 3 - 53），即对 KMO 测度值支持进行因子进行一次分析。从传统意义上的测量值来判断，KMO 测度大于 0.5，意味着因子分析可以持续进行。其中，KMO 测度在 0.9 以上，表示非常合适做因子分析；KMO 测度在 0.8～0.9，表示很适合做因子分析；KMO 测度在 0.7～0.8，表示适合；KMO 测度在 0.6～0.7，表明尚可；KMO 测度在 0.5～0.6，表示很差；KMO 测度在 0.5 以下，应该放弃该结果。

表 3 - 53　　　　　　　　　方差检验表

KMO 和巴特利特检验		
KMO 取样适切性量数		0.859
巴特利特球形度检验	近似卡方	26 668.02
	自由度	5 671
	显著性	0.000

本文的 KMO 测度为 0.859，从这个角度来看，说明很适合进行因子分析。

因为本次实证研究涉及的前后两轮调查问卷，问卷设计中题目较多，所以本文首先进行的是对于整体量表进行共同偏差检验。通过该种检验方式得出的结果，可以更好地辅助进行判断，是不是存在一种例外情况，即同一调研对象通过填报多份问卷来完成问卷填报的任务，该类行为将对于调研结果产生系统性的误差。而 Harman 单因素检验方法，可以对调查问卷进行探索性因子分析。为确保填报的真实性，本次还采用监管发邮件的方式，要求不得同一人采用同一个手机 IP 填报多份问卷。

通过 SPSS 软件分析，本次检验结果一共提取了 21 个因子，因为提取

载荷平方和中第一个因子仅包含 18.089% 的方差贡献率，小于 40%。因此，可以判断出该问卷并不存在严重的共同方法偏差，也就是证明该整体的量表实用性是存在的，见表 3 – 54。

表 3 – 54　　　　　　　　　　　　　总方差解释表

成分	初始特征值		
	总计	方差百分比	累积（%）
1	19.355	18.089	18.089
2	15.888	14.849	32.937
3	5.796	5.416	38.354
4	4.913	4.591	42.945
5	4.842	4.525	47.471
6	3.554	3.322	50.792
7	3.135	2.930	53.722
8	2.590	2.420	56.142
9	2.344	2.191	58.333
10	2.064	1.929	60.262
11	1.949	1.822	62.084
12	1.687	1.577	63.661
13	1.633	1.526	65.187
14	1.404	1.312	66.500
15	1.340	1.253	67.752
16	1.232	1.152	68.904
17	1.192	1.114	70.018
18	1.143	1.068	71.086
19	1.070	1.000	72.086
20	1.035	0.967	73.053
21	1.003	0.937	73.990

2. 全变量间皮尔逊相关性分析（见表 3－55）

表 3－55

皮尔逊相关性表

	职业生涯满意度均值	组织认同均值	职业生涯期望均值	一般自我效能感均值	主管忠诚均值	组织氛围均值	工作搜寻行为均值	离职倾向均值	P－O Fit 潜变量均值	高绩效工作系统均值	工作家庭冲突均值	主动性人格均值	人—主管匹配均值	分配公平均值
职业生涯满意度均值	1													
组织认同均值	0.628**	1												
职业生涯期望均值	0.675**	0.745**	1											
一般自我效能感均值	0.639**	0.660**	0.683**	1										
主管忠诚均值	0.368**	0.406**	0.445**	0.252**	1									
组织氛围均值	0.112	0.232**	0.203**	0.268**	0.214**	1								
工作搜寻行为均值	-0.263**	-0.034	-0.149**	-0.246**	0.193**	0.105	1							
离职倾向均值	-0.581**	-0.493**	-0.629**	-0.421**	-0.265**	-0.048	0.434**	1						
P－O Fit 潜变量均值	0.027	-0.008	-0.051	-0.023	0.063	0.008	0.097	0.005	1					
高绩效工作系统均值	0.009	0.023	-0.024	0.007	0.065	0.016	0.098	-0.006	0.833**	1				
工作家庭冲突均值	0.009	-0.014	0.010	0.026	0.002	0.048	0.004	0.110	-0.223**	-0.271**	1			
主动性人格均值	0.059	0.060	0.023	-0.017	0.083	-0.011	0.002	-0.085	0.393**	0.415**	-0.071	1		
人—主管匹配均值	0.075	0.035	0.048	0.005	0.097	0.016	-0.080	-0.130*	0.396**	0.426**	-0.199**	0.549**	1	
分配公平均值	0.084	0.065	0.060	0.033	0.142*	-0.079	0.000	-0.096	0.548**	0.625**	-0.395**	0.345**	0.511**	1

注：**. 在 0.01 级别（双尾），相关性显著。

　　*. 在 0.05 级别（双尾），相关性显著。

3. 回归变量间相关性分析

（1）工作搜寻行为与离职倾向

表 3 – 56　　　　　　　　工作搜寻行为与离职倾向相关性分析

	工作搜寻行为	离职倾向
工作搜寻行为	1	
离职倾向	0.434 **	1

注：**. 在 0.01 级别（双尾），相关性显著。

（2）职业生涯满意度、组织认同、职业生涯期望、一般自我效能感与离职倾向

表 3 – 57　　　　　　　　　　各变量相关系数

	职业生涯满意度	组织认同	职业生涯期望	一般自我效能感	离职倾向
职业生涯满意度	1				
组织认同	0.628 **	1			
职业生涯期望	0.675 **	0.745 **	1		
一般自我效能感	0.639 **	0.660 **	0.683 **	1	
离职倾向	− 0.581 **	− 0.493 **	− 0.629 **	− 0.421 **	1

注：**. 在 0.01 级别（双尾），相关性显著。

七、变量的回归分析

（一）工作搜寻行为对离职倾向的影响

表 3 – 58　　　　　　　　工作搜寻行为对离职倾向回归分析

标准 β	因变量	离职倾向	Sig.	T 值	F 值	R^2
控制变量	单位	0.029	0.613	0.506		
	年龄	0.015	0.813	0.237		

续表

标准 β	因变量	离职倾向	Sig.	T 值	F 值	R²
控制变量	年收入	0.067	0.525	0.637		
	岗位层级	0.100	0.342	0.951		
自变量	工作搜寻行为	0.430	0.000	7.984	13.298	0.191

（二）职业生涯满意度对离职倾向的影响

表 3－59　　　　　职业生涯满意度对离职倾向回归分析

标准 β	因变量	离职倾向	Sig.	T 值	F 值	R²
控制变量	单位	0.014	0.786	0.272		
	年龄	0.019	0.748	0.321		
	年收入	0.063	0.51	0.66		
	岗位层级	0.095	0.319	0.999		
自变量	职业生涯满意度	－0.578	0.000	－11.896	28.979	0.340

（三）组织认同对离职倾向的影响

表 3－60　　　　　组织认同对离职倾向回归分析

标准 β	因变量	离职倾向	Sig.	T 值	F 值	R²
控制变量	单位	0.054	0.325	0.987		
	年龄	0.021	0.735	0.338		
	年收入	0.048	0.641	0.466		
	岗位层级	0.090	0.376	0.887		
自变量	组织认同	－0.492	0.000	－9.471	18.530	0.248

（四）职业生涯期望对离职倾向的影响

表 3－61   职业生涯期望对离职倾向回归分析

标准 β	因变量	离职倾向	Sig.	T 值	F 值	R^2
控制变量	单位	0.077	0.116	1.578		
	年龄	0.043	0.441	0.771		
	年收入	0.153	0.093	1.683		
	岗位层级	0.191	0.035	2.114		
自变量	职业生涯期望	−0.635	0.000	−13.772	38.684	0.408

（五）一般自我效能感对离职倾向的影响

表 3－62   一般自我效能感对离职倾向回归分析

标准 β	因变量	离职倾向	Sig.	T 值	F 值	R^2
控制变量	单位	0.034	0.549	0.599		
	年龄	0.056	0.390	0.861		
	年收入	0.034	0.748	0.322		
	岗位层级	0.101	0.340	0.956		
自变量	一般自我效能感	−0.419	0.000	−7.743	12.536	0.182

八、研究假设结构汇总

经过对第三章中的研究假设情况进行逐步验证之后，本文将上述假设的内容总结如下。本人在上述章节中提到的 12 个假设中有 5 个假设未通过检验，剩余的 7 个假设已经通过了检验。总相关结果汇总见表 3－76：

表 3 – 76　　　　　　　　　　　　　　研究假设检验汇总表

假设序号	描述	假设属性	是否支持
H1	工作搜寻行为对员工离职倾向存在显著的正向影响	验证性	支持
H2	P – O Fit 潜变量对于员工离职倾向存在负向影响	开拓性	不支持
H3	分配公平（含薪酬、升职等）对离职倾向存在负向影响	验证性	不支持
H3a	主动性人格对分配公平存在正向影响	开拓性	支持
H3b	家庭工作之间的冲突对分配公平存在负向影响	开拓性	支持
H3c	高绩效工作系统对分配公平存在正向影响	开拓性	支持
H4a	职业生涯期望对于员工工作离职倾向存在负向影响	开拓性	支持
H4b	职业生涯满意度对于员工离职倾向存在负向的强化影响	验证性	支持
H5	组织认同对于员工离职倾向存在负向的强化影响	开拓性	支持
H6	一般自我效能感对于离职倾向存在正向的强化影响	开拓性	不支持
H7	组织氛围对于离职倾向存在负向影响	验证性	不支持
H8	主管忠诚对于离职倾向存在负向影响	验证性	不支持

九、结果讨论

综上所述，本次选用普莱斯 – 穆勒（2000）作为基础研究模型，对于广州地区国有大型商业银行员工进行抽样分析。相关变量中的机会（职业生涯期望）、积极消极情感（一般自我效能感）、社会支持（组织认同）、工作满意度（职业生涯满意度）等四个变量对于员工离职倾向存在较为显著的负向影响。其中，社会支持一项，本人采用的是两种测量方式。一是对于人—主管匹配进行支持，二是通过组织认同的变量进行测试。测量结果显示：人—主管匹配对于离职倾向的影响并不显著，而员工的组织认同对于离职存在较为显著的负向影响，这说明在国有大型银行这类银行机构，作为下属的员工往往会主动或被动在组织中找到自身的定位和价值，而不仅仅是单凭借直属主管的评价，这与国有大型银行中，主管人员定向轮岗的特点不无关系。在日常运营中，上级管理者轮岗的时间间隔为 1~5 年不等。对于下属来讲，即使遇到一个不合拍的上司，只要熬过几年时间，就会换下一任主管，这点符合预期。积极和消极情感一项，为了提升测量的准确性，本文采用的是主动性人格量表和一般自我效能感量表进行双向测试，结果看到主动性人格量表对于离职的影响并不十分显著，而一般自我效能感对离职倾向存在显著的负相关影响。本文认为，存在这种差距的主要原因是量表问题表述方式的原因，主动性人格的量表倾向于西方式的表达，而作为国有大型银行员工的表达方向相对而言较为委婉；而一般自我效能感的问题更加倾向于接近我们国内大型银行员工的表达习惯。从这个角度来讲，主动性人格对于离职倾向存在相当显性的关系。

工作搜寻行为对员工离职存在较为显著的正向影响。按照相关理论，工作搜寻行为是员工离职的前因变量，但是这需要重视的一个重要因素是，很多银行员工存在一种现象，就是已经产生离职倾向后，才出现了工作搜寻行为。从数据分析和国内大型银行的实际出发，本文更倾向于后一种解释，即已经产生离职倾向之后才出现工作搜寻行为。

同时，职业生涯期望这一变量对于离职的影响最为显著，皮尔逊相关性达到 -0.629，充分说明员工在进入银行这个机构前确实是存在一定价值观和目的性的。随着工作的深入，员工对于该银行机构的期望将达到一个较为平衡的状态，这也是 P - O Fit 一个较为显著的反向论证。

研究结果也显示，P - O Fit 潜变量、工作家庭冲突、高绩效工作系统、分配公平（含薪酬、升职等）、组织氛围和主管忠诚等相关变量，对于广州地区国有大型商业银行员工的离职倾向影响并不显著。

十、研究结论及建议

（一）研究结论

国有大型商业银行员工离职问题一直是困扰人力资源管理的重点课题。从目前的实际操作来看，大型银行往往采取每年进行校园招聘的方式，大量招收应届毕业生来弥补人员离职形成的人才短缺问题，但这一做法往往存在很大的弊端。一是大量招聘和大量离职行为在应届毕业生中造成较为负面的口碑；二是银行更倾向于在 985 高校本科和研究生招收计划，又造成了大量的人才浪费；部分 985 高校研究生在一线网点做柜台操作也是大型银行所特有的人才浪费的现象之一。

从研究结果来看，对广州地区国有大型银行员工的离职存在显著性的负向影响的动因主要有四个，即职业生涯满意度、组织认同、职业生涯期望和一般自我效能感等；而工作搜寻行为对广州地区国有大型银行的离职倾向存在显著的正向影响。那么，如何才能有效地根据本次研究的离职动因来制订相对应的措施，以降低离职率。本文认为，国有大型商业银行应倾向于从员工的职业生涯管理（如管理职业生涯期望，提升职业生涯满意度）着手，寻求更加与组织契合的员工（如在准入时加入人—组织匹配的单独测试），加强员工一般自我效能感的提升等措施来降低国有大型商业银行离职的概率。

（二）对未来大型银行管理的启示

1. 关于大型商业银行员工的留任

作为企业人力资源管理的重要课题，如何实现员工的留任是考验人力资源部门是否具备优秀工作能力的重要课题。从本文的实证研究分析中可以得出对应的验证结论。本文采用普莱斯－穆勒（2000）模型对大型商业银行的员工离职现象进行了较为全面的分析和阐述，并对其中影响员工离职倾向的相关变量进行了较为系统的探寻，但是基于两点因素，本次的研究还是具备一定的特定性。一是从调研的对象来看，本次调研的仅为广州地区的国有大型商业银行的员工，对于其他行业、其他性质企业或者地区的员工离职问题暂时无法验证是否具备一定的通用性；二是从实际操作来看，本文中设计的 10 多个变量 100 多道题，仅通过这一个模型作为员工离职的唯一考量模型或因素的话，可能存在一定的偏差。因此，本文中的显著性结果可以给予企业作为后续留任策略的理论应用指导，但具体操作的过程中还需要企业的人力资源员工结合本单位的实际情况进行开展。

2. 大型银行员工的留任的一般性框架

作为应用性较强的员工留任策略是否具备科学性，需要遵循一定的组织结构，这种策略的构成往往是需要一定的步骤，区别于一般直观感觉经验总结出来的经验。根据施里丹（Sheridan，1992）的理论，员工的留任策略往往具备三个步骤，即离职原因的分析、对应建立保持策略和具体方案的实施三个方面。

（1）离职动因分析：由于大型商业银行员工离职之前，按照传统往往由人力资源部对应的中层管理领导进行面谈挽留，从谈话中找到该员工的具体离职原因并进行记录。人力资源部会定期汇总一段时间内员工离职的原因，从而继续做好员工离职原因分类提炼等分析工作，得出一个一般性的结论，上述结论将直接向分析人员的上级层层汇报。

（2）对应建立保持策略：在前面的基础上，对于国有大型商业银行员工离职人员的主要原因已经获得了响应的结果后，——针对上述的员工离职的主要原因建立动态干预措施，并将相关措施进行论证后制订实施计划，随后向上级汇报，并在层层审批后取得单位的支持。

（3）具体方案的实施：员工留任保持策略方案通过后，可以先行在部分银行机构进行小范围的试点。如对于员工离职缺失存在一定效果后，可以进行全行范围内推广实施，并且按照一定的周期。如6个月、1年等进行后评价，对不适合实际的相关措施进行动态调整和修正。

3. 大型银行员工的留任保持策略分析

（1）增强组织的准入壁垒。

基于对于职业生涯管理理论研究，在人员的准入方面，最优的选择方法是筛选同本单位价值观高度一致的员工。如前文所述，员工在进入一个组织之前本身是具备一定的特性和职业期望的，如果在准入方面未能有效筛选和组织潜变量高度一致的员工，在进入组织后，职业生涯期望不匹配的员工自身不仅会离职，也会主动或被动带动身边的人离职。银行讲究的是一种保守的、规章制度框架较多的价值观，部分员工对于银行带有一定的误解而为获得准入往往会可以隐瞒自己自身的特性和诉求，表现为在面试的时候会尽量揣摩考官的意愿而有针对性进行保留的回答。以笔者身边的人举例，某年福建某大型国有保险公司前往华中地区某 985 高校进行本科招聘，而某同学为了获得准入资格刻意对自身特性进行粉饰，在进入该公司后发现与自身职业生涯期望存在较大偏差，结果导致该同学联系了当年该 985 高校被录取的十几位同学，在前后一个月时间内相继离职，直接导致福建的该保险公司在此后三年内不再前往该高校招收本科生。

　　当然，我们可以看到，员工准入招聘时与完全的组织价值观和职业生涯期望匹配的寥寥可数，但是必须确保的是准入员工个体核心的价值观和企业的核心文化和价值观进行一定程度的匹配，这一点需要注意。通常测试该类特性，并不是体现在传统的面试和笔试等环节，而是需要特定的途径予以解决。如汇丰银行在员工通过笔试和面试的基础上，在准入时的最后一个环节，是一份关于员工价值观的调查测试问卷，该问卷设置了大量的正向和反向的问题以衡量员工是否具备汇丰银行所需要一些特质。如该测试不通过，即使该员工的能力和态度有多符合招聘人员的预期，也将采取"一票否决制"直接将准入人员淘汰，且确保一年之内不得对该员工进行准入，这一点对于国有大型商业银行来说是一个很好的借鉴。

　　（2）加大员工的退出成本。

　　所谓的退出成本，即组织内的员工对于离开该组织的时候所付出的物质方面和精神方面的相关代价，按照经济学的解释概念即机会成本。物质方面的主要成本是员工工资、福利、补贴、持有公司的股权收益以及离职需要付出的高额代价等。传统的大型银行往往在员工准入的时候签署三方协议和劳务合同约定，员工如在一个周期内（通常为 3 年）离职的，企业有权向员工索取一定金额的补偿金，金额的设置为员工 3～6 个月的工资和绩效等。但从霍夫斯泰德文化维度理论来看，作为一个高度人情化的社会，该项规定往往不能完全实施，除非是员工在任职期间因故意原因造成了银行较大程度的资金损失。部分金融企业也按照一定职级配置公司的股权作为挽留员工策略之一。如广汽汇理金融公司根据员工 1～9 级不同的薪酬等级设置了对应的股权激励，每年将给予一定的未来行权的广汽集团的股权激励。如 3～4 级的企业中层干部行权的股权配置为 30 万股左右，如员工离职，就是放弃对于该部分的股权未来行权，对于一个效益良好的上市公司而言，这种经济损失无疑是巨大的。

另外是精神层面的损失。上文的论证已经阐述组织认同和职业生涯满意度对于离职倾向存在显著的负向影响，员工的获得感和幸福感直接传导者是自己的上级直接主管，很多单位提出了企业的"家文化"氛围的口号，实行人性化管理，要求各层级的团队对于团队内的员工采取的具备情感一样的管理，尽管这种对于各层级管理层的素质要求较高，但是效果也是显而易见的，即外部的单位即使花费较为高昂的资金代价也未必能从组织内挖走人。以改制前的国有大型企业为例，很多福利制度是从"摇篮到坟墓"，虽然这种制度增加了企业的经济成本，但是在员工的精神层面的获得感和荣誉感将远远超过其他企业。

（3）关注员工个性，寻找同个体性格和价值匹配的工作岗位和上级主管。

从一般自我效能感来看，个体的个性化是银行值得关注的一个问题，那么国有大型商业银行应该按照"一人一档"的原则来根据员工的性格、日常行为习惯、兴趣爱好等建立员工个性档案，一旦在与该团队、主管存在不相匹配的情况下，要适当做出调整策略，而不是仅把员工当作冷冰冰的执行政策的"螺丝钉"。上级主管如存在同团队价值观和下属价值观不匹配的情况，应直接予以调整。以某国有大型银行广州 KFQ 分行个人信贷部为例，该部门由 7 位员工和 1 位主管构成，因该主管属于空降个人信贷部，由于组织认同和人—主管不匹配等问题，导致该部门的 7 位员工集体离职，且采取了连续 7 个工作日，每人每天分别递交一份辞呈的极端方式。该事件在该银行内部造成很大的负面影响，最后该主管被调离个贷部门并降职使用，个贷部重新进行全面招聘补充所有部门人员。

另外，要重视在岗员工的培训。大型银行目前的培训往往更多体现在基于技能和工作水平的培训，而在于员工的心理健康、个性发展以及企业组织文化等培训远远低于预期。国有大型商业银行可适当采用建立员工荣誉室、行史室、设置对应的心理咨询岗等方式来重视员工个体的特性，从而促进员工和上级主管的契合度。以某国有大型银行阳江分行为例，该地区属于欠发达地区，阳江分行的收入水平福利等在地区同业中属于中下等水平，但该分行的新行长善于采用契合员工性格的培训并建立了该行首个行史馆，积极在该分行推行"家文化"的氛围，使得该行的离职率无论是在系统内或同业都属于最低的水平。

（4）切实建立公平公正的企业晋升和绩效分配机制。

一是建立公平且多元化的企业晋升机制，大型银行往往行政化氛围较为浓重，组织内的员工对于职位晋升和发展的期望要稍高于绩效氛围的，尤其是中青年，往往把自身职位的发展摆在首要位置。广州地区国有大型银行可以采用考虑根据不同岗位的属性设置对应的相关层级，按照银行职能主要划分为三类，即技术型、管理型和操作型。针对技术型可以设计初级经理、中级经理（科级）、高级经理（处级）和资深经理（厅级）的岗位配置；针对管理序列可以设计助理经理，副主管、主管（科级），副总经理、总经理（处级），副行长、行长（厅级）；针对操作型员工可以设置一星、两星、三星、四星、五星操作人员，并且在服务的岗位上予以显著的标注荣誉，可以先在部分机构推行试点。

二是完善紧密挂钩业绩的绩效评估体系。目前，国有大型商业银行依然存在"大锅饭"的现象，如何真正打破这种平均主义的分配制度将是解决员工离职的一个重要课题。与此同时，作为国有企业应该注意避免过度的贫富分配出现。首先，根据员工为企业创造价值的方式，建立对应的营销业绩分析系统，针对员工创造的存款、贷款、结算金额、利润、净利润和中间业务收入水平来计算员工的收入。其次，应重视员工在个体发展期和岗位特性。如某些入行两年的员工创造的业绩远远高于同期，甚至可以超越老员工的，要适当增加激励性奖励，部分超 10 年的员工创造的价值低于入行 2~3 年的要予以惩罚性的绩效扣减。最后，要重视各层级之间的薪酬差异，避免造成贫富差距过大。当前大型银行被人诟病较多的是管理层员工的收入水平要远高于基层员工，根据本次调研的结果来看，年收入 10 万元以下和 50 万元以上的两极分化较为严重。针对这种情况，可以适当采取管理层自愿出薪援助基层的计划，根据高层、中层和基层不同水平的管理层级，适当拿出本人年薪 5%~10% 的比例形成资金池来支援基本收入偏低的员工，有效削弱这种贫富不均并且形成良好的氛围，提升员工组织认同感。

第四章

员工离职的组织防范

"合理的流失率"有利于企业保持活力，但如果流失率过高，企业将蒙受直接损失（包括离职成本、替换成本、培训成本等），并影响到企业工作的连续性、工作质量和其他人员的稳定性。

因此，对员工离职情况实施必要的监管和预防，未雨绸缪将事半功倍，既可以在一定程度上降低员工离职率，也可以保证企业的利益不受损失。在一些离职高发行业，对于不可避免的每年特定月份发生的离职潮，在到来之前做好充分应对准备。比如，提前进行储备招聘、人才库资源建设。当员工离职真正发生时，可以及时补充人员，避免对公司收入结算的冲击和客户满意度的下降，也可避免人才流失对现有项目团队的影响，防止在职人员工作强度增加和满意度的降低。

这种防范管理机制应该体现在日常的人事管理工作中，体现在对员工的工作和生活各方面的关爱上。因此，企业应在平时的管理工作中，建立一系列管理制度关注员工的思想动态，关心员工的工作与生活，不仅要有物质激励还要有精神支持，提前采取必要措施减少员工离职倾向。本文将从塑造关怀型组织氛围、改善支持性工作环境、建设认同型组织文化和完善公平性管理制度四个方面展开论述。

第一节 塑造关怀型组织氛围

越来越多的学者关注群体离职及集体离职现象，员工互动视角下的离职、群体连带性离职、领导与成员交换关系质量、主管情感承诺对离职的影响、跟随主管离职等研究，无不是在关注集体离职上下级互动方面的研究。中国职场存在较强的圈子文化，组织氛围尤其是非正式群体的互动关系不可忽视。

一、组织氛围对员工离职的作用

员工对所处工作环境的认知或情绪可很大程度上影响其工作态度、工作行为以及价值观。集体离职员工感受到的组织公平、组织氛围、上下级关系越不好，引发的个人集体离职倾向的概率越高，在公司管理杜绝个人集体离职方面尤其需要关注。跟随上级离职倾向与组织公平、组织氛围、上下级关系呈正相关，尤其是组织公平里的分配公平、组织氛围的组织科层性、上下级关系里的义务性、正规交换、人情交换对跟随上级离职倾向有显著正相关关系。集体离职员工感受到的组织公平感、组织氛围、上下级关系越好，跟随上级离职倾向的概率越高，尤其是在分配公平、组织科层性、义务性、正规交换、人情交换等跟随上级离职倾向显著。在公司管理引导中上层干部时可以重点关注，避免员工将组织给予的良好组织氛围、组织公平、融洽上下级关系错认为是上级给予，尽可能避免出现追随上级离职而产生的集体离职现象。

组织氛围对跟随上级离职倾向有正向影响，通过组织公平和上下级关系间接的正向影响跟随上级离职倾向，掩盖组织氛围对跟随上级离职倾向的削弱作用，可能与员工之间的非正式沟通交流有关。一般而言，组织氛围对跟随上级离职倾向虽有负向影响，但对总体的离职意向依然是正相关的。营造良好的上下级关系、组织公平感也将提升，进而降低个人离职倾向。

良好的组织氛围将营造良好的上下级关系并提升组织公平感，进而降低个人离职倾向。如果希望降低组织氛围对跟随上级离职倾向的影响，应注意员工之间非正式关系的建立，避免员工狭隘地将组织给予的良好氛围、上下级关系、组织公平简单理解为从直属上级那里获得，从而防范员工跟随直接上级离职现象的发生。

良好的工作氛围、融洽的人际关系能够使得员工在工作过程中保持愉快心情，团结互助的职场氛围能够提高工作的效率和组织认同感。为此，企业应该为员工及时高效提供资源，营造良好的氛围，提高员工的组织认同。

二、领导风格直接影响组织氛围

组织氛围与领导风格息息相关，领导通过有效管理、调整员工情绪和状态，可以对员工的满意度、嵌入度、创新行为和离职行为都产生重要影响。领导者的管理风格对员工的工作行为、态度具有显著作用，领导者作为团队的带头人，应当以身作则，做好表率，以更高的道德品行、个人操守和独特魅力来赢得下属的敬仰和追随。领导者也应该体恤下属，尊重下属的价值和贡献，关心下属的利益和需求，从而增强下属员工的组织承诺和归属感。

从管理人员的领导风格来说，近年来，因为领导—员工关系问题，员工选择离职的情况屡见不鲜。从领导成员交换理论来看，情感型领导能增进与下属的交换关系，使下属产生回报意愿，并愿意从事具有挑战性的工作。正面的领导品质能够激发下属的社会性学习，给他们的工作绩效产生积极影响，使他们通过模仿性学习来提高他们的工作水平和认知能力。情感型领导的优秀品质能对下属形成表率作用，情感型领导风格能成为下属学习的榜样，由此激发引导下属在与周围同事交往过程中学习和模仿上级关心、爱护他人的作风，并建立更加亲密的同事关系。

有关专制型领导和民主型领导的研究结论，也能很好地支持以上观点。相对于民主型的领导，专制型领导会给下属更少的授权和更少的支持，参与和分享的机会也更少，所以通常会导致较低的下属满意度。这些专制型领导行为让下属感知到的被信任感也相应较少，而下属满意度低恰恰是员工离职的重要原因。因此，领导者要注意运用自己的领导风格引导组织氛围，提升员工的满意度并降低其离职意愿。

三、建立信任与忠诚的组织氛围

信任感具有很强的激励性，在中国文化中尤为强调被信任感的激励作用。赛尔默（Selmer，1998）的研究指出，中国文化中强调圈内人之间形成一种基于信任的关系网络，并且感知到信任的成员将会努力维护这种关系，从而激励自己的行为。有关信任关系的研究发现，人们一般都存在回报和报答的思想，尤其在中国，回报对方的恩惠是整个社会所期望的一种义务（Luo，2005）。因此，被信任感高的下属对主管也越信任和忠诚，并且能够激励下属为主管和组织做出贡献。

被信任感能够增强下属对主管的忠诚。被信任感会导致人们对信任者产生很强的义务感和责任感，从而愿意为信任者做出对于信任者而言比较重要或者信任者所期望的行为。一旦下属对主管形成这种来自被信任感的责任和义务，他们就会表现出更多的忠诚于主管的行为。这种义务感和责任感在东方文化中尤其明显，因为东方文化强调人情债的观念，得到信任可被视为欠对方的人情债，因此有偿还的义务。例如，中国成语"士为知己者死"就反映出愿为信任自己的人去赴汤蹈火、出生入死的传统信任观念。所谓"知己"就是对自己信任、了解和肯定的人，人们常常为了不辜负自己得到的信任而竭尽全力，甚至不惜牺牲宝贵的生命。可见，此时被信任已经成为一种内心的需要，而报答对方的信任则成为一种强烈的义务感。

对上级的满意、信任和忠诚常常是相辅相成的关系，根据参考认知理论（referent cognitions theory）的有关研究，如果让员工感觉到组织或者上级的信任，长期来说必然提高员工对组织和上级的满意度，最终导致员工对组织或者上级的忠诚和贡献。有关主管承诺和主管忠诚的研究中也存在类似的观点，即上级对下级的信任和下级对上级的忠诚是相互促进的。总体而言，下属被信任感的提高能够显著改善其对主管的满意度，进而提高对主管和组织的忠诚水平。

如果要赢得下属对上级和组织的忠诚，一般认为，当上级信任下属时，也会获得下属的信任和忠诚；当上级不信任下属时，同样下属也会不再信任和忠诚上级。因此，上级应该经常加强下属的被信任感。例如，常常给予员工工作和生活上无微不至的关怀和支持，让其增加对上级的情感承诺；关键时刻，为员工排忧解难，让其感受到上级的支持和信任；不断对员工施以恩惠，强化其被信任感从而知恩图报。此外，当组织和员工分担共同的风险时，员工会感觉到同舟共济的被信任感，从而对组织回馈忠诚的行为。

为了更好地让组织成员产生被信任感，需要深入理解被信任感的情感功能及其作用原理。基于上述对被信任感内涵的考察可以发现，在组织互动行为中，与被信任感的情感功能联系最密切的是互动支持以及参与分享。因此，要加强组织中的信任管理，就需要总结出能让组织成员互相帮助和支持的方法，在工作中创造合作的平台和分享的机制，给组织成员创造更多合作的机会。在制度的设计上注重利益共享、风险共担，从而培养同甘共苦的组织氛围。例如，更多地设置团队目标，促进成员的沟通和协作；在任务的分配上整合为团队任务单元，合理避免成员之间的竞争；在薪酬制度的设计上采取团队奖励的方式，回避成员之间的利益冲突。

如上所述，信任还可以被视为一种关系资本，那么让关系资本增值的方法就是有效的投资。把关系资本投在最能发挥效用之处，投入到那些让组织成员感知到最大获利的行为中，才能让员工感知到更多的信任，并且乐于回馈信任。此外还需要加强制度建设，让员工不需要担心付出信任所带来的风险，从而愿意互相信任，彼此获得信任。

四、组织氛围的建设思路

首先，公司需要认识到给员工创造一个健康的工作氛围的重要性，充分利用健康的工作氛围对员工的离职倾向的正向作用。建议从规章制度、工作流程和管理体系、绩效考核方面进行审视，注重公平、公开和公正的同时，充分授权与激励。好的制度和管理不能流于形式，注重员工个人才华发挥的同时，还应做好团队建设，互相帮助，给予肯定，创造更多的团队合作机会，切实提高团队的战斗力。在实际工作中，应尽可能地以各种形式向员工介绍相关信息。通过各种宣传平台以及方法，提高员工对健康的工作氛围的感知和体验。在员工管理方面，还应通过"主动关怀"和"员工反馈"两条途径的组合使用来实现最佳效果。通过这种健康向上的工作氛围，降低员工的离职倾向。

其次，还应关注员工的心理变化与压力管理。梁妙银等（2017）以金融机构员工为研究对象，验证了积极的压力应对方式对与金融机构员工的离职倾向显著负相关，消极的压力应对方式与离职倾向显著正相关，消极的压力应对方式在心理健康对离职倾向的影响过程中起部分中介作用。条件允许，公司应该建立自己的员工援助计划（EAP），各级领导应抽出时间和建立畅通、直达基层的沟通平台，对员工进行积极的心理辅导和干预。离职高发行业中的员工往往压力重重，所以企业应该重视员工的压力管理，关怀员工身心健康，避免形成内卷和高压力的工作氛围。特别是服务时间超过一年的员工，及时收集他们的意见，分析压力产生原因，提供有效的解决方法，减轻压力、增加员工对组织的归属感。

关怀型的组织氛围还能最大程度预防连带性离职的发生，或者减少连带性离职对企业造成的损失。在有可能出现因管理层离职而产生连带离职的情境下，企业的人力资源管理部门应当及时干预和介入，做好沟通和预防工作。一方面，要对其下属员工的心理预期和归因进行干预，必要的时候可以较为坦诚地与员工沟通关于主管级调动的原因，避免员工进行消极的归因；另一方面，加强对留任成员在组织中成长发展的职业路径规划，加大人员培训投入和力度，建立员工在组织中职业规划成长的目标，增强组织对员工的吸引力，通过将领导留人转换为组织留人，将成员对领导的信任内化为成员对组织的忠诚和归属感，减少连带离职对组织的负面影响。

再次，将关怀工作延伸到员工的生活当中去。例如，为单身员工牵线搭桥，与其他公司举行联谊活动；为父母们举行亲子活动、育儿交流等。这些活动不仅体现了公司对员工的关怀不仅仅限定于工作中，更扩大至员工的生活中，公司是希望员工既能工作上开心亦能生活上顺心。同时，还能够帮助员工扩大自己公司内部的交际圈，帮助员工建立更为和谐的人际关系。

最后，加强离职员工关系管理，促进和谐的组织氛围。离职员工管理为员工关系的延续，将员工的家人同样列为员工关系管理的一部分是员工关系的扩展。离职员工亦是公司的宝贵财富，公司在进行离职员工管理时充分体现了文化中的尊重个人及追求卓越。有时，在离职面谈中，员工所反馈的问题却很难在员工离职后真正得到解决，因而人力资源部门应该不仅将离职员工提出的问题反馈至相关部门，同时还需要进行问题追踪，确保这些问题得以重视，从而对公司的管理提供帮助。此外，公司还可以建立离职人员的数据库，可以在节日等送上温馨的祝福，在公司空缺职位产生时发送职位招聘信息，保持离职人员与公司的联系，把离职人员当作公司潜在的合作伙伴、客户，这同样也是人才管理的涉及范围。

第二节　改善支持性工作环境

当员工感知到组织对其工作、生活等方面的支持和关注时，就会增加对组织的情感投入并产生依赖，并最终认同和归属组织（Ashforth & Mael，1989）。大量的研究表明，组织支持感与离职倾向之间存在负相关关系。伊森伯格等（1986）对销售人员的研究表明组织支持感对离职倾向有显著的负向作用；斯塔普和乔尔克（Stamper & Johlke，2003）的研究同样得出组织支持感对离职倾向有负向作用的结论；韦尼等（Wayne et al.，2003）的研究发现，组织支持感能够使员工产生对自身的认同，从而降低离职倾向；谭小宏等（2007）和孟祥菊（2010）的研究都表明，组织支持感与员工的离职倾向之间显著地负相关。从追随主管的离职倾向的角度来看，员工感受到的越高的组织支持会增加员工的组织归属感和组织认同感，进而很可能降低员工追随主管的离职倾向。

一、建立组织支持制度

当员工感受到组织给予的支持欠缺时，更容易产生离职意向。组织的支持包括了组织对员工的尊重、组织对员工的认可、领导和同事给予的支持等。在通过对中国企业的 206 名知识型员工的一项调查研究中，本文分析了组织支持、组织承诺、离职倾向之间的关系。研究表明，组织支持对组织承诺具有显著正向影响，对离职意愿具有负向影响；而职业期望在组织支持和组织承诺、组织支持和离职倾向之间的中介作用也得到了检验。同时，一项对 G 医药集团的员工的问卷调查和深度访谈的研究也发现，组织支持感对离职意向有显著负向影响，工作满意度在其中起中介作用。

这些研究表明员工所在组织可以通过营造支持性的组织环境，加强人文关怀的举措，对知识型员工提供生活方面、工作方面、职业发展、工具性支持等，让员工体会到组织对其价值的认可和利益的关心，满足员工的社会情感需求。那么员工对组织的情感承诺和归属感也会随之提高，相应的知识型员工组织承诺会随之提高，降低了离职倾向，减少了企业的人员流失。

因此，组织企业应重视和关心员工，从硬件上创建良好的工作环境和工作条件，采取人性化管理，营造支持性的组织环境和柔性化的管理模式。组织支持能够有效影响核心员工对组织的情感承诺、归属感和责任感，加强组织企业文化建设和人文关怀的措施，对核心员工提供方方面面的支持，让核心员工体会到组织对其价值的认可和诉求的关心，满足其社会情感的需求，有助于提高员工的归属感。柔性化管理可以给予核心员工充分的工作自主权，更好激发他们的创造力。在组织内部营造和睦、团结、宽松、自由、向上的工作环境，让核心员工的潜能得到最大的发挥，提高其工作效率，从而提高组织承诺。

二、提升领导者以人为本的关怀管理

领导支持将给予员工足够的资源、授权、信任和指导，支持员工达成工作目标视为领导者的责任。在支持员工达成目标的过程中，积极地帮助员工成长是领导者支持机制的核心。作为领导，工作中应及时地给予下属帮助和支持，调动下属的积极性，让员工感受到领导的关心和支持。

在管理中，领导者需要给予员工更多的关怀、指导和支持，而不是责骂和惩罚。工作上对员工的支持需要在细节上下功夫，关心他们的工作上有什么问题，要及时帮他们解决问题，要帮他们把问题跟进到底。这样，员工才会觉得企业重视他们，给他们提供良好的工作支持，他们才有归属感，愿意留在企业工作和做出自己的贡献。

具体的关怀和支持方法。企业应该从员工的切身利益出发，体贴员工工作生活，持续开展企业对员工的节日问候和关怀，关心员工家人，让员工对企业满意，愿意留在企业持续发展。在提高员工工作满意度和减低离职率的思考上，企业应该尽力让员工感到"累并快乐着"，而非"累且不安着"，应该增加正向鼓励和激励的方法，减少负向薪酬挂钩压力，并且鼓励员工劳逸结合，忙工作、爱生活、顾家庭，这样才能加强员工对组织的归属感，能更好地保证企业长期健康地发展。

管理中，应及时地给予员工帮助和支持，调动员工的积极性，让员工感受到领导的支持与关怀。同时，合理地安排工作和调节下属间的关系，营造融洽的同事关系。这样才能提高下属的工作满意度，降低离职倾向，为企业带来更好的工作绩效。

三、形成同事支持氛围

同事支持是员工工作满意度和离职倾向的重要影响因素。因此，需要合理地安排工作，以避免员工之间的冲突和竞争。部门主管要积极协调员工之间的关系，营造融洽的同事氛围，从而提高部门内员工的工作士气，降低离职倾向。

虽然同事之间的支持非常重要，但是应该引导员工多感知组织的支持而不是同事之间的支持。以往研究认为，团队—成员交换（TMX）对连带性和跟随性离职过程的影响存在复杂性和两面性，许多实证结果显示，团队—成员交换在这一过程中有加速器的作用。

一方面，以往认为高 TMX 在连带性离职过程中的补偿作用，是出于成员之间会拓展团队角色，可以弥补和承担离职成员的责任与义务，减轻带来的影响这一假设。但本文研究的是主管——这个在团队中具有特殊位置的成员，作为团队中的管理者，主管的角色和责任并不容易被取代。豪斯克内奇特（Hausknecht，2013）认为决定离职影响力的一个关键因素是离职者的相对价值，由核心群体和边缘群体引发的潜在影响是不同的。主管作为团队中的核心成员，一旦离职，留任成员受到的冲击和影响更大。另一方面，团队—成员交换是衡量团队关系质量的指标。在高 TMX 的团队中社会资本质量高，成员之间的合作和信任程度高，团队凝聚力强。成员更容易是出于对团队的忠诚而非对组织的忠诚。主管则是营造团队氛围的关键人物，一旦出现关键成员（例如，主管）的离职，更容易引发连带性离职的后果。

四、改善工作生活环境

工作生活环境的管理主要包括以下两方面。

（一）改善工作环境

工作环境除了包含如办公室条件等硬件环境以外，也包括工作氛围等软环境。宽松、时尚的工作氛围也将影响到员工的心态，进而会对员工的满意度和离职倾向产生影响。

适当赋予员工适度的工作自主性，可以极大地提高员工的工作满意度。在不影响工作进度的情况下，允许某些岗位的员工自主地安排工作计划和工作时间。可实行弹性工作制，给员工自我发挥的空间，以提升员工的工作满意度，降低离职倾向。

（二）工作生活平衡

大多数职场人士，特别是工作年限较长的员工，均认为工作与生活达到平衡是最佳的理想状态。如果短时间因为工作放弃了生活，员工基本能够接受，但如果成为一种常态，大多数员工均无法坚持。失去平衡将会使得员工对工作岗位产生负面评价，进而产生抱怨、烦躁等负面情绪，这将导致员工敬业度的明显下降。

五、打造良好的内部沟通渠道

建立良好的企业内部的沟通渠道，有助于管理者及时了解员工的思想活动，尊重员工的情感需求，给予员工表达内心想法的机会并帮助员工调整行为和心态。在组织内部建立积极向上的工作氛围和环境，激发员工对企业的归属感和忠诚度，创造一种积极向上的工作氛围，避免人际关系问题，从而减少员工的流失率。

（一）管理人员应充分重视和积极推广公司现有的沟通渠道

例如，积极参加周例会，并与员工多沟通。在周例会上除宣导公司上对下的信息通知，同时设立员工的自下而上的信息反馈，将周例会沟通制度改为双向沟通。加大总经理信箱的管理力度，设置专人管理，对意见的搜集及后续跟踪工作进行宣传报道，逐渐培养员工对该渠道的信任感，提高该渠道的使用率。

（二）加强年度员工满意调查结果的改进行动的实施，将改善行动贯穿至下一年度调查

通过设定阶段目标，定期回顾改善行动的实施情况，改进下一阶段行动计划，使之形成一个循环，不断以提高员工满意度，构建和谐工作环境为目标。在会议上积极宣传员工满意度提高行动的实施和制定情况，让员

工感受到公司的年度满意调查是倍受公司高度重视的，从而更重视年度调查的参与性。

（三）　建立部门之间的正式沟通渠道

在年度预算中，设定部门间沟通专项月度经费，专供部门间沟通交流使用。这笔交流费用既可以用于部门经理之间、经理与员工也可以用于部门整体间的相互交流。每个部门有相应的额度，每月的经费也必须花完，但在费用申报中，必须标明这笔费用沟通的内容，取得了哪些效果。如部门间的会议沟通或部门间联谊活动均可使用此经费。此外，应将部门间的沟通工作列为部门经理的考核项目，定期进行评分比较，以此提高整个管理队伍对部门间沟通的重视，达到共同提高的目的。

（四）　适当增加非正式沟通渠道

公司的非正式渠道沟通主要是通过开展各项活动展开的。例如，团队建设活动、年度旅游、圣诞庆祝晚会等。在此基础上，公司还可以通过网络互动的方式，提供员工间的交流平台，员工可自由在公司内部BBS匿名发表任何意见（攻击性、政治性言论除外），既可以在BBS上对认为公司的管理进行善意批评，也可以针对管理现状提出自己的建议。而对所有进行评论的员工身份均进行绝对保密，对员工的负面言论进行调查了解，尽量消除员工的负面情绪。

公司也可以建立信息公布栏，定期更新公司最新业务信息，解答员工对政策类、福利类信息的问题，而且可以按照外界环境的变化增添不同内容。例如，如何预防手足口病。日常工作中，提供每周天气预报，既帮助员工解决部分生活中的问题又让员工感受到公司的关怀，利于构建和谐工作环境。

建立内部沟通渠道可从以下方式入手。

1. 员工满意度调查

通过让员工填写满意度调查表，收集员工对于公司各方面的意见和反馈，有针对性地采取改进措施。

2. 开通邮件沟通渠道

向员工公布指定的意见反馈邮箱，使员工可以通过匿名方式对公司的经营管理畅所欲言。

3. 建立部门内和公司层面的沟通例会

以例会的形式加强员工与公司领导的沟通，避免因工作繁忙导致的上下级沟通不畅。

4. 召开员工座谈会

定期就某一主题召开员工代表或全员座谈会，给予员工表达意见的机会和权利，为公司领导聆听员工的真实声音提供渠道。

5. 离职员工面谈

由人力资源部门牵头、主导，与员工就离职原因进行访谈，收集反馈信息，便于后续在相关方面予以提升。

六、组织支持的实践参考

在组织支持的实践中，我们调研的 Z 银行的以下做法值得借鉴。

（一）下放以网点为单位的组织行为权限，让听得见炮声的人来指挥战斗

银行体系内每一个支行都是一个自负盈亏的单位，在分行总部的方针指导下按照自身情况发展业务，为社会提供服务。适当减少垂直性的人员管理和调配，鼓励支行领导按照自己的想法组建业务团队，让支行领导当头狼，勇于负管理经营培养责任，以此达到提升团队撮合力度。支行行领导面对每天一起并肩作战的团队员工，自然能设身处地的关心组织公平和组织支持，用心提升员工工作满意度和组织认同感。

（二）设立以分行级行领导为名义的行长信箱

在增加经营单位主动管理权限以后，畅通员工反向监督的通道，建立行长信箱，开放员工对行里风险管理、内控合规、队伍建设、绩效考核、

制度流程优化等方面提出合理建议，鼓励员工以实名或匿名方式表达意见，以此提升员工组织公平和组织支持感。同时，让主动性人格较强的员工得到舒展和表达的机会。

（三）设立员工好点子创新项目或基金，鼓励员工提供创新性合理建议

一方面建立有效机制，鼓励员工围绕行里提升市场影响力及业务经营发展存在的痛点、难点和堵点，督促主动思考，抓住主要矛盾，解决突出问题，积极探索创新路径，谋求发展突破，有助于行里经营发展。另一方面能带动员工的主人翁情绪，对创新成果有突出贡献的员工予以嘉许，提升员工组织支持和组织认同感，让员工把单位当作家一样提供建议。

最后，在给予员工支持时，应该充分考虑员工差异性的实际需要。例如，教育背景和岗位层级越高，员工对组织支持的需求就越高，而这一批员工恰恰是企业的关键人才。企业提供支持时需要因人而异，分清轻重缓急，才有助于留住人才。

第三节　建设认同型组织文化

企业文化是企业软实力的核心内容，是企业生存和持续发展的驱动力。一个优秀的企业文化会在企业内部起到凝聚和引领的作用，它不仅可以规范员工在企业中的行为，使员工在潜意识的行为过程中体现企业所倡导的价值观，增强员工对组织的认同。同时，还会在企业中营造一种团结友爱、相互信任的和睦气氛，能够激发员工的工作活力和创新激情，使企业员工之间形成强大的凝聚力和向心力，从而增强企业的竞争力。

上文对 H 房地产公司经纪人的离职研究表明，企业文化是影响员工离职意愿的重要因素。因此，提高员工的组织和职业认同是降低离职率的有效措施，而组织文化的建设在其中起到重要的作用。加强企业文化建设，能够提升员工对企业的归属感及认同感，从而降低员工离职意愿。组织文化是组织通过一系列的活动塑造出的文化形态，是企业稳定发展的一笔宝贵的财富。组织文化与组织支持、组织认同显然有着密不可分的关系。因此，对企业的历史背景、发展历程进行有效的传输，在一定程度上能够从根源上让不管是员工还是客户对企业有更深层次的认知，对增加员工的归属感、认同感，甚至可以使员工从加入企业之时，就能树立一个可以长期服务的企业的信心。

组织文化是组织通过一系列的活动塑造出的文化形态，是一个组织的价值观、符号、仪式、处事方式等各方面的综合体现。组织文化与组织认同、职业认同存在千丝万缕的关系。可以说，组织认同、职业认同是组织文化在个体身上的部分体现。从本文结论可知，个体的组织认同和职业认同让员工对工作满意度有正向影响，对离职倾向有负向影响。用人单位在塑造本单位组织文化和日常人力资源管理过程中，应注意加强职工组织认同和职业认同方面的培养。建议用人单位从这几点入手。一是加大用人单位价值观的宣传普及和教育强化，使职工在意识形态上接受、认同单位的价值观；二是加强企业社会责任和商业伦理的教育，强化员工对企业、对社会的使命感和责任感；三是要将文化建设常态化、日常化，人力资源部门要切实落实以人为本的管理宗旨，把对职工的激励、情感、关心和指导贯穿到日常管理当中，从而提高队伍凝聚力和忠诚度。

文化建设的核心应致力于组织的核心价值体系的认同和遵循。在价值认同方面，组织要充分肯定和认同员工的价值，在日常工作中要更多地鼓励员工，提高员工的人—组织匹配和人—岗位匹配，减少员工离职行为。可以从培训体系、激励制度等方面的建设入手，加强员工职业生涯管理体系的建设，让员工将在组织中的长远发展与自身的职业规划相结合，增加组织认同；完善企业的培训机制，提供员工的未来长期发展空间和成长平台，为员工设立在组织发展的长远目标，建设完备的激励和报酬体系，给予员工所期望的回报。

进一步，文化建设应加强组织存在感的塑造和组织生活的建设，切实加强员工对"组织"这一概念的感知和忠诚度。通过新入职员工的价值观引导，企业品牌文化和形象的宣传塑造，切实增强组织成员对组织的黏性和忠诚度。尽管主管是员工的直接上级和组织代言人，企业也可以通过其他方式增强员工对组织的感知。如其他部门主管、跨层级领导的指导与互动、组织工会生活建设等方式，避免出现主管的单一影响，实现主管留任与组织留人并行。

加强组织文化建设和形象塑造，需要建设组织的大家庭文化。从企业文化建设着手，宣扬企业价值观，打造属于企业性质的"家"文化，营造同事之间互相帮忙和关心的工作氛围。企业可以结合线上线下的形式开展企业价值观宣传，在线上的宣传，可以利用企业综合管理平台和企业官网定时发布企业新闻、企业最近动态等信息，让员工从官方渠道获得企业发展信息，有利于稳定团队，同时可以通过企业内部移动通信工具不定时发布企业喜讯、企业项目重大突破等信息，让员工第一时间从正式渠道了解到企业的成就。也可以通过丰富的组织活动来促进员工之间的感情，并潜移默化地受到"家"文化的影响，逐渐树立良好的价值观。在良好的价值观倡导下，团队内部彼此信任，团结协作，形成强大的团队力量，携手实现企业目标。

组织文化建设和员工关系管理相结合能提升员工的忠诚度。例如，在员工结婚，生小孩这些特殊含义的日子送上贺礼外，还可以将员工家属列入公司的活动组织中。例如，在新年庆祝活动上，可以邀请员工家属参与庆祝活动。庆祝活动中的优秀员工表彰，也会令员工家属备受激励，会起到意想不到的效果。此外，员工家属的参与也会鼓励员工多多参与到组织的活动中。例如，员工俱乐部活动，因员工长期出差导致员工更愿意利用时间陪伴家人，若俱乐部活动同时鼓励员工家属共同参与，那么不仅满足员工陪伴家人的需求，同时提高员工参与的比例，增强员工之间的沟通，激励员工更加主动参与到管理中。

第四节　完善公平性管理制度

公平感是影响员工离职的主要原因。公平感除了客观公平还有主观公平，因此管理者既要建立一个有效体现员工综合贡献的客观公平的工作和业绩考核制度，还要多提供有效的关怀和沟通，让员工感知到主观公平，先解决心情，再解决事情。

组织公平是指个体根据一定的公平标准，对组织或单位内与个人利益有关的组织制度、政策和措施的公平感受。例如，员工对公司的劳动纠纷处理制度感到不公平的待遇时，道德违纪员工只能被动接受解除劳动合同的通知，而在职员工却无法得到同事被解聘的具体原因，这样既影响了工作气氛又不利于团队凝聚力建设。因而，公司的管理制度要透明化，以降低组织不公平感。首先，加强道德准则相关培训，令员工入职时就能够充分理解和接受公司的相关标准。在日常培训中也将此项目列入培训计划，重复加深员工的理解；其次，公司在进行员工解聘等重大事项上需要搜集充分的证据，以确保程序合法合理；最后，赏罚分明，对违纪事项不避讳，可以通过内部公告的形式通知本部门的其他员工，令员工有则改之，无则加勉。

组织公平包括分配公平、程序公平、人际公平、信息公平等多个维度，对员工的离职行为都产生着重要的影响。通过本文的实证分析，个人离职倾向受组织公平、组织氛围、上下级关系的负向影响，尤其是组织公平里的分配公平、程序公平、互动公平。而同时，跟随上级离职倾向与组织公平呈正相关，尤其是组织公平里的分配公平。

一、制度建设保障程序公平

因此，一方面，组织内部应遵循公开、合理的程序与规则，提倡公平、公正的管理原则，正确评价员工的工作成果，给予员工相应的劳动报酬，确保分配公平。同时，建立员工表达抒发意见和思想的顺畅沟通渠道，实现员工民主参与。在日常管理中，要注意领导与员工之间的相对公平，学会换位思考，在肯定与鼓励的基础上，指出员工存在的问题与不足，并帮助其改正，真正意义上做到程序公平和互动公平。

另一方面，在提高组织内部公平感的同时，更要保证公平的程序性与客观性。尽量避免员工将组织给予的组织公平错认为是上级给予。因此，组织要保证公平的程序性与客观性，树立统一标准，避免上级权力的过大影响。组织的制度应该对每个员工一视同仁，不以职位的高低、岗位的重要程度或任何个人因素所左右，充分体现出制度的公平性和员工的平等关系，制度的公平和公正是组织尊重员工的重要体现。需加强员工对"组织"这一概念的感知和忠诚度，减少员工的离职行为。

在制度的管理中，可以让员工参与到与自身利益相关的程序中，鼓励他们说出自己的想法，表达自己的意见，使其感受自己的企业的影响力和受到的尊重程度，这样不仅可以使员工拥有一定的权利和自由，调动他们工作的积极性和主动性，确实做到机会平等；另外，严格遵循制度执行，并且过程透明，每一位员工都可以有效地监督企业经营者。这样，不仅有利于员工的公平感，也保证企业经营决策的准确性和科学性，促进企业的持续发展。

二、营造人人尊重的氛围，促进互动与交往公平

在工作中，避免不了团队合同，避免不了人与人之间的互动交流。在中国的文化背景下，管理者通常会被员工当作是组织的代理者，管理者与员工之间良好的互动关系让员工感受自己在组织得到了应有的尊重，能够激发出员工与组织同甘共苦的热情。在这种良性互动的刺激下，组织会产生一种良性循环的效果，还会强化企业职工对企业的忠诚度和信任感。

上下级互相尊重是一种互动公平，也是管理者和下属建立关系的基础。二者虽然在工作上有一定的上下级关系，但并不意味着二者在相处中谁可以高人一等，避免出现"领导的一言堂"。在人格面前，我们应该提倡人人平等。在与下属沟通时，应时刻谨记，公司第一，个人第二，优越的工作条件是公司给予的，避免发展个人崇拜。避免员工狭隘地将组织给予的良好氛围、上下级关系、组织公平简单理解为来自直属上级给予的。

因此，企业建立高质量的管理者与员工之间的互动关系对企业的管理效能有着重要的影响。企业在平时的经营管理过程中，应主动地创造无障

碍的沟通环境，管理者也应该重视沟通的重要性，掌握一些有效、灵活的沟通方式和技巧，充分尊重并认真倾听下属的意见，让员工感受到企业对自身贡献的认可，从而增加自己的组织忠诚与敬业行为。

三、完善薪酬及绩效评估体系，确保分配公平

（一）薪酬分配注重效率与公平的权衡

薪酬体系是一企业规范自身管理行为和长久发展的基本保证。一个对内公平、对外富有竞争力的薪酬体系，无疑能进发员工的积极性。通过薪酬体系的设计，兼顾长远与近期关系，共享发展成果，提高员工获得感。另外，需不断提高固浮比，明确浮动激励的标准和要求，使员工在心理上获得平衡，从而促使员工在工作中做出更多有益于组织的行为，提高员工对企业的敬业度。

（二）健全绩效管理系统

绩效管理的完善也是十分重要的。绩效管理首要是确定员工工作职责、业绩要求，进而采取客观公正的绩效评估机制对员工的绩效进行评估，最后绩效评估的结果要公平与报酬、发展机会等挂钩，这样才会对员工敬业度起到作用。

员工绩效考核指标的设置应综合考虑员工的工作内容、工作强度等不同情况，公开、公平、公正地进行全面的绩效考核。为避免绩效管理流于形式，可成立绩效考核管理委员会，由委员会牵头组织相关部门、高层领导、中层干部以及员工代表共同建立符合公司实际情况的绩效考核体系。在实施过程中，相关负责人应严格根据制度要求执行，保证绩效考核指标体系公平合理。

（三）构建合理的申诉管理机制

企业应畅通企业的绩效考核反馈和申诉渠道，员工所遭受的任何不公

平的绩效考核评估均可通过该渠道直接反馈至相关领导和绩效考核管理委员会。在畅通反馈和申诉渠道时，应采取电子邮件、电话等多种方式并存的方式进行。企业应让员工能够深切地感受到公司对维护绩效考核制度公平性的决心，坚定员工的信心。

第五章

员工离职的组织干预

　　企业不仅要着力降低离职率、提高人员的稳定性，也需要加强离职干预管理员工的流动性。在必要的人员流动无法避免的大环境下，通过有效的管理方法，确保留下更多优秀的人才。离职干预的方法很多。例如，可以通过建立有效的优胜劣汰绩效管理办法，提升直属上级的评价权重，增加经营单位自主组建业务团队的权利，通过以上逆向措施，以提高工作标准，加强主动管理，提高优秀员工的组织支持、公平感，增加工作满意度及组织认同感，以此达到控制离职率，留下更多优秀人才的目的。还可以对于员工的离职行为采取积极主动的管理措施和限制措施。管理措施包括加大涨薪幅度，增加现场福利项目，提升临时补贴慰问金，加强岗位培训费用和职业规划的力度；限制措施是指采取阻挠员工离职的措施。比如，与派外培训的技术人员签订培训服务期限协议，延长员工可离职期限；在共同的企业群体内签订竞业协议，限制员工在企业所在区域内再就业，降低员工可选择的就业机会，以维持行业共同体的相互稳定。

　　忠诚员工关系的建立涵盖从招聘以及有效的入职培训至员工的职业生涯发展的各个环节。最初，员工接触的每一个人，既是企业的窗口也是企业的一面镜子，从中折射出企业的文化内涵和价值标准。因而，无论是招聘工作还是入职培训管理都影响着应聘者是否愿意加入公司和新员工是否愿意融入企业的因素。在招聘阶段，招聘部门看重的是人员到位的实效性，往往忽略对公司品牌的宣传。应聘人员对公司的认知不够，经常造成面试通过但拒绝报到的情况发生；而在员工稳定期内，对员工的培训，职业规划不明确，使得员工工作越久越迷茫，不利于员工队伍的稳定和员工才智的激发。因而，需要对员工关系的建立、员工关系的维护和员工关系的延续与扩展三个阶段进行系统管理，才能够起到强化员工忠诚度的作用。

结合人力资源管理的离职干预措施，可以从招聘源头留住人才、从培训开发留住人才、从薪酬福利方面留住人才、从职业发展留住人才，本文将逐一展开论述。

第一节　从招聘源头留住人才

人才的招聘和配置，是人力资源管理的第一道门槛。从招聘需求的确认开始，就要把握项目需要人才的标准，描绘属于项目自身招聘的人才画像。接着选择有效的招聘渠道，包括招聘网站、招聘会、移动招聘等方式，投入广告宣传。在宣传过程中，招聘人员必须让应聘者清晰地了解公司文化、公司价值观、岗位任职要求、岗位职责等情况，衡量自己的求职需求和公司的条件是否匹配。招聘人员也要在面试、笔试或者人才测评的过程中，严格做好甄选和录用工作，把符合岗位要求的人才安排到能够发挥他专长的岗位，保证企业选择的员工在进入企业初期对企业的满意度较高。

员工的个体特质。如幸福指数、个人价值观、跳槽次数都会对工作满意度和离职倾向产生影响。公司招聘新员工时，除了着重考察其技能水平时，也要对其人格特质作全面深入的了解，关注应聘人员的跳槽次数、个人价值观和幸福指数，调查了解此前跳槽次数及原因，了解其理念、工作中所重视的是否和公司保持一致；了解其业余生活和爱好，是否精力充沛、充满生活乐趣等，选择与公司价值和理念更匹配的员工，有利于提高新员工的稳定性，降低新员工离职带来的损失。

从前述对公务员群体的研究结论可知，职业期望是组织认同、职业认同的影响因素，而这两种因素对离职倾向存在显著影响。另外，主动性人格会调节职业期望对组织认同、职业认同的影响。在招聘中掌握应聘者的职业期望和人格特质，无论从筛选候选人的角度还是从日后分类管理的角度来说都有十分重要的帮助。管理员工的期望，可作为组织文化建设的重要组成部分。事实上，在招聘过程中借鉴人格特质测试等手段发现应聘者与企业文化契合度的应用，在企业中已经十分广泛。结合前述调研结果，建议用人单位可将人格特质方面的考察加入员工招录的流程中，从招录阶段便有效筛选适合契合单位用人需求的人才。与此同时，可将考察结果记录跟踪，借鉴优秀企业做法，作为日常管理的辅助手段，进一步完善人力资源管理制度。

结合实际情况，可以从这几方面在招聘环节对员工离职进行干预，增强录用者与岗位和部门在能力和发展方向等各方面的匹配度，以及录用者价值观和组织文化的匹配度，防止录用者因水土不服而离职。

一、坚持人才招聘的合适性原则

在招聘实践中，强调人岗匹配以及人与组织的匹配。首先要选择认同公司企业文化的人负责招聘，筛选认同企业文化的应聘者。面试官需要具备一定的技术背景基础知识，了解公司所在行业和需求，掌握各类面试技巧、客观公正地评价应聘者，帮助公司识别能力匹配者，避免被动离职的发生。

同时，要充分关注员工的个人特质，将人格特质测试细化到招聘流程中，同时应针对不同人格特质和风险态度的员工设计相应的激励机制、职业生涯管理模式、培训计划，这样能够激发知识型员工的工作积极性，提高他们的归属感，从而降低离职率。

二、开辟校园招聘渠道和实习生计划

企业应重视每年校招应届毕业生从头进行培养，始终坚持培养一批土生土长的企业员工，通过青年员工的有效使用和锻炼，在其中孕育出企业骨干和业务能手。由于应届生是一张白纸，其价值观与组织文化冲突的可能性小，而且便于组织引导和塑造其价值观，其专业技能也容易在入职后通过标准化的新人培训获得。因此，招聘团队在人才获取渠道上，可以多关注校园招聘以丰富现有的招聘渠道。通过每年开展实习生计划，在旺季前2～3个月展开培训，这样既可以保证旺季的人力需求，优秀的实习生也可在后期转正成为固定的人力资源，降低招聘成本。

三、通过现实工作预览建立心理契约

人事招聘团队应加强和需求岗位经理或主管的沟通，充分理解不同业务的岗位工作职责和人才需求差异，在面试沟通时给应聘者真实而详细的现实工作预览。人事招聘团队在电话筛选时，应充分和候选人沟通工作内容、工作环境和工作报酬的关键特征，也可以让业务团队准备相关的工作介绍，让应聘者能够在面试之前对工作有更深刻的理解，以避免信息不完全造成面试通过率低，或者入职后在试用期期间因岗位与个人职业规划不符、心理契约破裂等原因而离职。

同时，要加强人力资源面试人员对招聘岗位的职责了解。在人力资源部门的面试过程中，经常出现人力资源工作者的回答与招聘岗位实际工作情况不符的情况。这种情况会导致应聘人员对职位介绍的真实性产生怀疑，不利于建立信任感。而即使应聘人员从用人主管或者经理处得到真实的信息反馈，应聘人员亦无法在面试过程中甄别。人力资源部门面试人员，应注意岗位职责的了解工作。此外，需要向应聘人员解释具体的工作内容，也可以向下一环节的用人部门了解信息，而不是用自己的猜测回答问题。这样，在面试过程中才能够如实反映公司和招聘岗位的情况，使得应聘人员建立起对公司的信任，利于在日后工作中转变为忠诚度。

四、在"选贤"和"选适"之间做好平衡

在人才获取环节现状的调研中，我们还发现有时招聘经理无法在招聘

过程中坚持公司一贯的招聘理念，选拔更优秀的人才加入现有的团队当中。出现这一情况的根本原因是经理仅从团队成员当前的知识与能力水平出发，认为招聘更优秀的员工会加剧团队内部竞争，人均资源机会的减少。但从长远来看，这种"折中"的招聘理念并不可取，也忽略了事物发展性的一面。如果考虑团队原本已经有一些优秀的员工，就只招聘潜力平平的新人，后期可能会导致团队的人才梯队断层以及能力的两极分化，不利于团队的持续发展。但同时招聘经理也要关注新聘员工的留存率，从离职者的访谈中吸取教训，在"选贤"和"选适"之间做一个平衡。不仅是人事招聘团队要和应聘者沟通工作性质，招聘经理在面试时也应该和应聘者充分沟通岗位的工作内容、发展方向、晋升通道，帮助应聘者利用相对全面客观的信息做出理智的决策。

五、多考虑员工工作生活平衡

新生代员工越来越强调工作生活的平衡，所以，在招聘中，公司要为员工着想，多考虑员工工作生活平衡方面的需求。例如，照顾新员工的工作家庭平衡，利用公司目前在内地城市都有布局，就近优先招聘本地员工入职，一来可降低公司成本，二来照顾员工离家近，节约通勤时间。再譬如，优先招聘家庭稳定（已生小孩或者已买房）的员工，夫妻双方在同一个城市或者城市同一个区域工作的员工，这样能够提升员工的家庭生活质量。通过以上种种措施，能够减少因家庭原因引发的主动离职概率。

六、提高背景调查的有效性

对于员工的背景调查，可以采用多种调查方式以审核候选人的信息属实与否。尽量通过管理者的人际网络和熟人关系做背景调查，确保推荐信息的可靠性和有效性；对于跳槽频繁的应聘者在背景调查时需要谨慎。相对而言，人力资源部门从职业角度出发通常会提供比较贴近真实情况，对于直接主管的信息用作参考之用。此外，可以让候选人提供纳税证明或者银行工资卡记录来核实薪酬福利信息的真实性。对于更高层的职位，公司应该选择多样的调查方式，全方位、多渠道来审核候选人的背景资料，提高背景调查的有效性，真正发挥将风险规避在第一关口的作用。

第二节 从培训开发留住人才

一、培训开发对留住员工的意义重大

随着社会和科学的发展，员工现时拥有的知识和技术会逐渐落后。企业可以为员工提供在职培训（如管理类培训、行业知识类培训等），以及为员工提供学历进修机会（如 MBA 研究生班、EDP 班），让员工对企业认可，提升员工对企业的总体满意度。对于企业而言，培训也可以培养属于自己企业的员工骨干，对建立项目的人才梯队，具有深远的意义。

员工培训与发展对留住员工的作用是显而易见的。尤其优秀人才对于自身价值的追求要高于普通员工，因而持续地创造学习机会，让优秀人才的素质不断提升，才能在竞争激烈的环境中不断为企业的发展提供动力。培训有助于提升员工的职业竞争力，为员工的工作态度带来积极的影响，组织应该为知识型员工提供更完善的培训体系和更有效的培训方法，加大培训的投资力度、建立合理的培训激励机制、提供组织内外部学习的机会，并在员工不同的职业发展阶段和不同的成长需求时提供有差异性的培训，或因人而异地确定培训内容。

康宁玻璃公司的一项研究指出：经过正式入职培训的新员工三年后继续留在公司工作的概率比没有接受过类似培训的员工高。根据人力资源管理的经验，优秀员工、核心员工大部分都是接受了公司系统的入职培训、技能培训和带教辅导的员工。培训可以让员工感受到组织的重视，同时感受到公司的企业愿景、企业使命、发展目标等企业文化的熏陶，让员工获得细致、系统的培训，了解公司架构、组织设置、部门职能和管理体系，快速融入集团提供了"催化剂""助推器"的功效。培训也为员工与各同事、优秀员工、上级领导提供了接触与学习平台,为将来的职业发展构建良好的人际关系。因此,公司应完善自己的培训体系,线上和线下的、短期和持续的、内训和外训、技能培训和素质培训等。并且在预算中保证充足的培训基金,用人部门和各级管理者也要及时规划自己的员工参加培训。

通过加强培训与发展能够降低员工的离职倾向。特别是在一些知识型行业,员工对新技术、新技能有很大的学习需求。如果培训与发展做得越好,员工的组织支持感越强烈。对培训满意度高的员工,留在组织的概率会大大高于"放养式"管理的员工。因此,各级管理者要注重员工的"培训经历",尽量杜绝有"培训欠账"的情况发生。

二、员工培训体系建设

通过教育培训进一步提高职工履职能力,毫无疑问会带来工作效率的提高及工作业绩的上升。但许多用人单位忧心的可能是员工能力的增加会导致其离职的可能性增加。但根据前文的研究结论,对于具有主动性人格的员工而言,结果恰恰是相反的,可就业能力的增加会使得其离职倾向降低(负向影响)。因此,建议用人单位加大对职工的培训力度,多方面全方位提升职工个人能力,这不仅有利于工作绩效的提升,也有利于留住主动性人才。可考虑借鉴西方国家对公务员的教育培训方法,做到这几点。一是创建学习型组织,营造学习氛围,努力调动职工主动学习的积极性。二是建立"上接战略、下接绩效"的培训体系。三是重视入职培训。四是注重培训课程建设,建立以提高个体能力素质为导向的教学内容体系,有针对性制订教育培训方案,贴近职工个人发展需求,做到有的放矢。五是开发培训工具和培训师资,丰富教育培训手段,采用灵活多样的形式和现代化培训方法。六是签订培训合同,防止员工离职。

（一）构建学习型组织

搭建形式多样、内容丰富的培训和技术交流体系，是知识经济时代企业最重要的组织发展和变革方向，是推动员工职业成长和企业成长的一种手段。具体而言，第一，可以在企业内部挖掘一些项目经验和研发经验丰富、表达能力强的明星员工作为内部培训师，定期或不定期地举行技术培训和交流研讨会，为员工提供更及时、全面、优质的培训服务，启发和培养员工及组织的学习能力。对于内部培训师而言，这也是一种提升他人、成就自我的途径。第二，根据公司和项目需要，由企业承担全部或部分费用将员工送到专业的机构进行培训和进修。如 MBA、PMP 教育等。通过学习型组织的建设，使得员工在组织中获得个人和职业成长，从而减少他们的离职意愿。

（二）建立"上接战略、下接绩效"的培训体系

先把准业务部门的脉，搜集一线案例，通过培训切实提升员工能力与绩效。把建构员工能力和企业绩效作为培训的主导思想，推广行动学习，使培训成为一种工作方式。聘用业务骨干和高级管理者当讲师，保证了培训紧贴业务。真正做到从实践中来到实践中去，帮助业务部门的业绩得到提升。

战略培训体系包含培训和培养两方面。其中，培训指文化、管理、素养、专业技能等单一类别的课程；培养主要是指采用混合式学习的第一阶至第五阶的五大人才专项培养项目。横观该体系，按照员工的职业发展路径，针对新员工到高层之间的不同能力要求，制定了管理素养类、专业技能类和专项培养项目。从静态的角度来看，培训与培养体系的内容设置，会根据公司的组织战略和组织能力来展开，从动态的角度来看，每年都会根据市场和业务变化对培训体系做出相应调整。

一纵一横，将所有员工纳入完整的培训与人才发展体系中，结合面向全体员工的各类通用课程，以及面向关键人才的专项培养计划，做到了共性与个性的结合；一静一动，是具体的培训内容随业务的变化适时调整，

做到动静结合。

（三）重视入职培训

公司要重视对新入职外派员工进行入职教育，使其理解公司的经营模式，帮助个人目标结合组织目标，坚定与公司共进步的决心，强化对公司文化的认同，从一开始增加人员的稳定性。可以将企业的价值观和工作习惯制度化后进行培训宣贯，加强员工在行为上和企业价值观的契合度。新员工岗位培训可以请优秀老员工传帮带，让新员工尽快了解正确的工作方式，适应公司工作习惯，减少新员工不合格导致的退职发生。

研究数据表明，新员工最敏感时期是刚加入公司的"2~6个月"，把握住敏感期，能坚固新员工对公司的情感。对新员工的有效培训有利于提升其对企业的忠诚度。对员工而言，如果企业帮助他从懵懂少年成长为独当一面的人才，他对企业也会有更强的归属感和知遇之恩。其对企业团队的稳定性和反哺作用，比从其他企业跳槽来的员工绝对更加明显。

加强新员工入职培训管理及后续跟踪沟通，充分发挥良性引导作用和适时纠偏作用。如果说面试形成员工对公司的第一印象，那么入职培训则起到加强和深化的作用。入职培训应该恢复管理高层的沟通项目，同时在内容涉及时需要避免充斥大量信息让员工无法充分吸收。诸如，如何提供填写报销表格、如何申请文具流程等。相反，应该提供更多工具性的信息。诸如，帮助员工熟悉公司系统，使得员工了解掌握如何在公司系统或网站上搜索到相关信息。这样，员工能够比较容易掌握到工具方法，才能够帮助新员工尽快地了解企业并进入工作状态。

（四）注重培训课程建设

在开发课程的过程中，要使课程符合企业的战略发展目标，也要让课程符合员工的职业规划发展需求，二者要有机结合才能让员工的竞争力得以提升。根据项目需要，可以为员工提供相关课程，让员工更加了解项目的运作和未来的发展。可以根据员工的职业性质，设置不同的培训内容。例如，技术类员工的专业培训，管理性人才的管理能力培训等，满足各种人才在岗位上发展的需求；可以根据员工进入到社会化的不同阶段制订外部和内部相结合的培训。例如，新员工的入职培训、入职后阶段性的职业规划培训等。

企业也可以从需求层次理论来设计员工的培训内容。例如，若员工对高层次的需求比较迫切，那就是对个人成长和自我发展非常关注。此时，企业应把眼光放在员工的未来发展上，注重增加人力资源方面的投资，重视在企业内部建立健全继续教育和培训机制。企业的培训计划应兼顾到员工的特长和企业的需要这两个方面，完善企业的培训制度。另外，企业对于提高员工专业水准和技能水平的专业培训计划要具备发展的持续性，企业可以定期并持续地提供社会热点问题、经济管理、行业科技前沿等方面的讲座，拓宽员工的眼界，提高员工的能力，从而能够更好地为企业工作。具体而言，企业可以建立上述学习型组织，从组织的整体设计上满足员工的学习和培训需求，不断提高员工和组织的竞争力。

（五）开发培训工具和培训师资

建立以提高个体能力素质为导向的教学方法体系，有针对性地制订教育培训方案，贴近员工个人发展需求，做到有的放矢；从公司实际出发，建立技能培训包、工作坊、分享会等常用培训工具和手段。

开发培训工具的同时开发讲师资源，可以鼓励部分接受能力强的团队成员在一定条件下接受外部培训后，再进行内部的分享活动，培育企业的内部讲师制度。培训之前，必须培养和选择合适的培训讲师进行培训。培训讲师必须深刻理解培训内容，不能打毫无准备之仗。如对技术型员工的培训，培训讲师必须是相关领域的专家，可通过自身经历或者专业的知识储备对员工进行培训。

培训讲师队伍建设对于企业的稳定发展而言至关重要。企业可通过内部培训讲师队伍的打造，逐步将企业发展过程中的经验教训进行梳理、积累。同时，内部培训讲师往往对企业有较高的忠诚度。在培训过程中，可根据培训内容的需要有选择性地向受训员工传递企业信息。同时，内部培训讲师也可帮助企业塑造学习氛围，逐步实现企业打造学习型组织的目标，这些都有利于员工忠诚度的建立。

（六） 签订培训合同，防止员工离职

有些企业担心员工接受培训后离职，自己为竞争对手培养人才，而且很多专业技术的培训难度高，培训前期投入大，核心人才的培训费用都居高不下，如果人才培训后离职，公司损失巨大。此时，可以考虑和员工签署竞业禁止合同与员工培训合同，离职的员工不仅需要赔付公司投入的培训费用，还要额外赔付一笔违约金，并且 2~3 年内不能入职同行竞争对手的公司，从而在制度上防范员工离职。

三、因岗制宜的培训实施

进行因岗制宜的人才培养方式有利于解决人才离职的问题，具体操作如下。

（一） 为新人入职培训制定岗位标准培训包并定期更新

这样，以便这些核心岗位的新入职员工可以尽快适应工作以及掌握技能。新人培训内容一般可以分为四个模块，分别是公司文化培训、公司层面标准培训、相关业务流程培训以及业务培训。

（二） 利用网络课程资源和工作坊等形式丰富员工在职岗位的培训

相关培训团队可先确定部门内各岗位应具备的职业技能，然后从公司已有的网络资源中筛选出高质量的培训课程，做成不同岗位必备技能的培训包。此外，齐齐等（2015）指出，互动性强的培训形式有利于知识型员工分享隐性知识。因此，培训经理和培训流程专家还可定期有针对性地根据这些培训需求邀请相关经验丰富的员工开座谈会，或者开展工作坊作为课程补充，促进员工参与互动，辅助员工技能发展和组织的知识传承。按时按质完成的员工，可获得公司内网的一些电子勋章和课程证书，以资鼓

励。这样，一方面有利于员工发展职业技能，另一方面通过这些工作坊调动员工积极地去做提升，也将团队经理和主管的压力适当释放出来。

（三）建立一线运营员工业务技能矩阵图，根据现有组织技能构成和业务需求制订培训计划和开展对员工的培训

对于业务旺季和员工离职导致的一线运营人员的临时人力短缺，应内部建立起快速的人员流转机制，通过有计划的定期培训使得经验丰富或有潜力的员工掌握多个业务技能。这些多技能人员最终会变成一个机动人才库，团队管理者根据矩阵图从人才库中调配人力资源，实现"Just – In – Time"的人力供应。相应地，也要建立与内部跨团队借调相配合的绩效指标，从机制端保证实施的可能性。这也一定程度解决了因规划时将部分人数倾斜至业务难度大项目而使得重要性低难度小的项目可能发生的人力短缺问题。

（四）特别针对内部晋升的团队管理主管和经理，要制定完善的提升管理技能培训及反馈机制

由于目前的人力资源政策和组织架构设计会导致员工的发展高度依赖其直线经理，管理者的能力在整个人才供应链的培养环节上占据了重要位置。对于这类关键中的关键岗位，除了鼓励这些管理者进行技能培训包的学习，还应积极在公司内部寻求有经验的经理做导师。导师制可以让管理经验丰富的管理者帮带没有经验的内部晋升管理者，定期进行一对一的面谈，交流工作中的管理场景和问题，促进知识共享从而提升组织竞争力（陈诚等，2011）。培训团队可以以不同的管理场景为主题，定期开展工作坊鼓励管理团队进行交流，也可以邀请部门或公司内的高职级经理做工作经验分享。

（五）为团队管理者设置相应的培训绩效指标

除了前文提到的"人才离职率"，还可设置人才晋升率等指标。也可以参考员工满意度调查中的相关问题，从而评估团队管理者在职业技能发展上是否为下属提供了较好的建议和指导。但值得注意的是，指标并不是

团队管理者绩效好坏的唯一标准，而是帮助团队管理者发现团队问题，解决问题。

（六）通过师徒制引领员工成长

由前述内容可知，领导支持或者上下级关系对员工的离职影响显著，也会引起员工的跟随性离职。因此，可以考虑建立良好的师徒制或者指导人计划，同时对导师和下属进行培训干预，达到引领员工成长和留住人才的目的。同时，随着员工不断成长，管理人员的领导能力建设也不能停下脚步。很多管理者对科学的管理理念知之甚少，企业应首先帮助管理人员认识到自身领导风格对员工离职倾向的影响；其次，企业应该明白领导风格的转变并非一蹴而就的。因此，需要企业管理人员长期的、持续的引导和帮助。

第三节　从薪酬福利留住人才

很多的研究结论表明，薪酬的竞争力、公平分配等都对员工离职倾向有重要的影响，员工在追求自身的价值实现的同时，把自己的利益报酬也放在了比较重要的位置。前述研究发现，公平是影响离职的主要原因，而薪酬差异是导致不公平的重要因素。有员工在访谈中提道："我就不太明白了，跟我一起进公司的同事，同一时间开始从事同样的工作岗位，但是她的薪酬跟我的不一样。当然，我不否认她的工作效率比我高、自然绩效奖金比我多，但是不应该差距太大。是不是在入职的时候有按照什么标准进行定薪的呢？是不是不同的学历、工作经验、考取的证书等就有不同的薪酬待遇呢？所以我现在是大专学历，相对本科学历的同事就偏低了？"

本文的研究还发现，在工作价值观的六个维度中，功利导向在工作满意度和离职意愿之间起到负向调节作用。根据赫兹伯格的双因素理论，员工关注保健因素包括福利、奖金、工作条件、安全等。同时，他们也关注激励因素，包括成就、认可、责任、个人成长。

首先，要根据企业的战略定位和薪酬政策来调整自己的薪酬水平和薪酬结构。一个优秀的薪酬制度应该起到巨大的激励作用，有助于更好地实现企业目标。如果企业的调薪频率和幅度赶不上市场上同类岗位的薪酬的上涨幅度，员工就只能通过跳槽来获得符合市场价值的薪酬。其次，做到对内具有公平性。建立和完善公平的薪酬体系和绩效管理机制，确保绩效考核评价的结果真正与工资、奖金、晋升等挂钩。在对薪酬、奖金进行评估时，要充分考量员工工作的重要性、工作总量、工作成效等，使薪酬、奖金与绩效考核结果相匹配。

一、建立有竞争力的薪酬体系

建立有竞争力的薪酬体系并保证其效率，因此，企业应该为员工提供一个薪酬与绩效相匹配的激励机制，做到多劳多得，拉开好坏差距，突出其激励效果。涉及资质需要的岗位津贴标准的设定，需要与外部市场津贴水平对标，设置领先或者跟随市场水平的津贴标准。

可从以下措施入手。

（一）根据人才市场价值定薪

从岗位、技能、经验、绩效和外部薪酬水平出发，保证内部薪酬的公平性和在外部市场的竞争性。

（二）薪酬制度与企业战略相关联

薪酬制度应支撑企业的发展战略，是支持企业战略落地的关键成功因素之一。与战略适配的薪酬制度可为企业创造一种持续的竞争优势。

（三）设计具有激励作用的薪酬结构

薪酬的核心作用之一是激励员工，应遵循公平、透明、公开的原则。薪酬的公平性是保证员工满意度和忠诚度的基本要求。

（四） 灵活多样的员工福利

通过向员工了解福利需求，针对不同需求的员工提供定制化、具有特色的福利项目，精准满足员工的福利需求，并固化成灵活的福利计划。

二、建立科学透明的薪酬激励机制

科学透明的薪酬待遇体系，是提升公平公正性的关键。通过建立科学透明的薪酬待遇体系，将所有部门和岗位的待遇放在一个公开透明的薪酬体系中，不仅可以做到满足员工公平公正的需求，还可以真正地做到多劳多得，实现更好的员工激励效果。

三、畅通薪酬沟通渠道

注重与员工沟通，让员工感觉报酬机制和激励措施是公平、合理的。在薪酬水平方面，公司可以适当参考国内同行业、同规模的其他公司的薪酬体系，以此来不断完善自身的薪酬福利体系，为员工提供一个更具竞争力的薪酬。从现实出发，各级管理者可以基于各部门和团队的业务发展、利润水平和费用管理出发，适当设置部门内部的岗位补贴、绩效工资、浮动工资、考核工资等形式，给予核心员工、优秀员工等团队骨干力量提高工资收入水平。注重长期激励和员工的满意度，从而增强员工的忠诚度和工作积极性，稳定团队，提高人员绩效，降低离职率。

薪酬激励还要做到公平激励，建立兼顾效率与公平的激励机制。组织要有有序、合理的竞争机制，坚持机会均等的原则，要把结果均等的机制改变为机会均等的机制。企业应给员工创造公平、合理的企业平台和竞争条件，鼓励员工公平竞争，调动员工的工作积极性。

目前，企业做得比较多的是短期激励与长期激励并存。在设计激励机制时，应使短期激励和长期激励互相结合在一起，要考虑到行业的特性。在短期激励和长期激励达到平衡，以维持企业人才稳定性，减少人才流失。企业的长期激励机制，最常见有两种做法。第一种是基于员工工作年限的激励机制；第二种则是股权激励。同时，也可以建立基于团队的激励机制。企业提供工作任务或项目，鼓励员工自组团队承接工作任务或项目，然后企业根据团队绩效提供团队报酬激励。

人才除了需要获得与自己能力相匹配的薪酬外，能从工作中获得足够的满足感和成就感也是他们所追求的。洛克是目标设定理论的代表人物，他认为，目标本身就具有激励作用。组织为使个人的需要、期望与组织的目标高度融合，应通过设定目标的方法来激发员工的动机。这样，员工达成了个人目标，组织的整体目标也就实现了。

公司还可以针对不同行业、不同的任务攻坚特殊时期，设立"攻坚奖""贡献奖""创新点子奖"，鼓励员工参与，让员工感觉企业重视自己，也有机会展现自己，为企业贡献能获得相应的奖励。这种措施一定程度上在工作努力、组织重视和激励机制之间形成良性循环，针对性地满足员工的需求。

此外，还可以设置关怀型的福利制度，及时地嘉奖和肯定部门员工，让员工有更强的组织支持感。福利内容包括生日礼品、过节费、慰问金、全勤奖、团建旅游、回家之旅等。针对部分员工提升技能的需要，可以设置一些福利性的培训项目。例如，精英培训班、外训班、研学项目、储备干部培训班等。针对有突出贡献的员工，可以设置超额完成的现金奖励、项目营销达成的现金奖励、开发市场的现金奖励等。由于员工的实际需要多样化，并不尽相同，宜以灵活的方式满足员工的个性化需求，最大程度上提高员工对于薪酬福利的满足感。通过完善薪酬和福利体系，降低员工的离职率。

同时，可以在员工福利方面实施差异化激励。激励机制要达到最佳效果，最好实施差异化的激励手段。企业可在公司内部建立调查系统，定期对员工的需求偏好做出调查和归类。在出台相关的激励措施时，实现有针对性的差异化激励，满足员工的个性化需要，以达到用最小的成本实现最佳的激励效果。成功的差异化激励，还可以让企业员工感到企业对员工的特殊关心和体贴，增加优秀员工对企业的归属感和工作积极性。实施差异化激励，可以采用福利组合的方法。将企业可以提供给员工的福利打包成一个组合。如商业保险、住房补贴、带薪休假、家庭旅游、购物卡、健身会员卡等，员工可根据自己的需要自由选择。而且，今后每年可根据员工的最新需要，添加新的福利内容，不断增加差异化激励的内容。

最后，应用非薪酬激励制度。目前，公司的激励制度仅体现在经济性报酬层面，尚未考虑到员工精神层面的进一步需要。例如，针对知识型员工，从马斯洛的需求理论角度进行分析，他们更加渴望成就，并期望自己的工作能够得到同事和公司的认可，进而满足其被尊重及成就感的心理需要。如果能够充分调动员工的积极性则利于提高员工的忠诚度。可以采用权利留人和荣誉留人等方式进行激励。例如，第一，授予优秀员工"职务外权利"。"职务外权利"是指除本身工作岗位内容外，赋予员工更多的责任和权利。例如，邀请优秀员工担任新员工的"辅导教练"，并在新员工的试用考核中赋予教练的评价考核内容。员工的第二角色可以使之获得更多的尊重和重视，同时增强其责任感和自信心。第二，及时公开表扬员工的杰出表现。舍弃部门内部的简单赞扬方式，公开隆重地进行员工表彰。这样，不但可以为其他员工树立榜样，而且可以激励员工本人保持荣誉感和忠诚度。

第四节　从职业发展留住人才

一、职业发展对留住人才的意义

张勉等（2003）采用个人访谈和小组深访方式对进行了对 IT 企业的技术员工实地调研，发现薪酬、管理和个人因素是 IT 企业技术人员离职的三大方面的因素。相较其他类型的员工，技术人员更看重个人技术发展机会和职业发展方向，二者是技术人员离职的关键影响因素。有效的员工职业生涯规划是一种长期激励。例如，新生代员工进入企业以后，可以根据其不同特征和背景建立不同的培训体系和职业规划方案。组织需要何种人才、希望人才能做什么，企业管理者要有的明确思路，这样也能让员工在企业中明白自己未来的发展方向。这对于强调对职业成长有主控权的新生代员工而言，是一种无形的、但是有吸引力的长期激励。

工作满意度与职业生涯满意度都是影响员工离职意向的重要态度因素。工作满意度反映的是个体对其在组织中工作特征的态度，属于员工对其当前工作的一种主观认知；而职业生涯满意度是个体在职业生涯发展过程中逐步累积和获得的积极的心理感受以及与工作相关的成就感（Seibert et al. , 2001），而提升职业生涯满意度的关键是做好职业生涯发展规划。

对员工而言，能获得晋升无疑是很大的激励。晋升的机会是对员工自身价值和晋升制度，能让员工更加清晰努力的目标和方向；同时发挥自己更大的潜力，激发他们的斗志，迎接工作中更多的挑战。而事业和职业的成功本身就是很大的激励，从而留住优秀员工。

无论是知识型员工还是普通员工，都希望在组织中发展得越来越好，或者在市场上更加具有竞争力。因而，职业生涯的规划对于每位员工而言都是非常关注的。知识型员工的这项需求更加急切。根据企业的实际情况，设置对不同类型知识型人才的发展规划，鼓励员工不断完成职业生涯的各种挑战，为员工描绘好美好的职位蓝图，让员工觉得跟着企业的发展能不断地收获自己的成长，加强对企业的忠诚度。

如果没有建立符合项目本身的干部提拔机制，不少员工会对自己未来的职业发展处于迷茫状态。因此，在项目组建立公平、透明、有效的提拔机制，显得十分重要。在管理岗位出现空缺时，优先采用内部招聘的方式选拔优秀的管理人员，通过公平竞岗，用能力说话，能者居之。在员工竞聘成功后，在公司内部进行全员的公示，确保程序得当。这样，让员工有良好的发展途径，提高员工的工作满意度，降低离职意愿。

二、建立企业的职业生涯通道

职业生涯发展通道基本明确了员工在企业内部所应该走的发展道路，这就有利于企业选择认可企业文化和制度的员工。同时，完备的职业生涯发展通道可显著提升员工的工作积极性，明确的职业发展目标能够让员工将更多的精力用于提升自身实力的提升、工作技能的提升和工作绩效的提升，可以有效减少员工的离职倾向。

职业生涯通道需要根据企业的目标和员工个人发展的需要来设计，它是指企业里的员工从一个特定的工作到下一个工作进行纵向或横向发展的路径。职业生涯发展轨道为企业员工指明了发展方向，对企业员工意义重大。

职业生涯发展通道可分为纵向发展通道和横向发展通道，相关概念的介绍和设计方法简述如下。

（一）纵向发展通道

根据组织发展的需要和员工专业能力和经验的提升，让符合更高职业要求的员工具有向上晋级的机会。纵向发展通道旨在帮助员工在通道中晋升发展，从而使具备才能的员工在发展过程中不断提升，获得职业的成功。纵向职业发展通道的设计主要包括但不限于这几个步骤。1. 定义通道中的等级；2. 制订等级的调整规则；3. 制订等级对应的薪酬、福利以及相关条件等。

（二）横向发展通道

通过横向跨岗位、部门或组织的工作职责转换，使员工接受新的职业挑战并积累不同领域的专业知识和技能，拓宽视野，开发职业潜能，从而实现职业发展。横向职业发展主要包括以下几种方式。（1）同级别、同部门转换工作岗位；（2）同级别、跨部门转换工作岗位；（3）同级别、横跨公司（同集团内）转换工作岗位。

譬如，IT、互联网等高科技企业的组织架构设置趋于扁平化，因此增加更多的职位晋升机会的可能性较小。针对软件研发人员的晋升需求，企业可建立并完善职业发展通道来满足软件研发人员的这一需求。对于软件研发人员而言，可以参考阿里巴巴、腾讯等大型互联网公司，结合自己公司实际情况，设立技术通道和管理通道的双通道设计。例如，从技术1级到技术6级，薪酬和职级随着技术级别而提升。与之相对应的，设立完善的生涯管理制度帮助员工成长与发展。

如果企业不能帮助员工进行职业规划，不能为员工提供实现他们职业目标的可行路径，员工的忠诚度就会大大降低，员工的积极性和创造性也无法调动。因此，企业可以做好以下工作。

1. 帮助员工确立职业生涯思想

企业要注重员工的职业生涯发展，可以通过组织员工参加培训、学习、测评等活动，帮助员工自我认识，指引员工去了解如何做出职业的选择和职业生涯的内容和实施步骤，促使员工结合企业的发展目标来设立自己的工作目标。例如，建立潜能评价机制帮助受评估人员准确发现自身的优点和缺点，在实际工作中扬长避短，同时通过自身的努力不断获得职业晋升。在具体执行层面，公司在对受评估人员进行评估之后为其量身定做培训课程，并提供进修机会和同行交流的机会，不断地开发受评估人员的发展潜力。

2. 职业生涯规划设计

从员工的角度帮助员工设立自身的职业发展规划，不但有助于员工全面地认识自己，减少迷茫，员工的潜力也能被有效激发出来。企业亦可以编制自己的"职业生涯发展"文档，详细地描述员工从进入公司的第一天，往前迈进的所有职位和不同职位所要求具备的能力和经验，这样才能使员工对其在企业中的发展心中有数。结合人力资源规划对员工的供给情况进行充分的反映，通过职业生涯管理信息系统的建立和完善，可汇总企业的岗位需求计划和员工供给计划，可以帮助企业和员工全面了解关于职位方面的需求信息和员工供给情况，可帮助企业大幅减少岗位匹配时间，提高企业人员利用效率。

3. 加强职业生涯规划沟通，提高其职业生涯满意度

有些人认为，为员工进行职业生涯的规划设计就是"画饼"，但作为企业而言，所处角度与员工有所不同，专业人士可以通过提供一个完整而详细具体且长远的计划来使得员工去认可他当前所做的工作，从而带动其积极情绪。比如，在一些公司，国际工作经验是晋升到领导层的必要条件，或者某国在某些技术上面发展较好有优势，而某些员工的职业规划是需要这些先进技术作为支撑的。那么，如果委派这些员工到该国任职，由于该外派任务与该员工的职业规划契合度高，则不仅可以从某种程度上让该员工更易接受该外派工作。因此，所要选择的这位外派员工最后能够在这份外派工作中可获取的对其职业生涯有帮助的技能，并且这项外派技能也是在结束这份外派工作后在本企业所需要的技能。

4. 支持员工职业生涯的发展

设计好职业生涯的路径与目标之后，企业需要推动员工不断通过学习、工作来提高自己、丰富自己，以实现自己的职业生涯目标。当企业有职位变动的信息时，企业应及时向员工披露，鼓励员工自我推荐。企业亦可通过轮岗、交叉培训来锻炼和提高员工各方面的素质和能力，为今后实现职业生涯目标奠定基础。

5. 创建内部转岗和再就业通道

首先，消除各部门之间的隔阂，让员工自由流动起来，使得员工在公司内部实现再就业。对此，人力资源部门需从管理高层入手，甚至可以从政策上规定出固定的内部调动比例，逐渐打开局面，让内部调动真正能够实施运作。其次，对尚未达到用人部门要求的员工，采取岗位轮换制，这样可以加深员工对申请岗位的工作理解，找到差距，激励其进行自我提升，争取下一次的机会。同时，用人部门可以在员工轮岗期间观察其工作表现，为下一次申请的审核提供参考。

三、员工职业生涯发展的实施

结合前文的调研结果，我们提出以下帮助员工职业发展的具体实

施细节。

（一）　要为员工制订清晰的职业发展和技能提升计划

在王雅茹等（2018）关于工作不安全感的定量研究中提到，组织对员工的发展支持能通过提高员工的能力，从而提高员工对于工作的安全感，进而降低离职率。发展支持应从职业技能的提升以及晋升通道的规划两方面出发。除了前面提到的技能培训包、工作坊、分享会等，充分发挥直线领导的指导作用也非常重要。部门内要建立公平且客观的绩效评价体系，经理要向员工清晰阐明绩效的评价逻辑和重要性。明确的目标及绩效评价有利于员工自我驱动进行技能提升和成长。管理者应重点关注人才评级为"超越目标"的优秀员工，并和他们一起制订每年的职业发展计划，定期审查计划进度，确保这类绩效优的员工可以持续成长并能成为人才梯队的坚实后盾。

（二）　为员工创造更多横向发展和挑战的机会

对于目前价值未达到"卓越"的员工，由于暂时缺少晋升机会，对员工绩效会有负面影响（周霞和赵冰璐，2019）。经理应考虑横向锻炼员工的机会。如跨项目团队的人员交流，将相对有潜力的人员往业务难度大的项目调整，或将他们培养成多项目技能人才。这些跨项目的安排丰富了员工的工作内容，提高了工作挑战性，用工作本身激励员工，减少人员流失或者至少拉长人员的在职周期。同时，这也有利于缓解团队管理者对于团队内优秀人才过多而导致内卷离职的担忧。招聘时，经理也能够坚持选贤育能和最高标准的理念，保证人才获取的有效性。

（三）　加强公司内少数人群的职业发展

公司中的少数人群和边缘人才通常是职业生涯通道中被忽略的对象。例如，对技术开发类的流程管理专家等，可与人事部沟通推进开展类似岗位人才在公司层面、全球或中国区的社团活动，可引进前文介绍的针对运营人员在全球部分国家和地区实施的学习网络项目。据肖志雄和聂天奇

（2018）研究表明，专业背景越近似的人越乐意彼此间进行知识共享。因此，通过社团活动加强经验交流，共享不同部门间的培训资源，都可以进一步提升他们的职业技能，增强员工的职业发展和归属感，促进其对组织认同感和忠诚度的形成。

（四）晋升制度与公司文化建设相结合

如前文介绍，公司文化相对成熟，人力资源管理政策和理念也多为员工导向，充满了人文关怀和柔性管理思想。如能定期通过工作坊或其他互动形式向员工展示这些文化，优先晋升与公司文化相匹配的人才，从而提高员工对公司的认同感以及自己在公司发展的期望，也能进而提升员工的工作满意度，保留住优秀人才。

（五）建设适合于职业生涯发展的配套培训体系

人力资源是企业最宝贵的资源，优秀的员工能够通过自身主观能动性和创造力的发挥不断促进企业的发展，企业应为员工打造符合职业生涯发展的培训体系。只有通过不断地培训提升员工自身能力和工作技能，才能使员工不断提升工作效率和工作绩效，提升员工的组织承诺和忠诚度。

（六）针对职业生涯管理效果评价并改进

公司在执行员工职业生涯规划体系的构建时，应关注职业生涯规划体系运行的有效性。企业应该定期对职业生涯规划体系运行情况进行评估，可采用问卷调查和访谈的方式了解高层领导、中层干部和普通员工对职业生涯管理体系运行中存在的问题并针对这些问题及时做出改善方案。通过循序渐进的改进不断地提升企业职业生涯规划体系运行的有效性、稳定性和可操作性，为员工在企业内部的发展指明方向，也为企业的健康发展提供保障。

职业生涯规划与培训开发体系是相辅相成的，培训的结果需要职业发展来进行保障，而有了职业生涯管理，无论是干部还是员工，都会更加重视培训的价值。在这方面，我们访谈的 B 公司任职资格管理体系值得推荐，该公司让培训体系与任职资格挂钩，体现了以下 3 个主要特征。

（1）任职资格是基于企业战略和业务的，是企业人才战略的重要落地抓手，可以通过员工的培养和发展，有效地支撑企业战略目标的实现。

（2）任职资格明确了岗位发展通道与不同层级的要求，使员工明确自己的发展方向，进而主动自发地学习和补足短板。

（3）任职资格中的知识与技能明确了岗位培训的内容，提供了培训课程内容的依据。同时，由于任职资格中的知识与技能大部分与工作任务密切结合，这些都大大提高了培训工作的针对性，让培训根植于实际工作当中。

B 公司任职资格管理体系的建设分为三个阶段。

1. 成立人力资源课题团队，构建课题研发阶段

2018 年，启动公司人力资源新风团队计划（高潜人才培养项目），从公司近 130 人的人力资源从业人员中挑选了 24 人作为人力资源六大模块的课题开发团队，每 4 人负责一个模块的课题开发。任职资格作为所有小组的首要必修课题，分别负责施工、测量、试验、安全、机采、工程内业的六大关键岗位任职资格的编撰工作。

2. 按图索骥，开展课题调研和学习地图建立阶段

各小组分别在各自项目对所负责的关键岗位涉及的员工、主管、部长和项目班子进行面对面调研，形成学习地图初步报告；然后各小组组长牵头，由公司人力资源部协调，六个业务线条所属职能部门负责人、业务骨干、分子公司分管领导和归口部门负责人共同参与研讨，通过行动学习的方式用 ASK 模型（A 代表态度、S 代表技能、K 代表知识）对关键岗位提炼出九大任务场景、四个能力维度，整理出岗位的学习路径、工作流程和工作内容，如图 5-1 所示。

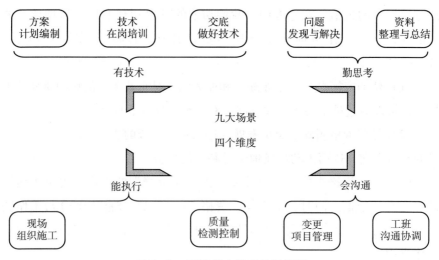

图 5 – 1   ASK 能力维度分析模型

从图 5 – 1 可知，九大任务场景已基本囊括项目的所有内业和外业工作，并且九大任务场景是可以归集为技术、思考、执行和沟通四大能力维度，无论是管理者还是普通员工，在日常的工作中可以修炼四大工作能力，对九大任务场景不断刻意练习，项目所有的业务自然会得到良好的推动和执行。经过层层研讨、修改和沟通，所有学习地图成果发布后，针对岗位发展路径设置素质模型、学习框架和考核标准，为员工学习、转岗和晋升提供依据，员工技能发展与晋级的对应关系见图 5 – 2。

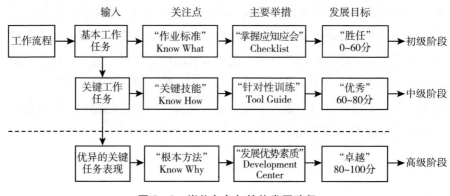

图 5 – 2   岗位角色与技能发展路径

如图 5 - 2 所示，按照公司目前的业务流程，项目员工的晋级之路基本上分为三个阶段：初级、中级和高级，每个层级按照对工作执行和理解的不同，从基本完成到优异表现，是符合项目员工正常的成长路线，所有工作必须从知道作业标准到熟悉关键技能，最后成为掌控根本方法的全面和优秀的业务能手。

3. 建立任职资格，明确岗位发展路径和考核体系

新员工在上岗前，公司在员工入职培训时，会做一次详细的职业生涯辅导，使员工深刻认识到自己的发展方向和晋升路径，只要脚踏实地，公司会为每一位员工提供展示自己能力的平台（见图 5 - 3）。

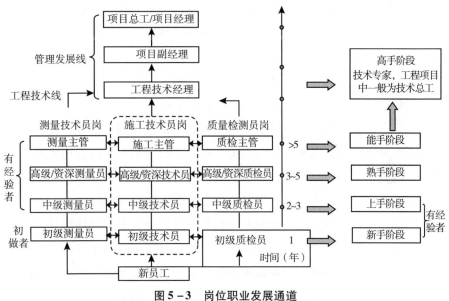

图 5 - 3　岗位职业发展通道

通过以上措施，能在一定程度上消除离职者提到的职业规划以及项目型组织工作带来的不安全感。结合其他环节的优化措施，以期降低离职率，建设优质人才的人才梯队。

四、员工职业生涯沟通

建议试用期考核加入员工的"职业生涯规划"项目，将有利于激励员工从入职开始即做好长期发展的计划，提高员工的自我成长满足感，从而稳固员工队伍。职业生涯管理是一个人一生在职业岗位上所度过的、与工作活动相关的连续经历。它不仅表示职业工作时间的长短，而且内含着职业发展、变更的经历和过程，包括从事何种职业工作、职业发展的阶段、由一种职业向另一种职业的转换等具体内容[21]。员工在入职期间即对自己在公司的定位有明确的概念，这将帮助员工做好自我发展的规划，树立目标，从而激发员工不断学习进行自身提高。让员工从一开始便可以比较清晰地看到自己前进的方向，这利于充分调动员工的积极性，更加干劲十足地做好每一份工作。

在人才保留的具体操作中，员工的需求也会随着时间的变化或者离职行为的积累产生变化。过去不热衷于离职的人员，会在进入"离职敏感期"以后，产生不同的行为方式，这是最容易形成突然的离职。比如，在公司工作多年没有过离职倾向的员工，在进入职场第 6 年将会迎来离职高峰期。因此，企业可以提前对这样的员工进行盘点，提前采取措施，与其沟通在本公司的职业发展路径以及公司能够提供的支持措施。

例如，知识型员工更在意职业成长和发展机会，强调群体归属感，期待具有挑战性的工作内容，因此，企业需要针对知识型员工打造尊贤和育能的制度和氛围。尊贤，是要在组织中营造一个尊重员工及包容多样的氛围，使得员工可以加深工作投入以及降低其对工作的倦怠（董建华和高英，2019）。育能，就是培养和发展合适的、有潜能的人员，为他们设定具有挑战性的目标，既符合公司的人力资源政策，又能进一步改善人才保留环节。而从访谈内容和调研数据可看出，深圳合规部目前在"育能"这方面出了问题。

另外，有些 HR 发现员工在前几次跳槽时表现出对于职业能力成长的强烈需要，甚至不在乎待遇报酬，于是自然认为该名员工依然是偏好职业能力成长的，因此出示的企业发展因素更偏向于平台类的因素。例如，可以锻炼等。但是有可能在公司和环境发生变化的背景下，员工的需求已经和过去不同，要重新评估并及时沟通员工的心理需求，对优秀员工采用相应的支持措施，避免其离职。

例如，我们在对 Z 银行的调研中发现，Z 银行零售条线员工整体工作满意度、组织认同感都处于较佳状态，但离职率较高是客观存在的事实。一方面感到满意，一方面选择离职，则是工作到一定阶段的瓶颈而需求突破。在本文提及 Z 银行零售条线的架构中，银行领导属于管理序列里的岗位，而部门经理和客户经理则属于技术序列。相较而言，管理序列与技术序列的占比仅为 15∶1。我们尝试对现状进行总结。首先，平均每 15 个客户经理才有 1 个机会晋升为管理者，且总体都比较年轻，85% 为 35 岁以下的员工；其次，银行零售业务普遍以增量为考核指标，每年绩效从零积累；最后，压力大，工作时间普遍较长。根据行业内专家所述，银行零售业务客户经理的平均岗位寿命为 4.5 年。

提升员工组织支持及认同，降低离职率，企业应为不同阶段的员工提供更完善的发展规划和建议，以免因为拼搏多年的资深员工，每年都要面临与年轻人从零开始赛跑而失去工作动力及组织认同感。因此，为了提高员工的组织支持感以降低离职率，建议在岗位设置上，对客户经理岗位加以细分，有效区分客户经理的岗位等级，从基础薪酬，业务管理规模进行评定。从而使初级客户经理往资深客户经理追赶和靠拢，资深客户经理认同客户经理这个专业技术岗位是一条能长久发展的职业通道，而无须忧心于发展转型或跳槽，达到降低离职率的目的。

综上所述，在环境快速变化和竞争日益激烈的今天，留住人才才能让我们的企业基业长青。员工所要面临的不仅仅是工作环境的变化，还有职场环境和社会环境的变化，这些变化很可能不断促动员工的离职情绪和离职意向，公司管理人员应该和员工在不同阶段、不同的家庭状况、产生的不同情绪和反应，对员工做出积极的调整和安排，最大限度地发挥人才的作用。

参 考 文 献

[1] 邹昊. 初创型互联网公司员工价值主张对其离职意向的影响研究. 中山大学硕士毕业论文, 2021 - 5.

[2] 谢春燕. 组织支持对知识型员工组织承诺和离职倾向的影响研究. 中山大学硕士毕业论文, 2021 - 5.

[3] 赵静. 差序式领导对下属知觉及行为倾向的影响. 中山大学硕士毕业论文, 2021 - 5.

[4] 袁凯凯. 广州地区国有大型商业银行员工离职动因研究. 中山大学硕士毕业论文, 2020 - 5.

[5] 张嘉健. 组织支持与组织公平对离职倾向的影响. 中山大学硕士毕业论文, 2020 - 5.

[6] 谭家裕. G 集团 ZY 控股营销中心人员的离职研究. 中山大学硕士毕业论文, 2020 - 5.

[7] 苏娟. 收入还是平台? 职业发展早期知识型员工在职业成长驱动下的离职动机及就业结果分析. 中山大学硕士毕业论文, 2020 - 5.

[8] 曹晴. 高新技术企业知识型员工集体离职的研究. 中山大学硕士毕业论文, 2020 - 5.

[9] 张诗铭. 外派人员离职倾向影响因素研究. 中山大学硕士毕业论文, 2019 - 5.

[10] 陈欢欢. 软件研发人员离职倾向影响因素研究. 中山大学硕士毕业论文, 2019 - 5.

[11] 田舒敏. 事件导向视角下连带性集体离职预警及干预机制研究. 中山大学硕士毕业论文, 2019 - 5.

［12］王洲．小贷公司销售人员离职原因分析及对策．中山大学硕士毕业论文，2019－5.

［13］王康志．职业认同还是组织认同？海关关员离职倾向影响路径分析．中山大学硕士毕业论文，2018－5.

［14］孙子筵．员工离职成因分析及干预研究．中山大学硕士毕业论文，2018－5.

［15］曾宝文．组织支持感、工作满意度和离职意愿关系研究——以药学院订单班学员为例．中山大学硕士毕业论文，2019－5.

［16］陈壁辉，李庆．离职问题研究综述．心理学动态，1998（1）.

［17］陈卫旗．组织与个体的社会化策略对人—组织价值匹配的影响．管理世界，2009（3）.

［18］陈卫旗，王重鸣．人—职务匹配、人—组织匹配对员工工作态度的效应机制研究．心理科学，2007（4）.

［19］邓靖松，刘小平，田舒敏．意义建构视角的群体连带性离职研究述评．理论述评，2019（1）.

［20］邓靖松，刘小平，田舒敏．集体离职研究综述与展望．中国劳动关系学院学报，2019（3）.

［21］范慧兰．房地产核心人才流失问题及对策分析．企业技术开发，2013（5）.

［22］贺小刚，韩娟，沈阳等．转型期企业集体跳槽现状与动机．复印报刊资料（企业管理研究），2006（8）.

［23］李宁，严进．组织信任氛围对任务绩效的作用途径．心理学报，2007（6）.

［24］李书治．私营企业人才流失原因探析．中国集体经济，2008（27）.

［25］刘昆．中小民营企业人才流失原因及其对策．商业经济，2010（2）.

［26］斯蒂芬·罗宾斯．组织行为学（第14版）．北京：中国人民大学出版社，2012.

［27］王玉芹，叶仁荪．高科技企业员工离职模型．中国人力资源开发，2001（10）.

［28］谢晋宇．企业员工流失分析模型介评［J］．外国经济与管理，1999（6）.

［29］姚岳军．高科技企业研发人才流失的动机与激励机制．科技管理研究，2007（10）.

［30］叶仁荪，倪昌红，夏军．员工群体离职研究述评［J］．经济理论与经济管理，2012（11）.

［31］叶仁荪，倪昌红，廖列法．领导信任、群体心理安全感与群体离职——基于群体互动视角的分析．经济管理，2016（5）.

［32］叶映．企业人才流失及其危机管理．经济师，2006（2）.

［33］张勉，李树茁．雇员主动离职心理动因模型评述．心理科学进展，2001（11）.

［34］张勉，张德．国外雇员主动离职模型研究新进展．外国经济与管理，2003（9）.

［35］张建琦，汪凡．民营企业职业经理人流失原因的实证研究：对广东民营企业职业经理人离职倾向的检验分析．管理世界，2003（9）.

［36］朱铮，钟惠敏．员工离职损失的计量方法与实证研究．知识经济，2010（5）.

［37］前程无忧2016离职与调薪调研报告．http：//www. labour - daily. cn/ldb/node13/node18/u1 ai309432. html. ，2016 - 12 - 15.

［38］Jean M. Bartunek, Zhi Huang, Ian J. Walsh. The development of a process model of collective turnover［J］. Human Relations, 2008, 61（1）: 5 - 38.

［39］Abelson M A, Baysinger B D. Optimal and dysfunctional turnover: Toward an organizational-level model［J］. Aademy of Management Review, 1984, 9: 331 - 341.

［40］Bevan. Employers' blind eye to real reasons for leaving［J］. Management Services, 1987, 31（10）: 24.

[41] Claudio Luciforaa. The impact of unions on labour turnover in Italy: Evidence from establishment level data [J]. International Journal of Industrial Organization, 1998, 16 (3): 353 – 376.

[42] Deery Margaret A, Shaw Robin N. An Investigation of the Relationship between Employee Turnover and Organizational Culture [J]. Journal of Hospitality and Tourism Research, 1999, 23 (4): 387 – 400.

[43] Daniel M Cable & Timothy A Judge. Person – Organization Fit, job choice decisions, and organizational entry. *Organizational Behavior And Human Decision Processes*, 1996, 67 (3): 294 – 311.

[44] David J Kenne and Mark D. Fulford. Intermediate Linkages in the Relationship between Job Satisfaction and Employee Turnover [J]. Journal of Applied Psychology, 1998, 35: 342 – 351.

[45] Eric Delle, Anthony Sumnaya Kumassey. The Moderating role of organizational tenure on the relationship between organizational culture and OCB: empirical evidence from the Ghanaian Banking Industry. *European Journal of Business and Management*, 2013, 5 (26): 73 – 83.

[46] Gong Y, Cheung S Y, Wang M & Huang J C. Unfolding proactive processes for creativity: integration of employee proactivity, information exchange, and psychological safety perspectives. Journal of Management: Official Journal of the Southern Management Association, 2012, 36 (5): 603 – 612.

[47] James M McFillen, Carl D Riegel, Cathy A. Enz. Why Restaurant Managers Quit (and How to Keep Them). Cornell Hotel and Restaurant Administration Quarterly, 1986, 27 (3): 36 – 43.

[48] Jean – Marie Hiltrop. The quest for the best: human resource practices to attract and retain talent. European Management Journal, 1999, 17 (4): 422 – 430.

[49] Jennifera. Chatman. Improving interactional organizational research: A model of Person – Organization Fit. *Academy of Management Review*, 1989, 14 (3): 333 – 349.

[50] Jerel E Slaughter, Jeffrey M Stanton, David C Mohr et al. The interaction of attraction and selection: implications for college recruitment and schneider's ASA model. *Apploed Psychology: An International Review*, 2005, 54 (4): 419 – 441.

[51] Joyce Hogan, Suzan L. Rybicki, Walter C. Borman. Relations Between Contextual Performance, Personality, and Occupational Advancement. Human Performance, 1998, 11: 189 – 207.

[52] Krackhardt, David, Porter, Lyman W. The Snowball Effect: Turnover Embedded in Communication Networks . Journal of Applied Psychology, 1986, 71 (1): 50 – 55.

[53] Liang K G. Fairness in Chinese organizations. Old Dominion University, Norfolk, 1999.

[54] Lee W & Mitchell T R. An alternative approach: the unfolding model of voluntary employee turnover [J]. Academy of Management Review, 1994, 19 (1): 51 – 89.

[55] Lu L, Leung K & Koch P T. Managerial knowledge sharing: The role of individual, interpersonal, and organizational factors. Management and Organization Review, 2006, 2 (1): 15 – 41.

[56] March J G & Simon H A. Organizations [M]. New York: Wiley, 1958.

[57] Mauno S, Leskinen E & Kinnunen U. Multi-wave, multi-variable models of job insecurity: Applying different scales in studying the stability of job insecurity. Journal of Organizational Behavior, 2001, 22: 919 – 937.

[58] Martin T N. A Contextual Model of Employee Turnover Intentions [J]. Academy of Management Journal, 1979, 22 (2): 313 – 324.

[59] Mobley W H. Employee, Turnover. Cause. Consequences and control. Addison – Wesley, 1982.

[60] Mobley W, Griffeth R, Hand H, Meglion B. A Review and Conceptual Analysis of the Employee Process [J]. Psychological Bulletion, 1979,

86: 493 – 522.

[61] Price J L. Reflections on the Determinants of Voluntary Turnover. International Journal of Manpower, 2001 (12): 115 – 141.

[62] Price J L. Introduction to the special issue on employee turnover [J]. Human Resource Management Review, 1999, 9 (4): 387 – 396.

[63] Price J L, Mueller C M. A Causal Model of Turnover for Nurses [J]. Academy of Management Journal, 1981, 24 (3): 543 – 565.

[64] Rein De Cooman, Sara De Gieter, Roland Pepermans et al. Person – Organization Fit: Testing socialization and attraction-selection-attrition hypotheses. *Journal of Vocational Behavior*, 2009, 74: 102 – 107.

[65] Risma Nuansa, Asmony Thatok, Nurmayanti Siti. The role of organizational commitment mediation on the effect of person-organization fit and job satisfaction to turnover intention. *RJOAS*, 2018, 2 (74).

[66] Rober D Bretz, J R Ronald A Ash, George F. Dreher. Do people make the place? an examination of the attraction-selection-attraction hypothesis. *Personnel Psychology*, 1989, 42: 561 – 581.

[67] Sarah Hudson, Douglas Bryson & Marco Michelotti. Individuals' assessment of corporate social performance, person-organization values and goals fit, job satisfaction and turnover intentions. *Relations Industrielles*, 2017, 72 (2): 322 – 344.

[68] Soumendu Biswas, Jyotsna Bhatnagar. Mediator analysis of employee engagement: role of perceived organizational support, P – O Fit, organizational commitment and job satisfaction. *VIKALPA*, 2013, 1 (38): 27 – 40.

[69] Thompson D & Mcnamara. Job satisfaction in educational organizations: Asynthesis of research findings. Administration Quarterly, 1997, 33 (1): 1 – 31.

[70] Vandenberghe, Christian. Organizational culture, person-culture fit, and turnover: A replication in the health care. Journal of Organizational Behavior, 1999, 20 (2): 175.

［71］ Victor H Vroom. Ego-involvement, Job Satisfaction, and Job Performance. Personnel psychology, 1962, 15 （2）: 159 – 177.

［72］ Wright T F. Regional dialects in the contact call of a parrot. Proc. Roy. Soc, 1996, 263: 867 – 872.

［73］ Ying Chen, Friedman R, Enhai Yu, Weihua Fang, Xinping Lu. Supervisor – Subordinate Guanxi: Developing Three – Dimensional Model and Scale ［J］. Management and Organization Review, 2009, 5 （3）: 375 – 399.